中国旅游智库学术研究文库

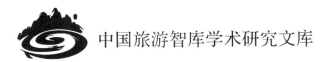

中国旅游智库学术研究文库

国家哲学社会科学基金青年项目"基于生态文明建设的新疆南疆民族地区古村落旅游开发适宜性评价研究"（13CMZ048）

# 中国古村落旅游开发适宜性研究
## ——以新疆南疆地区为例

李俊 ◎ 著

华中科技大学出版社
http://www.hustp.com
中国·武汉

图书在版编目(CIP)数据

中国古村落旅游开发适宜性研究:以新疆南疆地区为例/李俊著. —武汉:华中科技大学出版社,2020.9
(中国旅游智库学术研究文库)
ISBN 978-7-5680-6472-9

Ⅰ.①中… Ⅱ.①李… Ⅲ.①村落-旅游资源开发-研究-南疆 Ⅳ.①F592.745

中国版本图书馆 CIP 数据核字(2020)第 162645 号

## 中国古村落旅游开发适宜性研究——以新疆南疆地区为例

Zhongguo Gucunluo Lüyou Kaifa Shiyixing Yanjiu
——Yi Xinjiang Nanjiang Diqu Weili

李　俊　著

| | |
|---|---|
| 策划编辑：胡弘扬 | |
| 责任编辑：李家乐　倪　梦 | |
| 封面设计：原色设计 | |
| 责任校对：阮　敏 | |
| 责任监印：周治超 | |
| 出版发行：华中科技大学出版社(中国·武汉) | 电话：(027)81321913 |
| 　　　　　武汉市东湖新技术开发区华工科技园 | 邮编：430223 |
| 录　　排：华中科技大学惠友文印中心 | |
| 印　　刷：武汉科源印刷设计有限公司 | |
| 开　　本：710mm×1000mm　1/16 | |
| 印　　张：15.25　插页:2 | |
| 字　　数：255 千字 | |
| 版　　次：2020 年 9 月第 1 版第 1 次印刷 | |
| 定　　价：69.80 元 | |

本书若有印装质量问题，请向出版社营销中心调换
全国免费服务热线：400-6679-118　竭诚为您服务
版权所有　侵权必究

# 出版说明

随着中国步入大众旅游时代，旅游产业成为国民经济战略性支柱产业。在社会、经济、体制转型之际打造中国旅游智库学术文库，可为建设中国特色新型智库做出积极贡献。中国旅游智库学术文库的打造，旨在整合旅游产业资源，荟萃国际前沿思想和旅游高端人才，集中出版和展示传播优质研究成果，为有力地推进中国旅游标准化发展和国际化进程，推动中国旅游高等教育进入全面发展快车道发挥助推作用。

"中国旅游智库学术文库"项目包括中国旅游智库学术研究文库、中国旅游智库高端学术研究文库、中国旅游智库企业战略文库、中国旅游智库区域规划文库、中国旅游智库景观设计文库五个子系列。总结、归纳中国旅游业发展进程中的优秀研究成果和学术沉淀精品，既有旅游学界、业界的资深专家之作，也有青年学者的新锐之作。这些著作的出版，将有益于中国旅游业的继续探索和深入发展。

华中科技大学出版社一向以服务高校教学、科研为己任，重视高品质学术出版项目开发。当前，顺应旅游业发展大趋势，启动"中国旅游智库学术文库"项目，旨在为我国旅游专家学者搭建学术智库出版推广平台，将重复的资源精炼化，将分散的成果集中化，将碎片化的信息整体化，从而为打造旅游教育智囊团，推动中国旅游学界在世界舞台上集中展示"中国思想"，发出"中国声音"，在实现中华民族伟大复兴"中国梦"的过程中，做出更具独创性、思想性及更高水平的贡献。

"中国旅游智库学术文库"项目共享思想智慧，凝聚学术力量。期待国内外有更多关心旅游发展，长期致力于中国旅游学术研究与实践工作研究的专家学者们加入到我们的队伍中，以"中国旅游智库学术文库"项目为出版展示及推广平台，共同推进我国旅游智库建设发展，推出更多有理论与实践价值的学术精品！

华中科技大学出版社

# 前　言

　　新疆拥有独特的自然生态环境和深厚的历史文化底蕴。改革开放40多年来，新疆人民不畏艰险、众志成城、艰苦创业、奋发图强，在国家和各兄弟省份对新疆大力支持的背景下，新疆经济建设取得了辉煌的成就。但是新疆南疆地区由于劳动力资源配置不均衡，资本比较薄弱，要素投入量少，所以经济发展较为落后。如何加快新疆南疆地区经济建设的步伐，促进古村落发展，实现美丽乡村的建设呢？笔者认为应该高度关注新疆南疆地区产业结构的转变，经济增长模式的转型以及消费模式的改革；把生态文明构建的目标、原则、理念等内容同新疆南疆地区的政治、经济、文化、社会建设等进行全方位融合，并且贯穿全过程；集中力量发展优势特色产业，从人与自然和谐共处、加强生态环境保护、改革生态监管体制等方面出发加快生态文明体制改革，促进新疆南疆地区经济健康发展。新疆南疆地区古村落承载着中华民族的历史记忆，包含深厚的历史文化和艺术价值，是多彩文化艺术的结晶，其包含的内容十分丰富，涵盖教育、历史、文化、经济、艺术、旅游等各个领域，集雕塑、建筑、绘画、技艺、民俗文化于一体，是中华民族精神的凝聚，是中华儿女寄托的"乡愁"。但是，在快速发展的现代化建设中，面对时代转型的大浪潮，新疆南疆地区古村落的生态环境发生了急剧变化，保护和发展新疆南疆地区古村落中优秀的中华传统文化迫在眉睫。

　　本书调查分析了新疆南疆地区古村落的现状，对当前新疆南疆地区古村落的保护与发展方式进行反思，在已取得的实践成效的基础上，结合不断创新推进城乡生态化建设的思路，并且结合生态文明建设的新要求，提出了哪些古村落适宜旅游开发，哪些不适宜旅游开发，以及如何评价适宜性的新思路，由此来构建人、自然、社会三者和谐的古村落，对人与人、人与自然、人与社会关系进行新的探索与提升。该课题研究不仅使新疆南疆地区古村落得到保护，也推动了农村经济、社会的发展。当适宜开发旅游的古村落发展旅游业后，不仅能在一定程度上改变其经济结构，增加当地政府的财政收入，改善村民的生活环境；而且也能为古村落村民提供大量的就业机会，增加村民的收入。从社会效应来看，能够带动交通业、通信业、建筑业、文化服务业等行业的发展，刺激和拉动古村落当地以及周边地区经济的发展，为巩固发展社会主义建设、兴边富民，实施爱国主义教育和构建生态新疆、和谐新疆、美丽新疆贡献力量。

# 目录

**第一章 绪论/1**

第一节 研究的背景及缘由/1

第二节 研究目的与研究意义/4

 一、研究目的/4

 二、研究意义/5

第三节 国内外研究综述/6

 一、生态文明理论的国内外研究/7

 二、古村落的国内外研究/13

 三、旅游开发适宜性的国内外研究/24

第四节 研究思路/30

第五节 研究内容与研究方法/31

 一、研究内容/31

 二、研究方法/33

**第二章 相关概念及理论基础/36**

第一节 相关概念/36

一、新疆南疆地区/36
　　二、古村落/38
　　三、旅游开发的适宜性/39
第二节　理论基础/40
　　一、生态文明理论/40
　　二、旅游可持续发展理论/43
　　三、旅游系统理论/45

## 第三章　新疆南疆地区古村落描述性统计分析/47

第一节　新疆南疆地区古村落的发展现状分析/47
　　一、新疆历史文化名城、名镇、名村的现状分析/47
　　二、新疆古村落的现状分析/49
　　三、新疆国家级贫困县的现状分析/51
第二节　调研设计与调研过程/52
　　一、实地调研的重要性/53
　　二、调研前的准备/53
　　三、调研过程/54
第三节　调研数据处理/57
　　一、和田地区古村落的数量统计与空间分布/58
　　二、喀什地区古村落的数量统计与空间分布/62
　　三、克孜勒苏柯尔克孜自治州古村落的数量统计与空间分布/67
　　四、阿克苏地区古村落的数量统计与空间分布/70
　　五、巴音郭楞蒙古自治州古村落的数量统计与空间分布/72
第四节　调研结果分析/74
　　一、新疆南疆地区古村落的类型/74
　　二、新疆南疆地区古村落生态文明思想与实践/79
第五节　小结/88

## 第四章　新疆南疆地区古村落旅游资源价值评价/90

第一节　新疆南疆地区古村落旅游资源价值评价体系构建/90
　　一、评价体系构建原则/90

二、指标体系确定及指标的说明/92

第二节 新疆南疆地区古村落旅游资源价值评价模型的构建/98

    一、构造两两比较判断矩阵/98

    二、计算权重并进行一致性检验/99

    三、评价模型的确定/100

第三节 新疆南疆地区旅游资源价值评价及结果分析/100

    一、新疆南疆地区古村落旅游资源价值评价/100

    二、评价结果/111

    三、结果分析/114

第四节 新疆南疆地区古村落旅游开发适宜性评价的必要性/115

    一、有利于规范古村落的旅游开发，实现其发展的可持续性/115

    二、有利于保护古村落的存续空间，实现其延续性和完整性/117

    三、有利于丰富古村落内涵与价值，增强其乡村旅游吸引力/118

    四、有利于旅游资源整合开发利用，提高其竞争力和知名度/118

第五节 小结/119

# 第五章 新疆南疆地区古村落旅游开发适宜性评价/120

第一节 新疆南疆地区古村落旅游开发适宜性评价的可行性/120

    一、科学技术可行性/120

    二、社会因素可行性/121

    三、国家政策可行性/121

    四、相关利益主体的支持/121

第二节 新疆南疆地区古村落旅游开发适宜性评价指标体系构建/123

    一、评价指标体系构建的基本原则/123

    二、指标体系选取的思路/124

    三、评价指标的预选/125

    四、评价指标的筛选/127

    五、评价指标的确定及评价体系的构建/127

    六、主要评价指标的解释/129

第三节 新疆南疆地区古村落旅游开发适宜性评价模型构建/135

    一、评价指标重要性判断标度/135

二、确定权重并进行一致性检验的原理及其步骤/135

三、运用 YAAHP12.1 确定权重/137

四、适宜性评价模型构建/137

第四节 新疆南疆地区古村落旅游开发适宜性评价及结果分析/139

一、指标权重的计算过程/139

二、评价结果分析/143

三、聚类分析及结果讨论/147

第五节 小结/151

# 第六章 新疆南疆地区古村落发展模式与旅游开发对策建议/152

第一节 国内古村落保护与开发模式经验借鉴/152

一、"生态博物馆"模式/155

二、"露天博物馆"模式/156

三、"古村落保护区"模式/158

第二节 基于生态文明理念发展新疆南疆地区古村落的指导思想/159

一、立法为先——为古村落发展提供法制保障/159

二、文化为魂——弘扬和传承古村落传统文化/160

三、生态为基——提高古村落生态环境承载力/161

四、教育为本——增强人民生态文明思想意识/163

第三节 新疆南疆地区古村落发展模式/163

一、优先开发高适宜性古村落——"多元一体化"模式/164

二、适度开发较高适宜性古村落——"生态博物馆"模式/170

三、控制开发潜在适宜性古村落——"露天博物馆"模式/172

四、限制开发低适宜性古村落——"古村落保护区"模式/172

第四节 适宜开发旅游业的古村落旅游开发对策建议/173

一、健全生态文明保障体制/173

二、推动古村落智慧旅游建设/174

三、促进古村落可持续发展/175

四、促进区域经济联动发展/177

五、引入旅游社区共建模式/180

六、加大古村落的宣传力度/181

七、推进古村落生态环境建设/183

八、注重旅游技术人才引进/184

第五节 小结/185

结束语/188

参考文献/193

附录A 新疆南疆地区古村落蕴含丰富的朴素生态文明思想调查问卷/208

附录B 新疆南疆地区古村落旅游价值两两比较评分表/211

附录C 新疆南疆地区古村落旅游价值评价专家评分表/215

附录D 新疆南疆地区古村落旅游开发适宜性评价专家意见征询表/219

附录E 新疆南疆地区古村落旅游开发适宜性评价各项指标相对重要性专家意见征询表/222

附录F 新疆南疆地区古村落旅游开发适宜性评价调查问卷/228

附录G 新疆南疆地区古村落旅游开发适宜性评分表/231

# 第一章
## 绪论

## 第一节 研究的背景及缘由

当前,快速发展的工业文明让自然资源呈现一种过度消耗的状态,社会急需一种新的文明形态改善这种状态,让整个社会全面协调发展;而生态文明就是这样一种将人、自然和社会联系起来,成为一个相互依存的共同体,共同发展、共同进步、共同保护传统的生态环境。生态文明在新时代下有着新的内涵,更加丰富,更加全面,包容人类社会的方方面面。归纳起来生态文明的内涵有人地和谐、以人为本、因地制宜、人人和谐,这是新时代价值取向的代表,对当今社会的转型发展起着至关重要的作用。党的十七大报告中就提出了生态文明建设,报告中指出应该关注产业结构的转变、经济增长模式的转型、消费模式的改革。党的十八大报告全面阐述了把生态文明构建的目标、原则、理念等内容同中国的政治、经济、文化、社会建设等进行全方位融合,并且贯穿全过程,集中力量发展有优势和有特色的产业,目的是更加生动地描述生态文明思想,也是对生态文明与物质文明、精神文明和政治文明之间关系的更深刻解释。事实上,生态文明一直影响着中国社会发展的方方面面。党的十九大第一次将"美丽"纳入建设社会主义现代化力量的目标,把人与自然和谐共处作为实现社会主义现代化强国的基本方略之一,从推进绿色发展、着力解决突出环境问题、加大生态系统保护力度、改革生态环境监管体制四个方面提出了加快生态文明体制改革是新时代建设美丽中国的具体措施和实现路径,并且将生态文明建设纳入"两个一百年"奋斗目标,为坚持和发展美丽中国指明了前进方向。①

新疆地处我国西北,同东部地区相比经济发展相对缓慢,生态文明思想认识有待加强,在发展过程中新疆可以学习沿海地区先进的技术和发展经验。此外,新疆土地广袤、资源丰富,生态文明建设优势明显,特别是党的十八大召开以来,整个新疆深入贯彻落实中央和新疆维吾尔自治区党委、政府关于生态文明建设和生态环境保护工作做出的一系列决策部署。"环保优先、生态立区"是建设新疆可持续发展的路径选择,要进行资源开发必须在生态环境保护的前提下合理规划,只有这样才能保证生态文明建设采取有效措施,并取得较好成果。由此可见,生态文明是新疆进行现代化建设的重要组成部分,也是衡量新疆整体发展水平的重要指标。

在农村城镇化建设过程中,随着城市现代化建设进程的推进,城市人口增加,人们感受到的压力越来越大,于是开始向往轻松自由的生活,渴望回归自然,感受原始生活的滋味;现代化景观、景物已经不能满足游客的需求,人们希望能够体验丰富多彩的中国传统文化之旅。新疆各地独具特色的古村落,也随着近些年的文化旅游热而快速发展起来。它们不仅是时下旅游吸引物中最具吸引力的综合旅游资源,也是如今文化旅游市场中存在的重要组成部分之一,尤其是新疆古村落中所蕴含的朴素的生态文明思想以及古村落文化中的生态文明价值取向,深深地吸引着外来的旅游者。

中国的古村落没有村落志,但古村落里的文化是一种根性文化,是中国传统文化的基因,同时又具有多样性特点。不过在很长一段时间里,由于人们对古村落文化的认识不够,导致一些典型特色的古村落在如今社会全面飞速发展的时代背景下默默地消失了。从2000年至2010年,我国自然村由363万个锐减至271万个,10年间消失了92万个村落,一天之内就有250多个自然村落消失,其中包含众多的古村落。② 新疆在这方面没有做过单独统计,但在新疆这个多民族聚居的广袤土地上,分布着许多具有特色的古村落,尤其是新

---

① 秦书生.改革开放以来中国共产党生态文明建设思想的历史演进[J].中共中央党校学报,2018(2).

② 冯骥才.守住中华民族的根性文化[J].设计艺术(山东工艺美术学院学报),2012(4).

疆南疆地区的古村落，它们以富有历史气息与人文气息的乡土文化，在历史的长河中谱写着自己的文化底蕴，并且在时间的积淀下与当地独特的自然风光相契合，在各个领域内都具有很高的研究价值与经济价值。

中国对古村落的保护，经历了从建筑群、历史街区，到历史文化名城、历史文化名镇、历史文化名村、古村落（又称传统村落）的保护；从物质文化遗产到物质文化与历史环境的整体保护，到通过生态博物馆、文化生态村和文化生态保护区等形式将非物质文化遗产置于文化生态环境中进行整体保护的过程。这一系列关于古村落保护举措的提出和实施，体现了国家保留中国传统文化基因的发展历程。2013年12月12日至13日，习近平总书记在北京举行的中央城镇化工作会议上的讲话中指出："要体现尊重自然、顺应自然、天人合一的理念，依托现有山水脉络等独特风光，让城市融入大自然，让居民望得见山、看得见水、记得住乡愁；要融入现代元素，更要保护和弘扬传统优秀文化，延续城市历史文脉；要融入让群众生活更舒适的理念，体现在每一个细节中。"[①]"乡愁"来源于古村落，是古村落非常独特的财富，而古村落又是"乡愁"不可复制的载体。2013年的中央一号文件中首次明确提出"加大力度保护古村落"，这标志着中央高层开始高度重视保护古村落。2014年6月10日，由我国住房和城乡建设部特别委托，中国民间文艺家协会、中国摄影家协会、中国文学艺术基金会共同组织实施的"留住乡愁——中国传统村落立档调查"项目启动仪式在中国文联报告厅举行。[②] 截至2018年，已经有先后五批一共6799个传统村落被列入"中国传统村落名录"，目的就是要以文字、图像相结合的方式，盘清和抢救传统村落的家底（传统村落又称古村落）。[③] 古村落是我国物质和非物质文化遗产之外极为重要的另一类文化遗产，是国家和政府必须保护的活态的历史财富。十九大报告指出，农业、农村、农民问题是关系国计民生的根本性问题，必须始终把解决好"三农"问题作为全党工作的重中之重，实施乡村振兴战略。要按照产业兴旺、生态宜居、乡风文明、治理有效、生活富裕的总要求，建立健全城乡融合发展体制机制和政策体系，统筹推进农村经济建设、政治建设、文化建设、社会建设、生态文明建设和党的建设，加快推进乡村治理体

---

① 中央城镇化工作会议在北京举行. http://politics.cntv.cn/special/gwyvideo/changwanquan/2013/20130121401/index.shtml.

② 我国已为223个村落建立档案. http://www.xinhuanet.com/culture/2017-12/04c_1122051956.htm.

③ 冯骥才. 传统村落保护的两种新方式[J]. 决策探索（下半月），2015(8).

系和治理能力现代化,加快推进农业农村现代化,走中国特色社会主义乡村振兴道路。①

在新时代的发展进程中,生态文明是古村落重要的吸引要素和保障要素,古村落的发展又将为生态文明建设提供持续动力。在新疆南疆地区古村落的发展过程中,无论范围、层次都应该随着国家对古村落的保护不断地发展,应该高度重视生态文明建设,打造"望得见山、看得见水、记得住乡愁"的原生态古村落。因此,在我国高度重视生态文明建设、全力推进全域旅游发展的时代背景下,开展生态文明与古村落的旅游开发的研究十分必要。新疆南疆地区民族众多、地域多样、文化多样、古村落千姿百态,要盘清新疆南疆地区的古村落并对其进行旅游开发,不可能将新疆南疆地区所有的古村落不加选择地都包含在内。在"乡村振兴战略"实施中,哪些古村落能够发展旅游产业,不能只凭主观印象就决定。在生态文明建设的背景下,通过建立适宜性的量化评价体系来判断古村落是否适宜于旅游开发并提出旅游开发模式,是一项历史性的、庞大的使命。

## 第二节 研究目的与研究意义

### 一、研究目的

新疆拥有独特的自然生态环境和深厚的历史文化底蕴。改革开放40余年,新疆人民通过共同努力、艰苦奋斗、刻苦学习,在国家的大力支持下,经济建设取得了辉煌的成就。但是新疆南疆地区劳动力资源配置不均衡,资本比较薄弱,要素投入量少,经济发展较为落后。如何加快新疆南疆地区经济建设的步伐,促进古村落发展,实现美丽古村落建设?最主要的还是要靠新疆南疆地区自身的快速发展。十七大报告中提出了生态文明建设;十八大报告将生态文明建设放在突出地位;十九大报告将生态文明建设纳入"两个一百年"奋斗目标。由此我们能够看出加快生态文明体制改革是新时代建设美丽中国的具体措施和实现路径,这些思想也是新疆南疆地区发展经济的重要方式。② 我

---

① 中共中央 国务院印发《乡村振兴战略规划(2018—2022年)》2018年第29号国务院公报.http://www.gov.cn/gongbao/content/2018/content_5331958.htm.

② 谭文华.论习近平生态文明思想的基本内涵及时代价值[J].社会主义研究,2019(5).

们应该关注新疆南疆地区产业结构的转变、经济增长模式的转型以及消费模式的改变;把生态文明构建的目标、原则、理念等内容同新疆南疆地区的政治、经济、文化、社会建设等进行全方面融合,并且贯穿全过程;集中力量发展有优势和有特色的产业,从人与自然和谐共处、推进绿色发展、着力解决突出环境问题、加大生态系统保护力度、改革生态环境监管体制等方面出发,加快生态文明体制改革。①

当前学术界的相关研究主要集中在新疆南疆的城市建设、绿洲经济、特色产业等方面,就民族地区的古村落的保护与开发方面的研究相对不足。在新的历史时代,响应生态文明的时代召唤,梳理国内外古村落保护与发展的理论与实践经验,将生态文明的理论运用到新疆南疆地区古村落保护与发展中,有助于建设与新疆南疆地区古村落生态建设路径相契合、与人文相共生、与生活相协调的适宜人居、具有活力的古村落。

本课题站在生态文明的发展角度对新疆南疆地区古村落的保护与发展进行探讨,以期达到以下目标:

(1)以国内外古村落保护与发展实践为基础,探究以往保护与发展规划工作中的经验与不足。

(2)根据新疆南疆地区的自然、人文环境,通过新疆南疆地区古村落的空间分布特征以及建筑特色、文化多元一体的分析,探究新疆南疆地区古村落文化中的生态文明思想。

(3)随着古村落的蓬勃发展和乡村振兴战略的提出,在生态文明思想下,盘清新疆南疆地区古村落发展情况并提出如何对其质量价值、旅游开发适宜性进行科学、准确的评价显得非常重要,以期为促进新疆南疆地区古村落的良性发展提供有价值的古村落发展模式及旅游开发建议。

## 二、研究意义

### (一)理论意义

本课题选题上立足生态文明的时代背景,在文化学、经济学、生态文明理论、可持续发展理论、旅游系统理论等众多学科相关理论研究调查的基础上,通过对新疆南疆地区古村落资源进行全面的调查整理,在《旅游资源分类、调

---

① 王晓毅.生态文明话语下的乡村振兴[J].南京工业大学学报(社会科学版),2019(5).

查与评价》(GB/T 18972—2017)、《传统村落评价认定指标体系(试行)》以及《中国历史文化名镇名村评价指标体系》的基础上,从生态文明视角试图寻找一套更为科学、全面的针对新疆南疆地区古村落这一特殊的专项旅游资源进行价值评价的方法,并基于传统文化保护与生态文明协调发展的关系从古村落旅游开发吸引力、古村落旅游开发条件、利益相关者因素和开发效益四个方面构建模型来判定古村落是否适宜于旅游开发;运用聚类分析,对不同类型古村落之间以及同一类型古村落内部旅游开发适宜性特征进行比较分析,探讨不同类型古村落旅游开发适宜性的区别、同一类型不同区域古村落各自存在的优劣势等问题。这无论对于新疆南疆地区古村落的保护和发展还是对于区域生态文明的建设都具有重要的理论意义,也为其他少数民族地区古村落在促进旅游产业和生态文明协调发展方面提供理论参考。

（二）实践意义

新疆南疆地区古村落数量众多,极具保护价值,但大多数古村落都地处偏远。在经济转型的时代背景下,如何既能发展新疆南疆地区的经济,又能完好保存古村落的发展,这本身就是一个值得研究的热点课题。本课题调查分析了当前新疆南疆地区古村落的现状,对当前新疆南疆地区古村落的保护与发展方式进行反思,在已取得的实践成效经验的基础上,不断创新推进城乡生态化建设的思路,并且结合生态文明建设的新要求,提出了哪些古村落适宜旅游开发,哪些不适宜旅游开发,以及如何评价适宜性的新思路,以此来构建人、自然、社会三者和谐的古村落,对人与人、人与自然、人与社会关系进行新的探索与提升。该课题研究不仅使新疆南疆地区古村落得到保护,也使落后的民族地区经济、社会得以繁荣。当适宜开发旅游的古村落发展旅游业后,不仅能在一定程度上改变其经济结构,增加当地政府的财政收入,改善村民的生活环境;也能为古村落村民提供大量的就业机会,增加村民的收入。从社会效应来看,还能够带动交通业、通信业、建筑业、文化服务业等行业的发展,刺激和拉动古村落当地以及周边地区经济的发展,对巩固发展我国社会主义民族关系、兴边富民,实施爱国主义教育及构建生态新疆、和谐新疆、美丽新疆都具有重要的实践意义。

# 第三节　国内外研究综述

关于生态文明理论的研究一直以来都是一个历久弥新的话题,国外的学者很早开始关注古村落及旅游开发适宜性的研究,国内也紧跟研究的步伐,下面就本课题涉及的相关研究现状进行综述。

## 一、生态文明理论的国内外研究

### (一)生态文明理论的国外研究

蕾切尔·卡逊在 1962 年出版了《寂静的春天》一书①,阐述了人类社会在大力发展第一产业时使用的大量杀虫剂,对人与环境产生的危害简直是触目惊心的,深刻地揭示出资本主义社会工业繁荣的背后,人类社会的发展对自然环境造成破坏,对"征服自然"和"向自然宣战"等理念提出了质疑,正式拉开了人类走向生态文明的帷幕,该书也是被社会公认为开启世界环境运动的奠基之作。1972 年,题为《增长的极限》的研究报告由罗马俱乐部公开发表,该报告中提出了"均衡发展"理论,这对工业社会发展对自然环境的破坏提出了质疑。同年,标志着全人类环境问题的觉醒的联合国人类环境会议在斯德哥尔摩召开,这是世界环境保护运动史上的里程碑,是第一次世界性国际社会就环境问题召开的会议。② 1987 年,《我们共同的未来》文件由世界环境与发展委员会向全世界各国发布,形成建构生态文明的纲领性文件,可持续发展的思想被正式写入文件。③ 1992 年,在里约热内卢召开的全球环境首脑会议,178 个国家和地区的 118 位首脑以及国际性、地区性组织的 1500 名代表参加了此次会议,会议上通过了《21 世纪议程》和《里约环境与发展宣言》,可持续发展思想在此次会议上由理论变成了人类社会行动的纲领计划,生态文明的时代序幕被真正拉开了。④

国外学者从生态现代化理论和可持续发展的视域提出了许多可借鉴的思想。斯特恩·彼得森(1993)提出了"生态文明"一词,在其论文中,他义正词严

---

① 《寂静的春天》开篇讲了一个寓言故事。在美国中部的一个小镇,过去这里的一切生物与周围环境非常的和谐。但由于农田里长期使用农药和杀虫剂而污染了环境,并经过食物链引发动物的中毒和死亡,也威胁到当地人的健康和生命。农夫们诉说着他们家庭的多病……这是一个没有声息的春天。《寂静的春天》于 1962 年发表于《纽约人》杂志。当时美国总统肯尼迪指示科学咨询委员会设立了农药委员会,1964 年美国议会通过了《联邦杀虫剂、杀菌剂和灭鼠剂法》。《寂静的春天》被称为"改变了美国的书"之一。参见[美]蕾切尔·卡逊.寂静的春天[M].吕瑞兰,译.北京:中央编译出版社,2011.
② 徐盈雁.保护环境是国家大事[N].检察日报,2009-09-05.
③ 维恩·维瑟.企业社会责任手册[M].北京:经济管理出版社,2014.
④ 黄燕玲,罗盛锋.旅游感知视角下西南少数民族地区农业旅游发展模式研究[M].北京:科学出版社,2012.

地提出必须打破现有的工业文明对决策体制的束缚,才能使生态文明以全新的形式得以确立。然而 Garcia(1995)却认为旅游者和旅游组织者,尤其是旅游组织者为提升乡村景观的美学价值,他们会竭尽全力维护乡村的生态环境和乡村景观。马克罗斯兰德(1997)则提出了更深层次的见解,他认为构建新的生态文明只能从重塑人与自然的和谐关系着手方可。最早提出后工业社会的学者尼尔·贝尔把社会划分为前工业社会、工业社会和后工业社会。生态文明虽然没有在后工业社会的概念里直接论述,但生态文明的理论特征囊括了后工业社会所表现出来的特征。罗尔斯顿(2000)认为生态系统具有双重价值,即生态系统的内在价值和超越工具价值,是独立于人类社会的个体存在,人类不能进行任何干预。美国学者赫尔曼·E·戴利(2001)则认为可持续发展是生态、社会、经济三个方面优化集成的一种超越增长的发展。他认为社会分配上的公正、经济配置上的效率和生态规模上的足够这三个原则应同时发挥作用。伊诺泽姆采夫(2004)在基于马克思主义理论的视角下,认为后工业社会不是工业社会"量"的扩展,而是人类文明发展史上的一次重要的历史性转折,最伟大的成就之一就是将生态问题的尖锐性大大降低,其提出了后工业社会的后经济性。保罗·霍肯(2007)指出,生态环境问题的关键并非管理而是顶层设计,可持续发展的工业发展模式才是人类生活的唯一的真正出路。"对社会负责"是企业内在推动的,与利益最大化的市场原则相一致,并非受道德或法律法规等社会契约的约束。德国约瑟夫·胡伯、马丁·杰内克等(2007)提出的现代化生态理论,认为人类的智慧可以协调社会经济发展,生态保护的理论以环境的可持续发展为终极目标,以工业生态学为核心,通过协调环境保护与经济社会发展的关系,不仅促进了经济社会和生态环境的可持续发展,而且还为人类社会可持续发展提供了基础的理论框架。这已经成为大多数发达国家应对环境社会学的一个重要理论。莎菲尔(2010)强调,人类社会的发展需要结合现代技术构建一个全新的文化生态实体,满足生态文明最基本的属性需求,为建构新型的生态文明建设提供了新的认知。弗莱德马格多夫(2011)认为人类社会发展的前提一定是生态文明建设,并提出了生态发展原则。Dukbyeong(2011)采用层次分析法和德尔菲法,从管理系统、基础设施、服务质量、收入四个维度,构架了现代乡村旅游可持续发展评价体系。Stefu(2013)指出,虽然现在旅游者的素质越来越高,能意识到自然环境的重要性,但仍有部分旅游者的行为已经对大自然造成了不可逆的破坏。他在文章中提出,可通过相应的法律法规和现代教育防止游客对生态环境的破坏。他以罗马尼亚为案例,提出通过罗马尼亚的相关法律和改变旅游组织的类型对生态环境的改善验证的假设。克里纳(2014)指出了工业文明逐利性目标的弊端。在该体制的运行下将不利于生态环境的持续发展,纠正了通过人类社会的智慧可以改变生态环境的错误发展观念,以解决出现的生态危机。Tlbury(2014)邀请了学术界、专业顾问、公众和相关业务部门的专家,通过半结构化访谈法和德尔菲法,专门为乡村旅游项目的评价及开发提供了一个评价框架,主要是为了明确公共管理部门在乡村旅游开发及运营管理中的作用。Fornal-Pieniak(2014)指出文化价值和自然环境是研究区域旅游经济发展的主要潜在影响因素,提出了景观评价的方法,以景观旅游资源的分类价值为重点,并对景观评价的不同指标进行了评价。麦克迈克尔(2015)进一步意识到,目前一系列生态环境破坏问题是工业文明导致的必然结果,只有从体制上变革才能保障人类社会的长远发展,该思想阐述了生态文明的实质。Pongsathornwiwat(2016)指出,旅游企业的合作伙伴对评价非常重要,但由于评价标准和可用信息之间的不对称性,导致旅游者在选择过程中存在不确定性和主观性,因此构建了一个旅游伙伴评价模型。研究表明,语言评价模型不仅可以处理不确定的信息评估,还可以处理信息提供者的模糊性,同时还保持了管理者在使用随机语言偏好时做出决策的灵活性,并以泰国旅游业为例阐述了该技术的适用性。

(二)生态文明理论的国内研究

国内学者更为关注处于快速城市化与工业化进程中的中国在生态文明建设方面的特色。申曙光(1994)在他的文章中提到生态文明建设已经是社会发展的必然趋势,但是这个过程不会那么简单,需要我们付出极大的努力去保证生态文明发展的全过程。曾繁仁(2005)在他的论述中提到美学中就有深厚的生态文明思想,本真美、自然美、理想美本来就是一种生态美。俞可平(2007)认为,政治文明、物质文明、精神文明就应该在人和自然、人和社会、人和人之间相互协调的生态文明指导思想下进行建设,这种指导思想不仅仅指在意识、制度、政策、法律方面的认识,也包括技术和方法。关琰珠等(2007)在文章中构建了生态文明指标体系,指出不仅要建设资源节约型的厦门,还要打造环境友好型的厦门,以此来检验文章的生态文明指标体系。文军等(2007)在文章中阐述对于贫困地区的发展也应该注重生态文明建设,旅游的发展可以促进贫困地区的经济发展,实现农民的脱贫致富,但是加强生态文明建设是推进农村现代化的必然方式。吴凤章(2008)在《生态文明构建:理论与实践》这本著作中,从意识、经济、教育、家园建设等方面设计了生态文明指标体系,构建了生态文明建设模式,探索进行生态文明建设的有效途径。诸大建(2008)在文章中阐述了理想生态文明建设的模式,并提出中国目前的情况还需要继续努力,在生态文明建设的指导思想下科学、合理地制定适合中国发展的社会主义建设目标。韦建桦(2008)在文章中指出,中国进行生态文明建设,不能在理想状态下进行原有的发展模式,要注意结合中国国情,贯彻科学发展观,在改革开放的大背景下注意地区之间的相互交流和协同发展。

我国在生态文明和地区经济发展方面的研究也比较丰富,尤其是在生态文明建设的背景下开展旅游规划,不仅促进了地方经济的发展也改善了当地的生态环境。余达锦等(2008)阐述了旅游发展在推动地区经济发展中的重要作用,同时也指出要在生态文明理论的指导下进行旅游开发,要科学、合理地设计开发模式。齐子鹏等(2008)针对中国当前地区经济发展的差异化,提出为了更合理地分配资源、社会资本等实现人与自然之间的平衡,应该在生态文明的建设下提高全社会福利水平,达到高层次的文明形态。周生贤(2009)在文章中指出,我们应该探寻自然发展的规律,要在保护环境的前提下进行社会主义建设,在经济发展中,要促进消费模式的改变、增强产业结构的优质化、改善生产方式的效率都应该以生态文明建设为宗旨,这样才能实现可持续发展。[①]汪宇明等(2010)在文章中选取长江口的崇明岛为研究对象,提出传统旅游方式没有注重游客的感受和体验,对游客关心、关怀不足,而在生态文明的思想下开展低碳化旅游,是旅游科学发展的必然趋势。杨英姿(2010)在文章中选取海南国际旅游岛为研究对象。他在文章中指出,海南的旅游建设必须要在生态文明思想的指导下,不断充实其内涵,建成生态文明产业化的国际旅游岛。关俊利(2011)进一步分析了生态文明的内涵,以武汉城市圈旅游产业为研究对象,提出武汉城市圈的建设必须重视生态文明思想的三个方面,在此基础上提出了建议和解决对策。兰宗宝等(2011)在文章中提到,乡村的旅游发展和生态文明之间是相互促进、相互影响的关系。生态文明建设会促进当地旅游业的发展,优化内部分工,加强区域合作,避免盲目开发。当旅游业发

---

① 周生贤.积极建设生态文明[J].求是,2009(22).

展提高当地经济能力时,会提高人们对生态文明的认识,保证乡村的可持续发展。张高丽(2013)在文章中深刻地剖析了建设美丽中国的过程,阐述了生态文明建设的意义、基本思路和时代赋予的任务。谷树忠等(2013)在文章中指出,生态文明建设不是短时间就能完成的,它涉及整个系统,需要设计创新性的战略,更新发展理念,在节约资源、保护环境、生态修复、国土开发等方面坚持不懈、扎实推进。沈清基(2013)在文章中提出科学、合理开展城镇化建设的前提是关注人类的生态环境。用生态文明的思想进行城镇化建设,是城市发展速度、路径、强度以及价值观形成的关键,是实现智慧城镇化的重要因素。毕剑(2013)在文章中提出,在旅游开发中需要关注生态文明建设,就旅游利益相关者的探讨,应推动各方积极参与,倡导积极的消费观念,提升利益相关者的生态文明意识,形成健康的生态文明意识。刘海波等(2013)在文章中指出,乡村旅游的发展应结合生态文明的思想进行合理规划,对乡村旅游可持续发展过程中出现的问题应进行深入探讨并提出有建设性的建议。孙一卉(2013)在文章中指出,乡村旅游的规划,包括景观的空间优化、特色景观的营造、基础设施的改善、环境的保护等,都应该在生态文明建设的指导下进行。夏华丽等(2013)在文章中指出,生态文明建设与旅游发展之间的关系相辅相成,在生态文明思想下开展旅游建设能够推进生态旅游、低碳旅游的健康发展,实现美丽中国的建设。郑耀星等(2013)在文章中以福建省乡村旅游为研究对象,阐述了生态文明思想在乡村旅游发展过程中对品牌塑造、行业规范、产业融合、景区经营、服务理念等方面产生的作用,提出乡村旅游标准化发展过程中注重生态文明的建设是非常重要的。舒小林等(2013)在文章中进一步分析了生态文明与旅游开发之间的关系,尤其是对中国经济发展较为落后地区的产业结构调整、生产生活方式的改变、生态文明的建设等方面提出了切实可行的路径。路琪等(2013)在文章中以生态文明建设为前提,通过DPSIR模型构建旅游投资效益评估模型,对生态、经济、社会效益进行综合评估,测算旅游开发适宜性和环保经济效益的指数。时嵩杰(2014)在文章中从蒲江县的乡村旅游发展情况出发,进而提出了中国在进行乡村旅游发展时出现的问题,并提出生态文明对乡村旅游的促进作用。为政府相关部门进行乡村旅游开发规划并进行乡村旅游可持续发展提出可行性的对策。黄和平、于秋阳(2014)在文章中构建了都市旅游生态文明指标体系,并通过熵权进行权重修正,在对上海和北京进行实证分析的过程中,发现两个城市均得到较高综合评价。其在国际化和制度文明指标上分数较高,但在资源禀赋这个指标上,上海明显低于北京,这成为制约上海旅游业发展的因素。唐承财(2014)在文章中指出应该在生态文明的视角下,对全球气候变化、能源安全、节能减排等方面进行战略规划。低碳旅游是可持续发展的指导思想,它能够实现社会效益、经济效益、生态效益的最大化,从而实现旅游的可持续发展。杨财根等(2014)在文章中从生态文明视角对城市森林公园的旅游解说系统构建评价指标。对解说的使命、愿景、内容、支持保障四个方面进行要素分析,提出了城市森林公园的旅游规划和经营过程中的意见和建议。李焱(2015)在文章中详细地分析了民族地区旅游经济的发展影响因素,指出生态经济是民族地区旅游经济发展的核心,制度设计是民族地区旅游经济发展的保障,生态经营是民族地区旅游经济发展的支撑,由此鼓励各方积极参与生态文明建设,才能全面转型民族地区旅游经济的发展。王淑新、胡仪元、唐萍萍(2015)从生态文明的视角出发,以秦巴汉水区域为研究对象,根据产业生态化理论,对旅游产品和服务进行产业化设计,将生态化理论应用于产业发展环境、产业发展路径等过程,以此来推动旅游者的消费模式。舒小林、黄明刚(2015)提出在旅游开发中应该坚持可持续发展的观念,并从宏观到微观进行了设计,让生态文明理论作用于全过程,坚持生态化、低碳化旅游方式,倡导洛哈思旅游消费方式。罗伊玲等(2016)在文章中指出生态养生旅游是实现美丽乡村的一条路径,但需要在全域旅游背景下进行旅游产品整合,这部分研究有利于丰富我国旅游市场产品,有利于推进生态文明建设。孙枫、汪德根、牛玉(2016)在文章中以苏州市为研究对象,指出旅游厕所的发展有众多影响因素,在生态文明思想下对其影响因素进行探讨,有利于城市旅游厕所发展创新机制的研究。毛峰(2016)提出乡村旅游转型升级需要在生态文明的大背景下从开发理念、产品设计、经营管理、宣传营销、环境保护等方面进行整体构架和科学规划。容贤标等(2016)在文章中从旅游资源、旅游通达能力、区位条件、人口密度、社会经济水平、投资生态保护与建设的力度、加快旅游业重点领域和重点设施投入力度、加速产业的生态转型发展、加强旅游业支撑与保障投入力度等方面构建了旅游业发展与生态文明建设的耦合度的指标体系。研究发现,后三个指标是提高耦合度的重要途径,前五个指标是地区间经济发展差异的重要原因。许黎、曹诗图、柳德才(2017)在文章中指出,乡村旅游的发展与生态文明的建设不仅是相辅相成的,也是相互制约的关系。为了二者协调发展,文章引入主辅嵌入式融合系统理论,构建了促进生态文明建设和旅游发展的融合矩阵模型,从而提出建议和意见。陆保一等(2018)在文章中运用 ArcGIS 10.2 软件,结合多种研究方法,如功效评价法、熵值赋权法对云南的 16 个市州的旅游产业与生态文明进行耦合协调度模型的构建,通过对生态文明和旅游产业两大系统的协调发展情况与时空差异进行定量分析,提出建议和意见。肖艳玲(2018)在文章中指出,在旅游开发过程中进行生态文明建设能够避免盲目的旅游开发和环境的破坏,在旅游地建立生态文明意识非常重要,是实现乡村旅游规划、保护旅游资源、合理规划旅游项目的重要途径。

## 二、古村落的国内外研究

### (一)古村落的国外研究

对于古村落的研究,国外在理论方面的探索较早,对保护古村落的实践研究也取得了较大成就。西方国家非常重视对古村落及历史区的整体保护,并强调要维护地方传统特色文化和弘扬本土知识,注重村民对自身文化保护的责任感和自豪感,加强政府引导下村民的参与度,将古村落的旅游向可持续方向发展。[①] 部分学者较重视古村落旅游开发与本土文化原真性之间的联系,如 Median(2003)通过研究发现,在玛雅遗址附近的古村落里,随着旅游的发展而出现的文化商业化趋势已经影响了传统的玛雅文化。他同时指出,传统的方法无法恢复玛雅文化的原真性,但年轻一代有新的感知,可以通过旅游在一定程度上实现。Kneafsey(2007)在探究 Commana 公社的旅游发展中影响居民参与"商品动态化"的因素中指出法国是传统农业大国,通过了解旅游地的传统文化再结合历史演变过程中的各种社会关系,才能进一步理解文化经济的发展。另一些学者认为旅游发展对村落社会的影响是多方面的,例如 Willinson 等(1995)学者以传统的渔村为例,发现旅游不但发展了经济,对底层村民的改变也是比较明显的,尤其是妇女在旅游发展中获得了更多就业机会,改变了他们在家庭及村落社会中的地位。在社区参与方面,部分学者发现村民进行旅游参与的积极性与他们对旅游的态度有关。Hom 等(2002)通过对新西兰两个传统村落居民对旅游影响感知的区别比较,认为促使社区适应

---

① Walter Christaller. Some Considerations of Tourism Location in Europe: The Peripheral Regions-underdeveloped Countries-recreation Areas[J]. Papers in Regional Science,1964(1).

和参与旅游活动管理，需要研究社区文化结构和社区历史进程。如 Lepp (2004)是以乌干达的一个传统村落为例，从运用扎根理论开展的访谈中探讨出能促进村民对旅游感知的正效应和社区参与旅游活动的积极性的原因：协作精神、地方性设计和本土文化、发展社区规划、修整农业和旅游、旅游经济效益最大化等。Liu(2006)分析了马来西亚的 Kedah 州的一种家庭住宿管理方式。通过这种方式不但使游客获得了本土文化的感受，而且村民在参与社区活动中获益，提高了参与积极性，值得推广。这也是社区参与模式的一个部分。在具体操作方式中，Schiller(2007)指出，如果既要保证村落本土文化的延续，又要促进当地旅游的进步，限制非土著精英在村落旅游中的投资和经营是非常必要的，同时强化土著精英在当地的投资和管理。学者们针对古村落旅游的可持续发展有不同的意见，尤其是对其评估方面来说，部分学者持观望态度，例如 VTC Middleton(1998)指出，广泛来看，保持旅游的可持续状态是一种追求和希望，而非可控制的或者可实现的目标。而威廉·瑟厄波德(2001)表示可持续旅游要结合切身感受、娱乐活动和思想教育，其关键点是以沟通和教育的方式把利益共同者聚集在一起，共同探讨有关可持续发展的真正问题。且多数学者认为，可持续的旅游通过市场经济本身难以完成，需要政府的适当调控来达成。

　　法国提倡维持古村落的原貌，在其周边进行新城区发展，在保留原始风貌的基础上汲取精华、推陈出新。德国的古村落保护是先建立遗产保护机构，通过严谨科学的策划对其进行维护和更新，激励年轻人踊跃参与到遗产保护的队伍中，他们是遗产保护的核心成员。日本在修建新型农村社区时都是进行局部区域的建设和修缮，极少有大范围的修建和变动，尤其对于极其富有地方特色的村落和建筑实行改建时，基本使用原材料，最大限度地保留文化、历史地印记。

　　Shirley Barnett(1997)通过对新西兰毛利村落的研究指出，毛利村落作为古村落旅游地，其旅游产品和旅游体验都显现出较严重的旅游商业化，缺乏古村落真实感，并探讨了文化原真性维护是完成村落可持续发展的必要因素。Rodrigode Azeredo Grunewald(2002)以动态的视角对"传统"一词做了深刻解释，指出"传统"是一个动态概念，根据现时的发展不断地被研发和重塑，而非一成不变。通过分析巴西的一个印第安村落，发现新的现象：由于民族文化自我保护意识的指引，村落居民更多的是向游客提供部分真实的文化产品。由此可见,旅游的发展对于传统工艺品的制作具有重要意义。此研究更进一步体现出古村落旅游的发展加大了村落文化的可持续保护。Nilufer Akinciturk等(2004)对土耳其帝国时期唯一的民用建筑历史村落——Cumalikizik村落进行探究发现:在其历史建筑实物保护中,造成建筑损毁的重要因素之一是火灾的发生,因此制定了一系列消防安全防御措施,设计消防安全计划,构建消防保护系统,这对古村落原始建筑的保护具有历史性意义。

Hazel Tucker(2001)强调了旅游可持续发展的动态观,他以土耳其的一个村落作为研究对象,指出不但要保存和维护原有的传统文化特点,更要发展文化创意旅游的新观点。对游客来说,"社会化的真实"比"原生态的真实"更能吸引游客,满足他们的旅游期望。Peter M. Burns等(2003)探讨了一个内陆古村落,此为西班牙国家策划的试验点,使用非概率样本检验所得到的数据,描述村民对于西班牙政府参与计划实施的感知度。研究了西班牙领域内古村落旅游可持续发展路线,再通过参与政府工程探索出可持续旅游业的若干优势——有利于加强原始遗产、相关产业和自然环境的保护,有利于加强社区居民对传统文化遗产的认知感。

Knight(1996)在对日本的旅游胜地进行探究时发现:游客在游览大自然的过程中或在进德修业及朝圣的途中,对附近的古村落有住宿和饮食需要,从而促进了当地旅游经济的发展,在一定程度上提高了村民参与传统村落管理的认知度。Kazuhiko Takeuchi(1998)指出要加强村落环境的提升,以日本千叶县一个生态村落为例,针对当地环境特色提出要开发建设古村落生态村。生态性的设计要符合人类定居点可持续发展的需求,这对于促进古村落的旅游经济发展,具有极大的可行性。Richard Levine(2008)研究了中国的古村落,探讨其在现代化、城镇化发展趋势下的演变,同时设立了相关系统动力模型,提倡坚持可持续发展要素不可替代,既要解决古村落建设和现代化发展的矛盾,又要促进古村落可持续发展的延续。

国外较早地进行了传统古村落相关研究,因此建立了相对完整和充足的指标体系。虽然不同国家的语言不同,具体的指标描述有所不同,但在对传统古村落历史遗产的评价上,最终统一为评价指标体系和通用指标体系两种。Bassand Ligtend(1995)通过对古村落遗产价值的探讨指出:典范性和罕见性是遗产价值评价的重要标准,另外,年代性、丰富性和统一性也是不可或缺的评价因素。Coeterier(2002)研究了类别各异的人群,发现他们更注重古村落建筑的原始形态。这是由于他们意识里对遗产价值衡量的标准不同,因而将评价指标体系归结为建筑形态、文化技能、功用设施、情感归属4种;并在此基础上定义了古村落的遗产特征为审美角度、艺术特征、内容丰富和独树一帜。Naciye Dorati(2004)从传统城镇的恢复与维护的观点出发,把评价体系归纳为生态资源、人工造景以及社会经济三个方面。

Walpole M J,Goodwin H J(2000)选取了印度尼西亚的几个小镇进行研究,探讨了旅游业给当地带来的经济效应,通过考察证实了旅游业在促进经济结构改变、就业方向调整的同时,也产生了部分消极作用。Elisabeth Kastenholz,Maria Joao Carneiro,Carlos Peixeira Marques等(2012)对葡萄牙传统村落进行了考察和探究,认为游客和本土居民属于利益不同的群体,他们之间的相互作用和影响对乡村旅游的发展及营销业务的开拓具有重要意义。

(二)古村落的国内研究

近年来,我国学术界从不同的角度开展了对古村落的研究。刘沛林等(1998)在著作中首次引入"意象"(image)的概念,通过借助感觉形式研究聚落空间的方法,把中国古村落景观的基本意象概括为山水意象、生态意象、宗族意象、趋吉意象等四个方面,揭示了中国传统文化中有关村落选址、布局、形态及规划的思想理念等。① 朱光亚、黄滋(1999)在文中指出"聚族而居"是中国古村落的精神空间,中华民族凝聚力之所以凝聚,"聚族而居"的精神空间是其基础,也是有效共享空间的原型,更是一种无形的锁链,约束人们的行为举止,所以应该用正确的态度来认识它。中国的古村落崇尚自然,主张聚居空间的和谐稳定,是典型的中国传统的思想和文化的载体,影响至今,对当今社会的环境学、规划学等方面都具有重要的启发作用。章锦河、凌善金、陆林(2001)以安徽黟县宏村为研究对象,指出古村落是一种独特的旅游资源。文章中对宏村形成的地理原因、文化原因、村落特色、景观景色以及市场客源等方面进行论述,提出宏村在旅游开发过程中,首先应注意旅游形象定位、主题定位、口号设计、视觉及行为的形象设计等,这对宏村旅游可持续发展具有重要意义。李凡、金忠民(2002)在文章中就西递、宏村和南屏三个古村落进行了深度调研,分析了西递、宏村和南屏三个古村落的经济、环境、社会文化的影响指数,并对其进行了对比,由此分析古村落在不同发展阶段,旅游发展对古村落产生的效

---

① 刘沛林,董双双.中国古村落景观的空间意象研究[J].地理研究,1998(1).

应。在古村落旅游开发中社区村民和地方政府是其最重要的影响因素,地方政府要考虑到村民的利益,村民也应该以国家利益为重,双方达到良性互动机制才能推动古村落旅游的可持续发展。冯淑华(2002)在文章中以旅游吸引力、客源特点为研究对象,通过游客的行为模式,探讨古村落客源地与旅游地之间的关联度,为客源市场的定位、古村落旅游产品设计提出建议和意见。吴文智、庄志民(2003)在文章中指出旅游体验是影响旅游的重要因素,在古村落旅游产品设计和开发过程中,旅游体验应进行创新,并提出了体验化设计的新方法、新途径。章锦河(2003)在文章中以黟县西递古村落为研究对象,通过实地调研、专家访谈、问卷调查等多种方法结合SPSS软件进行数理统计,对黟县西递古村落进行分析,通过居民旅游感知的影响因素探讨黟县西递古村落旅游地居民的旅游感知及其差异。刘昌雪、汪德根(2003)在文章中以皖南古村落为研究对象,阐述了在皖南古村落旅游业发展过程中,坚持生态文明建设非常重要,既能够带动社会和经济发展,又能够增强皖南古村落自身能力;但是,目前在旅游开发过程中,出现了许多制约因素,应坚持生态文明思想,改善不利因素。孙静、苏勤(2004)在文章中以皖南徽州古村落西递、宏村为研究对象,通过实地调研,对当地居民、游客发放调查问卷,探讨皖南徽州古村落资源存在的问题。在文章中通过随机抽样,阐述了视觉影响的现状,建立了视觉管理的原则和方法。卢松、陆林、王莉(2004)在文中阐述了由于近年来传统文化旅游受到了重视,古村落旅游发展较快,但是关于古村落旅游方面的研究还不足,文章对西递、宏村进行实证分析,通过对客流的相关研究,探讨游客季节性差异给古村落社会因素、自然环境、管理体制带来的影响。齐学栋(2006)在文章中指出中国古村落与传统民居在历史文化意蕴的研究较多。这些年又兴起对如何开发与保护中国古村落或传统民居的讨论。他指出,在开发与保护过程中,要注重古村落可持续发展。李凡、蔡桢燕(2007)在文章中以广东省大旗头古村为研究对象,对古村落的相关利益主体进行讨论,通过调研,建立了利益主体的层次分析模型、提出假设命题,对概念模型进行描述性分析,研究模型的可靠性和拟合程度,分析古村落其他类型风景区存在的差异,通过利益主体的关系图谱,探讨古村落旅游开发中三种不同类型的利益主体关系。邹统钎(2007)在文章中以北京市门头沟爨底下古村为实证研究对象,通过古村落开发和盈利的实践研究,对古村落旅游开发中采取的模式进行探讨。结果显示,古村落旅游发展核心是本地化,也就是地方社区负责古村落的管理和开发,控制当地的产业链,企业决策的民主化。唐文跃等(2008)在文章中提出居民地方依恋会影响古村落资源保护的态度。居民地方依恋由两个因素构成,分别是居民的地方依赖、居民的地方认同。二者之间是显著的正相关关系,二者同资源保护之间仍旧属于正相关关系。但对资源保护来说,地方依赖的重要性小于地方认同,由此能够看出,居民对古村落的感情越深越会自觉保护古村落当地资源,和其他功能性因素比起来,地方认同是决定性的因素。卢松(2010)在文章中通过操作性、全面性、系统性等原则构建了古村落旅游可持续性评估模型,以宏村为实证研究对象,通过该评估模型来论证宏村可持续发展的研究的现状,并提出解决对策和建议。李文兵(2011)在文章中以湖南岳阳县张谷英村为研究对象,在游客感知价值的基础上通过因子分析构建张谷英村游客忠诚概念模型,在结构方程模型的检验和修正下分析张谷英村游客忠诚度。季诚迁(2011)在文章中引入文化空间的理论,对肇兴古侗寨进行研究。文章中就肇兴古侗寨的非物质文化遗产和肇兴古侗寨的文化生存环境进一步分析,并借鉴国外相关成功案例经验,提出针对肇兴古侗寨保护非物质文化遗产的创新性的、有实际指导意义的古村落保护与发展模式。张杰(2012)在文章中对福全古村落的发展轨迹与演变规律做了深入的分析,通过了解历史、文化、街巷与建筑等空间子系统的发展历程,通过构筑系统协同的研究方法,在历史学、文献学、建筑学的基础上,设计编制福全古村落的规划。徐伟(2012)用定量的方法构建了皖南古村落真实性的评价指标,文章在用 SPSS 16.0 因子分析后,再用 Lisrel 8.7 进行验证,归纳整理出影响皖南古村落发展的 4 个真实性纬度。李连璞(2013)在文章中对历史文化名村进行了探讨,从可持续发展的理念对其进行分类,根据专家及相关人士对历史文化名村进行评价,测算出不同类型历史文化名村的 PED 状况指数,以此来判定历史文化名村应采取的旅游发展模式。唐晓云(2015)在文章中对古村落在面对旅游开发时的社会文化影响进行了深入讨论,通过构建结构方程模型测算出古村落中居民的文化认同感,通过该指标对居民的旅游参与程度、旅游社会文化影响感知、社区发展的肯定或否定评价以及支持旅游开发的行为倾向等的指标的相关性进行分析,发现古村落居民对古村落中旅游开发后的社区发展满意度越高,就越支持旅游开发。张建忠(2015)以文化生态旅游理论为基础,探讨山西后沟古村旅游开发价值,指出在旅游开发中要以文化生态为切入点,在保护古村落原生态性的前提下进行旅游开发。桂拉旦等(2016)在文章中以旅游精准扶贫为切入点,探讨广东省林寨古村落的旅游文化价值,提出了乡村旅游在发展过程中要将优秀传统文化融合到乡村旅游开发中,创造精品,关注生态、自然、文化各方面的资源优势,提升广东省林寨古村落自我"造血"功能,实现美丽乡村的建设。卢松(2017)以黟县古村落宏村为研究对象,探讨古村落旅游开发的新形式。文章以调研为基础,通过游客满意度评价对研学旅行市场进行深入分析。陈丹丹(2017)利用空间句法技术对祁门县渚口村的空间形态进行深入研究,对当前祁门县渚口村保护规划中的两种空间形态进行对比分析,运用Depthmap软件得出祁门县渚口村的空间整体结构特征,以此提出基于空间形态保护的合理规划。李孜沫(2019)以GIS空间分析与制图对汾河流域古村落进行了时空演化与形成机理的研究。在历史文献分析与考证的基础上探讨汾河流域古村落的历史形成——从汾河流域古村落的起源到饱和的五个阶段。并指出自然环境、社会环境、经济环境都对其产生了深远影响,其为时空演化过程中,气候、地貌、交通、经济等因素综合作用的结果。

1. 古村落保护相关研究

吴文智(2002)在文章中指出,乡村的传统文化是一种文化资源,对于交通条件较好的历史文化名村来说,应该将村落的保护与开发结合起来。以旅游业为导向来促进古村落的保护和开发,在旅游观光的过程中才能最大程度地发挥其宣传教育价值。束晨阳(2008)在文中提出,对古村落进行旅游开发,虽然对古村落保护具有积极意义,能够使人们对古村落的价值有全新认识,但是在旅游发展的过程中也会给古村落的保护带来新的挑战。王惠琴(2008)以婺源为例,在可持续发展理念的前提下,通过文献分析法、实地调研法、比较法等对古村落的发展在为古村落的保护提供经济保障的过程中存在的一些不良问题进行探讨的同时,研究了我国古村落的旅游可持续性发展,分析了婺源古村落旅游发展的利弊,据此提出了相应的对策和建议。吴祯楠(2010)指出静态保护和恢复措施已不能满足人们的生活需求,有必要更新村庄的某些形式和功能,以满足现代生活的需要。其以皖南传统村落为例,在调查的基础上,分析了影响公共空间、环境和建筑空间特征的因素,并在开展村落居住环境有机更新实践的基础上,提出了保护和更新皖南传统村落的相关对策。龙瑛(2010)选取了湖南省张谷英村为研究对象,对这样一个全国范围内的重要古村落进行旅游开发探讨,提出旅游开发给张谷英村的经济发展带来了有利条件,但同时也带来了一系列的负面问题。这为中国古村落得到更有效的保护,在保护的基础上实现旅游业的可持续发展目标,改善和提高村民生活质量提供了借鉴。黄璐(2012)借鉴日本的"造町运动"及我国台湾地区的"社区营造"思想,通过对梅州客家古村落现状的研究,着眼于对保护主体的营造,主张通过宗族功能的恢复和社区网络的重构以及构建合理的社区参与机制来提高客家村民社区参与的主动性与积极性,从而形成一股"自下而上"的主要保护力量。李枝秀(2012)基于目前古村落保护的4种模式:景点式乌镇模式、景观式婺源模式、分区式丽江模式和杂糅式新天地模式。建议将古村落保护从客观上严格地纳入法律与资金体制机制,从主观上建立软道德约束。在政府的指导下,积极调动民间力量与资本参与和投入到古村落保护中来,鼓励传统民族文化活动的开展和商业活动的规范控制。李萍、王倩、Chris Ryan(2012)采用调查问卷和深度访谈的方式对安徽省休宁县的齐云山进行了调查,运用SPSS等软件对调查结果进行数理统计,分析了居民对于旅游开发所带来的村落影响的感知和态度。刘嘉龙(2013)以人文生态、创新思维和人文思维为理论基础,从商业和旅游文化、观光农业和庭院经济等多个方面,提出了古镇古村落旅游发展的对策和建议。李素珍(2015)认为新疆传统村落在保护和发展中存在一些问题,如管理机构职能缺失、物质文化遗产衰落和非物质文化遗产保护存在问题和风险等。以麻扎村为例,以建设"美丽乡村"为目标,以保护村落完整性和原真性、可持续发展、居民参与原则为指导,提出发展特色旅游渠道,将麻扎村建设成为保护和传承传统文化、优化人居环境、提升自身发展能力的"美丽乡村"。熊超(2016)提出村民是古村落保护的绝对主体,并通过"村民本位"的社会网络建构将原子化的村民组织起来,通过村民参与保护等多种方式健全村落的参与保护机制,使参与主体之间形成良性互动,构建起村民自觉参与保护古村落的模式。① 廖运建(2016)指出,新疆历史悠久,文化底蕴深厚,其独具特色的传统村落众多。传统村落的保护对新疆的历史文化和自然遗产资源的保护具有重要意义,有利于正确认识新疆历史,维护各民族的团结,保证新疆的社会稳定和长治久安。焦石(2016)结合了旅游地生命周期理论、系统理论和可持续发展理论,运用定性与定量分析相结合的方法将吐峪沟麻扎村的可持续发展系统要素划分为三个子系统,即经济子系统、资源环境子系统和社会文化子系统。在此基础上,利用VensimPLE软件构建了吐峪沟麻扎村可

---

① 熊超,夏健.村民参与式古村落保护模式研究——基于社会网络的建构[J].现代城市研究,2016(1).

持续发展系统动力学模型,提出了吐峪沟麻扎村五种可持续旅游开发模式,并对五种模式进行了比较,选出了最适宜吐峪沟麻扎村的发展模式。从各个角度出发提出了该村旅游发展的可实施建议,以最大限度地发挥新疆古村落的系统效益,促进旅游业的可持续发展。杨冰(2017)将对古村落进行博物馆式的保护划分为两种形式:一种是生态博物馆的保护形式,即把整个古村落视为一个活态的博物馆,一个全方位、多角度、多层面的人类居住群落和社区空间,满足生态博物馆建设的基本视野;另一种保护形式是在村中建立家庭博物馆。家庭博物馆建立的形式与以上生态博物馆的路径和运作方式不同。从根本上来讲,家庭博物馆就是村民建立的私人家庭博物馆,民间人士兴办的收藏展示机构,作用和功能在于传承、保护民族民间传统文化,把民族博物馆和民族文化作为重要的旅游资源进行开发和利用,使民族文化价值在游览过程中得到认同。孙应魁、王烨等(2017)以新疆特克斯县琼库什台村为例,构建了内涵明确的古村落传统保护与旅游发展体系。从一个新的角度探索了三个策略,分别是协调共生单元、从外部强化共生环境、从关键点优化共生模式,并提出了具体的规划和更新方法,为古村落的更新和保护提供了参考。耿江珊(2017)认为古村落旅游开发过程中存在严重制约古村落旅游资源可持续发展的因素,如环境的破坏、商业化严重、利益相关者关系不协调等问题。在其文章中以爨底下村为例,在调查古村落保护与旅游开发现状的基础上,其分析了古村落在这方面存在的问题,并提出了相应的开发策略,为其他古村落资源保护与旅游开发提供了参考。魏玉静(2017)认为少数民族村寨的文化景观面临严峻挑战,科学保护理论和策略势在必行。其以地理学为主,结合景观生态学、历史学、建筑学、民族学等多学科理论,以新疆阿瓦提县最具民族特色的刀郎文化为主线,阐述了少数民族村落文化景观概念,丰富和完善文化景观认识和保护的实践体系,并将民族村落的研究与村落文化景观保护相结合,探讨了少数民族村寨文化景观保护与可持续发展的对策,为新疆少数民族文化的传承和各民族的和谐共处提供了参考。谢晖(2017)认为目前国内仍存在一些由于经济发展落后、人口外流严重而尚未开发的古村落。以恩施市滚龙坝古村落为例,对文化资源旅游开发做了调查,研究显示滚龙坝的文化资源十分丰富,并且具有历史价值、现实价值、文化价值和传承价值。但由于政府监管力度不够、资金匮乏以及村民保护古村落的意识薄弱等多个因素导致滚龙坝旅游开发缓慢。针对该问题,他提出了保护与重建为先原则、原真性原则、新老建筑相协调原则、保护与发展相结合原则、分期开发原则、物质文化遗产和非物质文化遗产并重原则,并在此基础上提出了具体的开发方案。杨柳(2017)在美丽乡村建设的背景下,通过文献查阅的方法、实地调研的方法和问卷调查的方法提出美丽乡村建设的同时要加强传统乡村旅游资源的保护及利用,科学合理规划;完善保护和开发体制,建立健全监督机制;提高农民保护与开发意识,调动农民参与积极性;保证海南省古村落的保护发展与美丽乡村建设共同协调发展。沈田(2018)认为通过立法加强对古村落的保护,蕴含"求同存异"的价值取向,有助于文化视角下少数民族文化的展现,有助于增强文化的凝聚力、强化各民族人民的共同体意识。封丽娟、李雪山、姚鹏(2018)认为由于对乡村文化遗产研究薄弱,文化遗产资源的基本信息不明确,保护和整治措施无明确方向,保护意识偏差导致了不少古村落遭受着不同程度的建设性、开发性和旅游性破坏,据此在进行有针对性的分析研究的基础上,制定一系列适合河北省古村落保护和发展的战略,塑造河北省古村落的独特文化魅力和艺术价值。这对河北省古村落的建设和发展具有十分重要的现实意义。韩超凡、金露(2018)以浙江兰溪诸葛八卦村为例,对当地旅游资源及开发现状进行了分析,并提出了具有针对性的有效措施,探索古村落文化遗产保护和乡村旅游发展之间的耦合发展模式。

2. 古村落资源价值评估相关研究

朱晓明(2001)提出,古村落的价值评估应包括三个部分:历史价值、基本评价和居民意图。同时,评估标准立足于评分的权重,不同的角度评分的权重也不尽相同,若是民居利用角度,则实用性权重增加;若是旅游开发,则经济性占比增加;若是增加公众参与度,则居民意向程度增加;若是文物保护角度,则真实性非常重要。朱晓翔(2005)在因子综合评价法的前提下,参考旅游资源特征值评价法的优势,建立了古村落旅游资源的价值评估体系,并对河南的3个古村落和外省的6个古村落进行了实证研究。确定该地区整个旅游资源中古村落旅游资源的现状及开发潜力。通过要素特征值综合评价法,收集了评价项目的定性和定量数据,总结出古村落旅游资源。对搜集的古村落旅游资源定性与定量资料进行汇总,并对照综合评级表的分级标准与分值一一对应进行评级和评分,然后通过计算,得出评价项目的相应分值,之后将各项目的所有得分相加来得到最终的总分值,据此来确定每个古村落旅游资源旅游开发价值的总级别。汪清蓉等(2009)提出古村落综合价值评估由资源价值要素、现状评估和旅游开发条件三部分组成。通过对古村落多层次、多目标价值的模糊综合评价,可以得知古村落的高低价值。对其资源价值、现状和旅游开发条件进行科学合理的评估,不仅可以全面深入地了解古村落的特点、价值和意义,而且可以诊断其存在的问题和不足,为古村落的发展和保护提供决策依据。冯燕(2007)在对近年来国内外关于旅游资源评价方法进行归纳和总结的基础上,通过概念分析、分类比较、案例论证、模型建立等方法,对人文旅游资源评价体系进行了分析,并采用 AHP 法、模糊综合评价法对古村落旅游资源进行了定量分析。陈传金(2008)认为要对古村落旅游资源做科学评价,首先要对古村落旅游资源进行适当的分类。在其文章中将汪山土库、流坑、婺源等三个典型地区作为案例进行相应的分析,得出了古村落旅游资源三大类,分别是古村落主要资源、古村落附属资源和外围支持资源。建立了三类资源相应的评价体系,对古村落旅游资源进行了整体的评价。杨思(2016)以太行山区的传统古村落作为案例,通过测量绘制、入户调查、现有资料查询等方法对该地的资源进行了整理与大体分类。在参考现有建筑遗产评价体系建构方法的基础上,结合当地设施的现有特点,运用 SPSS 等软件对调研走访数据进行统计分析。通过模型输出的相关数据和反馈信息来进行传统基础设施价值评估体系的构建,并以所建立的体系为依据,结合现实的需要和当今科学技术的水平条件,对村落的更新战略进行适应的调整。王慧(2017)以浙江金华市为例,运用因子分析法和 IPA 分析法,构建了基于 IPA 分析法的传统村落旅游开发潜力评价模型,并将综合开发价值作为评价的标准。据此,将金华市旅游古村落分为四个类型,分别是优先开发型、辅助开发型、长期开发型和不适宜开发型。根据评价结果提出行之有效的旅游开发对策。戴聪(2017)以湖北仙岛湖风景区为例,在有效保护和合理开发利用的基础上,通过模糊综合评价,探讨了仙岛湖风景区传统村落的核心和潜在旅游价值。努力在传统村庄更新和旅游资源利用之间建立有效联系,并为传统村庄的更新和利用提出新思路。

3. 古村落核心利益相关者相关研究

颜亚玉、张荔榕(2006)以社区参与机制为视角,从利益表达机制、利益分配机制、利益补偿机制、利益激励机制四个维度对经营模式存在差异的福建省洪坑村、福建省下梅村和安徽省西递村的社区参与进行了比较研究和重要考量。申秀英、卜华白(2006)认为古村落旅游既缺少产业意义,也缺少经济拉动意义。以共生理论为视角,对我国古村落旅游企业及其与之相关的企业在环境条件、运作模式及能量等"共生进化"问题上的联系进行了研究,为古村落旅游企业延长产业价值链,增加经济效益提供了理论决策依据。毛慧卿(2011)将利益主体理论和博弈理论作为基础理论,采用文献研究方法、田野调查方法和分析比较方法,对当地古村落开发的实际情况进行了针对性研究,得出的主要结论是要创建出能够和利益相关者有效沟通的协调机制。同时,政府要有社会责任感,做好古村落开发初期的宣传和引导工作,在开发较为成熟阶段时造福村民,退出直接管理的角色,提高和利用企业和当地社区的参与热情。聂存虎(2011)认为村民理应作为古村落文化的保护主体,自觉承担起古村落的整体保护和文化传承。以山西省下周村为例,采用参与行动研究范式,联合当地村民进行了众多保护"家乡"的行动,并以此为基础提出应在村民文化自觉的基础上推进古村落的保护策略。马怡冰(2017)以郎德苗寨、肇兴侗寨、己衣大村三座传统村落的居民和游客作为研究对象,采用文献研究、问卷调查、访谈研究等方法分析了传统村落文化遗产保护和旅游发展的现状及问题,提出提升游客体验的策略。胡文兰(2018)通过田野调查与分析,在梳理了鲍家屯丰富的传统文化资源的基础上,运用整体思维,建立了相应村落保护区机制,以此寻求多元发展途径等保护与利用措施;重视村民发展,增强村民话语权。庄晓平、尹书华、朱竑(2018)认为古村落开发程度的不同,该村的公民性会出现一定的差异。以开平古碉楼群为例构建了"公民性"指标,结果表明,旅游开发越充分的古村落,村民的公民性越强,从而揭示出旅游作为一种改变古村落经济模式的主要驱动力,在研究价值层面或对中国尚显薄弱的道德地理学的发展具有一定裨益。

## 三、旅游开发适宜性的国内外研究

### (一)旅游开发适宜性的国外研究

国外对旅游适宜性评价最早是通过土地利用方式进行的。很多国家由起初对土地适应性评价逐步变为土地对部分开发方式的适宜性评价。随着旅游业的发展和不断进步,旅游地形的适宜性及旅游气候的舒适度评价等受到了极大重视。有关旅游气候舒适度的研究,国外进行了长达40年的探讨,从最初的为军事贡献发展为生活和生产领域,取得了较好的成效。首次提出了舒适指数和风效指数以及湿温指数和风寒指数的概念。澳大利亚学者Freitas提出了着装指数的模型标准,而加拿大学者David D. H. 构建了舒适指数评价的标准模型。这些研究成果被广泛运用到旅游资源气候舒适度评价及生态旅游开发与规划等领域。此外,有关旅游地形适宜性评价的研究在国外是根据不同类型的旅游活动对旅游地形产生不同的要求来完成的。其中美国土地管理局对海水浴场的适宜性进行了整体分析,通过水的颜色、浑浊度、水质、水温、水的危险性等7个方面的研究,构建了旅游活动适宜性评估体系,对学术界产生了深远影响及重大意义。1966年,特吉旺提出舒适指数(Comfort Index)和风效指数(Wind Effect Index);1973年,奥利佛提出温度-湿度指数和风寒指数;德国慕尼黑林业试验站提出有效温度;加拿大气象局建立了舒适指数测评模型。

20世纪50年代,有关国外旅游资源的适宜性评价工作开始出现,部分发达国家的心理学家、地理学家、生态学家通过单因子和综合经验的实证评价方法从视觉质量角度对旅游资源进行了论证,为建立规范化的视觉质量评价模型,引入了数学模型和定量分析的方法。[①] 随着现代网络技术和通信技术的飞速发展,互联网技术、"3S"技术和虚拟现实被大量用于论证和研究中。麦克哈格作为美国著名的景观规划师,对近代生态适宜性的评价进行了理论方法的基础研究,被誉为生态规划的创始人。Whitley用PLUS方法对土地适宜度进行了权重确定及因子选取;Phua和Minowa通过AHP(层次分析法)和GIS空间分析完成了对森林旅游资源的适宜度评价。Anderson等阐述了7种有关土地适宜度的计算方法;Hytonen等用GIS分析方法从空间上对旅游资源做了调查分析。1993年,Smith根据统计的气候数据对全球的旅游适宜区进行了不同的划分,为国际国内游客对旅游目的地选择有了更明确的根据。1996年,Terjung对舒适指数和风效指数的提出进行了相关的研究和探讨。此后,通过与计算机技术的联系和结合,对生理气候的舒适度指数探讨逐渐过渡到对统计归纳模型的量化研究。

(二)旅游开发适宜性的国内研究

黎筱筱等(2006)采用专家打分和定性描述相结合的方法,对不同旅游景区内区域综合得分进行比较分析,确定了不同区域最适合的开发方式,并提出相应的开发策略和应对变化的机制。张振国等(2007)以内蒙古鄂尔多斯市东

---

① Ohe Y, Kurihara S. Evaluating the Complementary Relationship between Local Brand Farm Products and Rural Tourism: Evidence from Japan[J]. Tourism Management, 2013(2).

胜区为例,运用遥感技术和GIS技术,从空间上对这片农牧交错带的生态脆弱区进行了定量的旅游开发评价,评价其生态环境的适宜性。通过GIS等相关软件分析生成了研究区的DEM,并与其TM影像进行叠加,得出相关数据。通过对研究区的归一化植被指数(NDVI)等指标进行分析,划分出三个旅游开发适宜度较好的区域进行旅游开发。孙业红等(2009)具体研究了贵州"稻田养鱼"的农业文化遗产资源,从"旅游开发和农业遗产资源"两个方面,以及"时空"两个维度构建了研究指标体系,对农业遗产资源的旅游开发从时间和空间两个维度进行了适宜性的定量评价。梁红玲等(2009)在借鉴前人的研究基础上,以长沙市为例,选取了旅游资源价值、区域生态环境和社会经济3个评价因子,从宏观的角度建立了适宜性的旅游生态评价因子体系。梁红玲(2010)又从微观的角度,以岳麓山景区为例,选取相应的评价因子,结合岳麓山景区的实际情况,构建旅游开发生态适宜性的评价因子体系。并在此基础上,以长沙市为例,从宏观角度出发,应用模糊层次分析法确定长沙市生态旅游开发适宜性的评价因子权重;对接空间分析技术,对不同区域的旅游生态适宜度从空间上进行研究,进一步矫正了评价结果的可靠性。卢晓旭、陆玉麒、周永博、靳诚(2011)四位学者,对江苏湿地旅游资源的适宜性进行了定量评价,他们将湿地资源分为高适宜性湿地资源、较高适宜性湿地资源、较高潜在适宜性湿地资源、低适宜性湿地资源4种旅游湿地资源开发类型,针对不同类型的旅游湿地资源提出了相应的开发建设意见。于湘君等(2011)运用层次分析法研究了广西猫儿山,从旅游地的经济环境、社会环境和生态环境三个方面对该地区的生态旅游适宜性进行了研究,结果表明该地区开发旅游项目对生态环境和人文环境的影响较小且是可控的。旅游项目的开发对当地的社会环境和经济环境改善有明显的促进作用,同时为广西地区生态旅游开发提供了现实依据和理论支撑。陈炜等(2011)从少数民族传统体育项目的自身特点出发,针对广西少数民族制定相应的调查问卷,深入农户居民家中进行一手资料的收集,用层次分析法(AHP),进而确定各因子的权重,选取了6项传统体育项目展开实证研究。王灵恩、成升魁、钟林生(2012)三位学者通过对伊春市旅游开发的研究,以现在很流行的自驾车旅游项目为视角,综合考虑旅游资源吸引力、配套设施状况、客源市场与发展潜力、资源环境条件四个方面,对伊春市22个典型旅游区应用模糊综合评判法进行了自驾车旅游项目适宜性的分析与评价,为其他各类专项旅游项目的开发提供了可借鉴的依据。陈炜等(2012)对我国西部地区非遗构建了相应的评价模型,针对民族传统节日如广西壮族蚂虫另节、苗族系列坡会群;云南白族三月街、傣族泼水节;贵州苗族姊妹节、水族端节等节日进行了实证研究,为开发和保护我国西部地区的非物质文化遗产旅游资源提供了参考的依据。周亚(2012)针对生态养生旅游资源与环境,用层次分析法构建了评价指标体系,并通过计算各指标的权重,设计了一套合理的评价方法,探讨生态养生旅游项目开发的适宜性问题。沈惊宏、余兆旺(2013)两位学者采用熵值法和AHP分析法对湖南省的温泉资源旅游开发适宜性进行了研究。通过相应的计算得出了该省温泉旅游资源开发适宜性的综合值,并把该省的90个具有代表性的温泉资源开发适宜性进行划分,分为高适宜性温泉旅游资源、较适宜性温泉旅游资源及不适宜性温泉旅游资源三种类型,根据不同类型的温泉资源特点提出了相应的旅游开发建议。高燕、李江风、匡华(2013)三位学者一致认为从湖泊形态入手研究湖泊旅游开发适宜性评价的较少,他们选了具有代表性的大梁子湖为例,通过MapGIS软件分析,以GIS技术为工具,构建了基于湖泊形态的旅游资源开发适宜性的评价指标体系,同时建立了旅游开发适宜性和湖泊形态关系模型,揭示了湖泊水文特征与生态脆弱程度、景观吸引力、游客环境容量及旅游环境安全性等要素之间的内在联系,为开发湖泊旅游决策提供了科学依据。巴桑吉巴等(2014)通过研究拉萨市非物质文化遗产,构建了西藏地区非物质文化遗产旅游开发适宜性评价指标体系,采用德尔菲法和层次分析法确定各评价指标的权重。根据专家对拉萨市非物质文化遗产旅游开发适宜性的问卷打分,得出拉萨市旅游的聚类分析结果和开发适宜性得分。沈苏彦等(2014)提出了适应城市文化街区旅游开发适宜性评价模型,评价指标突出了旅游开发需要和历史文化街区的本质属性,包括社会和生态环境、旅游资源质量、开发潜力和配套设施四个方面,以南京市重点历史文化街区为研究对象,运用赋权方法、熵值法和层次分析法等方法进行实证分析,验证了模型在城市历史文化街区开发旅游项目的指导价值及可操作性。石垚、张微、任景明、张建平(2015)几位学者通过研究内蒙古五当召旅游景区,对当地地形地势、土壤环境、坡度坡向、水文水系、植被覆盖、地质岩性等影响因素及其反映出的典型的生态敏感要素进行分析,提出了山岳型生态敏感区的生态制图的方法及旅游开发空间适宜性的评价体系,并针对性地提出了具体的生态保护措施和项目规划布局的调整建议,为山岳型区域的生态环境影响评价提供了科学有效的技术方法和参考依据。胡秋红(2015)

采用因子分析法、层次分析法、灵敏度分析法等多种研究方法，基于多学科参与的基本理论，构建了宿营旅游适宜度评价指标体系的25个评价指标，对海峰湿地的旅游开发适宜度进行评价。研究表明海峰湿地宿营旅游开发正处于适宜开发的区间，并就海峰湿地的开发提出了可行性的建设意见。朱赟等(2015)通过对惠安女聚居地的实证研究，参考土地适宜性评价指标体系和传统旅游资源评价体系，构建了非物质文化遗产旅游开发适宜性评价体系。运用专家咨询与层次分析相结合的方法确定评价指标的权重大小，选择适宜的旅游开发模式，进一步确定非物质文化遗产资源的保护和传承。郭泉恩、钟业喜(2016)运用模糊评价法和层次熵法，从人口经济基础、资源禀赋、交通可达性和城镇依托4个方面对江西省的宗教场所旅游开发适宜性进行评价，根据研究得出子系统所得的分值，并根据宗教场所的旅游开发适宜性的不同层次的特点提出有针对性的开发建议。张娇(2016)认为保障资源的可持续发展是旅游开发生态适宜性评价研究的主要目的，以宜兴竹海森林公园为研究对象，选取了10个与森林公园关联度最大的因子，构建了主题公园生态适宜度评价指标体系。通过定性与定量评价分析，借助RS和GIS技术，综合分析竹海森林公园的自然生态位、经济生态位和社会生态位，评价了旅游开发的生态适宜性，并得到了可视化的空间分析结果，更为直接地验证了森林公园生态旅游规划的合理性。赵希勇等(2016)利用模糊数学方法、层次分析法和德尔菲法，构建了自然保护区生态旅游开发适宜性评价体系和计算模型，把旅游开发过程中面临的要素细分成27项关键评价指标，开发尺度评价划分为4个等级，并逐一进行量化得出自然保护区生态旅游开发的适宜性。李刚等(2016)运用专家打分法和层次分析法，从非物质文化遗产自身属性、生态环境、经济环境和社会环境着手构建了非遗旅游开发适宜性指标体系。张建国、庞赞(2017)对城市河流旅游开发适宜性采用熵值法和层次分析法，构建了5个准则层和25个指标因子的评价指标体系。通过对绍兴市的主要5条河流的旅游开发适宜性实证研究，表明该模型的评价区分度非常显著，影响自然环境与城市旅游氛围的是基础条件，资源条件是影响城市河流旅游开发的重要因素，并提出了相关的旅游开发建议和对策。温煜华、齐红梅(2017)两位学者运用层次分析法通过对甘肃温泉旅游开发适宜性的研究，将温泉旅游开发适宜性分为高适宜、较适宜和不适宜开发3类，并针对每类温泉自身的特点及旅游适宜性提出了相应的开发建议。孔令怡、吴江、曹芳东(2017)以滨海养生旅游为研究对象，运用主观赋值法构建了评价模型,从旅游资源条件、自然环境条件、可达性条件、社会经济条件4个方面,对我国17个滨海养生的沿海城市旅游开发适宜性进行了实证分析。指出了不同地区、不同类型的旅游资源开发模式和发展方向,为环渤海地区的滨海养生旅游开发提供理论指导。王立君等学者(2017)通过分析杭州地区非物质文化遗产旅游资源的特征,建立非物质文化遗产旅游开发适宜性评价体系,采用层次分析法确定了杭州地区非物质文化遗产资源的各指标的权重,然后再运用模糊综合分析法对旅游适宜性进行评分,提出杭州市非物质文化遗产旅游开发的建议和对策。罗景峰(2017)在前人的研究基础上,通过对"海上丝绸之路"文化遗产的泉州旅游资源开发实例进行分析,运用灰色统计法和专家法,建立了"丝路"文化遗产旅游开发适宜性评价指标体系;运用可变模糊的方法和二元语义方法,构建出了"海上丝绸之路"旅游开发适宜性评价指标体系和模型。单福彬(2018)以中原凌源皮影戏为研究对象,从价值转化的视角构建"RMC"分析模式,从旅游环境、旅游市场、旅游条件三者之间的关系对旅游开发的适宜性进行评价,研究结果表明凌源皮影戏旅游开发的市场基础和环境基础较为完善,但旅游条件基础尚有不足。刘月宁(2018)应用空间分析方法、环境承载力测算方法、森林旅游资源评价方法,以生态旅游理论为基础,建立了崇义县生态适宜性评价模型,对该县的森林生态旅游资源开发适宜性进行可视化的定性和定量分析。孙婧雯(2018)基于地理学视角,运用层次分析法和专家咨询法等方法,通过对浙江省金华市磐安县的旅游景区的实地调研,分别从村庄空间位置、村庄大小、村落形态、人口规模、村史文化、周边环境这6个方面,采用定量与定性分析相结合的方法,分析了不同类型的村庄发展乡村旅游的适宜性,建立了乡村旅游发展潜力评价指标体系,并根据村庄的类型和特点提出了相应的乡村旅游开发模式。

综上所述,国内外对本课题所涉及的生态文明、古村落、旅游开发适宜性等方面的研究成果已经相当丰富。尤其是古村落的研究,国内外都产生了一批成果,但多集中于古村落的特征价值、形成演变、保护与发展以及村落的资源普查鉴定、定量数理评价、非物质文化遗产等方面的研究上,并初步形成了多学科参与的局面,在与文化学、历史学、经济学、民族学、地理学等众多学科的交叉研究上仍存在不足。通过挖掘古村落中蕴含的朴素生态文明思想,探讨古村落的乡愁文化,并通过定量评价古村落是否适宜旅游开发的研究还有待进一步深入,尤其是从生态文明建设的背景下研究新疆南疆少数民族地区古村落的旅游开发适宜性的研究相对不足。本课题的研究对当前国内主要是南方古村落或少数民族古村落为研究对象,在缺乏北方古村落的理论研究资料的情况下,本课题的研究无疑具有重要的理论与现实意义。

## 第四节 研究思路

本课题研究依循理论探讨—实地调研—资源价值评价—旅游开发适宜性评价—发展模式及开发对策的逻辑思路展开,在文化学、经济学、生态文明理论、可持续发展理论、旅游系统理论的支撑下,采用定性与定量分析结合的研究方法进行研究。

首先,基于新疆南疆地区古村落发展现状,对新疆南疆地区具有典型特点的古村落进行专题田野调查实践,分析新疆南疆地区古村落资源的状况,掌握新疆南疆地区古村落的数量、类型及空间分布,并挖掘生态文明对新疆南疆地区古村落保护与发展的作用机理。

其次,结合我国《旅游资源分类、调查与评价》(GB/T 18972—2017)以及2012年住房和城乡建设部等部门印发的《传统村落评价认定指标体系(试行)》,对新疆南疆地区古村落旅游资源的不适应之处,在生态文明视角下重建传统村落旅游资源分类评价体系。之后将理论运用于实践之中,验证该体系的科学性和可操作性,探讨新疆南疆地区古村落的旅游价值。

再次,在"望得见山、看得见水、记得住乡愁"的指导思想下,结合生态文明协调发展的关系,从古村落旅游开发吸引力、古村落旅游开发条件、利益相关者因素和开发效益四个方面构建新疆南疆地区古村落旅游开发的适宜性模型。根据模型计算结果,利用 SPSS 20.0 软件通过聚类分析,对不同类型古村落之间以及同一类型古村落内部旅游开发适宜性特征进行比较分析,对同一类型不同区域古村落各自存在的优劣势等问题进行进一步探讨。可以较为直观地判断新疆南疆地区古村落资源开发利用的外部总体适宜情况、内部不同区块适宜性的差异状况,进而指导下一步的旅游开发。

最后,根据新疆南疆地区古村落旅游开发适宜性的类型,通过借鉴国内古村落保护与开发的模式和经验,提出了新疆南疆地区古村落的发展规划应该在"立法为先""文化为魂""生态为基""教育为本"的指导思想下进行,采用"多元一体化"模式优先开发高适宜性的 10 个古村落。采用"生态博物馆"模式适度开发较高适宜性的 14 个古村落,采用"露天博物馆"模式控制开发潜在适宜性的 14 个古村落,采用"传统村落保护区"模式限制开发低适宜性的 10 个古村落;并且通过多视角针对"多元一体化""生态博物馆"两类旅游开发适宜性较高的 24 个古村落,提出旅游开发的对策建议。

## 第五节　研究内容与研究方法

### 一、研究内容

新疆南疆地区古村落承载着中华民族的历史记忆,包含深厚的历史文化和艺术价值,是新疆南疆各民族生产生活的智慧积累,也是多彩文化艺术的结晶。它包含许多方面的内容,范围涵盖了教育、历史文化、经济、艺术、旅游等各个领域,集雕塑、建筑、绘画、技艺、民俗文化于一体,代表着新疆南疆民族地域特色,更是中华民族精神的凝聚,是中华儿女寄托的"乡愁"。

但是在快速发展的现代化建设中,面对时代转型的大浪潮,新疆南疆地区古村落存续的文化生态环境发生急剧变化,保护和发展新疆南疆地区古村落的各种原生态信息迫在眉睫。本课题在文化学、经济学、生态文明理论、可持续发展理论、旅游系统理论等众多学科、相关理论及调查研究的基础上,在"望得见山、看得见水、记得住乡愁"的指导思想下,拟引进"生态文明"理论。基于文化保护与生态经济协调发展的关系对该地区古村落旅游开发适宜性进行探讨。据此,本课题将主要研究四个方面的内容。

(一)调查新疆南疆地区具有典型特点的古村落,分析生态文明对新疆南疆地区古村落保护与发展的作用机理

该部分在文化学、经济学、生态文明理论、可持续发展理论、旅游系统理论的支撑下,采用定性与定量分析的研究方法进行研究。首先,根据古村落的定义及古村落包含的要素,在《传统村落评价认定指标体系(试行)》的参考下,对新疆南疆地区古村落(古村落又称传统村落)进行了专题田野调查实践,分析新疆南疆地区古村落资源的状况,掌握新疆南疆地区古村落的数量、类型及空间分布,并挖掘生态文明对新疆南疆地区古村落保护与发展的作用机理。课题组走访了喀什地区、和田地区、克州地区、阿克苏地区、巴州地区具有典型特点的古村落,筛选出符合本课题研究的 80 个古村落进行分析。该地区的这些

古村落是在自然环境的客观条件和文化的主观条件共同作用下形成的,既体现了自然环境的限制作用,也展现了人类为谋求社会发展和满足自身需求而主动且合理利用自然环境所创造的辉煌成就,因此,蕴含着丰富的朴素生态文明思想。在这些古村落的创造过程中有许多精美的工艺和民俗艺术,体现了新疆南疆地区古村落的先民们的审美需要和志趣追求。这些精美工艺和民俗艺术显示出的古村落文化价值观同生态文明价值观相符,不仅满足了新疆南疆地区文化先民在社会实践中物质上的利益追求,也满足了精神上的诉求。新疆南疆地区古村落在生态观念上不仅仅是敬畏自然环境,在文化技术的发展上也明显地表现出适应这一地区自然条件的特征,由此形成了许多因地制宜的低成本、高效益的生产生活方式和社会发展模式,与当前生态文明建设的重要目标之一:低成本、高效益的区域发展模式相吻合。由此,造就了具有特色的中华文化景观,建立具有一定规范处理古村落村民之间的关系的准则,以协调村民与村民、村民与社会之间的关系,保护和弘扬中华传统文化,维护新疆南疆地区古村落的社会稳定与和谐。

(二)新疆南疆地区古村落旅游资源评价

通过认真剖析2017年12月29日国家旅游局(现文化和旅游部)发布的《旅游资源分类、调查与评价》(GB/T 18972—2017)新提出的旅游资源分类、调查和评价标准,2012年住房和城乡建设部等部门印发的《传统村落评价认定指标体系(试行)》以及前人对古村落旅游资源评价的方法基础上,结合目前还没有实现对每一类旅游资源分别制定合适的评价指标体系的现状,从生态文明的视角建立了适合新疆南疆地区古村落旅游资源价值评价的方法和模型。通过该模型对新疆南疆地区80个具有典型特征的古村落的旅游资源价值评价,可以得出:古村落的旅游资源价值得分在90分以上的有2个,占比为2.5%;古村落的旅游资源价值得分在60—89分的古村落有46个,占比为57.5%;古村落的旅游资源价值得分在30—59分的古村落有29个,占比为36.25%;古村落的旅游资源价值得分在60分以下的古村落有3个,占比为3.75%。其中古村落的旅游资源价值得分在60分以上的有48个,属于优良级古村落旅游资源,可见新疆南疆地区古村落旅游资源丰富,品质优良,并且有着巨大的旅游开发潜力。

(三)新疆南疆地区古村落旅游开发适宜性评价

古村落旅游资源特有的历史文化内涵有着巨大的旅游开发潜力,在美丽乡村建设和乡村振兴战略的大背景下,我国古村落旅游发展得如火如荼,也取得了一定的经济效益和社会效益,促进了当地社会的进步与发展。但由于古村落旅游资源的脆弱性,对于新疆南疆地区古村落的旅游开发,不可能将新疆南疆地区所有的古村落不加选择地都包含在内。在"乡村振兴战略"实施的过程中,哪些古村落能够发展旅游产业,不能仅凭主观印象就决定,应该在"望得见山、看得见水、记得住乡愁"的指导思想下,结合生态文明协调发展的关系,通过建立适宜性的量化评价体系来判定古村落是否适宜于旅游开发。该部分基于前部分新疆南疆地区古村落的旅游资源价值得分 60 分以上的 48 个优良级古村落,从古村落旅游开发吸引力、古村落旅游开发条件、利益相关者因素和开发效益四个方面构建模型进行数据分析,并建立适宜性的量化评价体系。采用 AHP 软件(YAAHP 12.1)分析得出 48 个新疆南疆地区品质优良的古村落适宜性得分范围在 45.98—89.94,其中分值在 70 分以上的旅游开发适宜性较高的古村落有 24 个;通过 SPSS 20.0 对新疆南疆地区 48 个品质优良的古村落旅游开发适宜性评价分值进行 K-mean 聚类分析,将其分为 4 类,由此对不同类型古村落之间以及同一类型古村落内部旅游开发适宜性特征进行比较分析,探讨不同类型间古村落旅游开发适宜性的区别、同一类型不同区域古村落各自存在的优劣势等问题。

(四)新疆南疆地区古村落发展模式与旅游开发的对策

通过借鉴国内古村落保护与开发的模式和经验,提出了新疆南疆地区古村落的发展规划应该在"立法为先""文化为魂""生态为基""教育为本"的指导思想下进行,采用"多元一体化"模式优先开发高适宜性的 10 个古村落,采用"生态博物馆"模式适度开发较高适宜性的 14 个古村落,采用"露天博物馆"模式控制开发潜在适宜性的 14 个古村落,采用"古村落保护区"模式限制开发低适宜性的 10 个古村落;并且通过多视角针对"多元一体化""生态博物馆"两类旅游开发适宜性较高的 24 个古村落,提出旅游开发对策建议。这不仅有助于维护民族团结,缩小地区差异,增进社会和谐,而且还能进一步挖掘新疆南疆地区古村落文化,同时也为弘扬中华民族的文化认同感做出贡献。

## 二、研究方法

根据课题研究的性质,本课题采用的研究方法主要有以下几种。

## (一)文献资料研究法

系统整理维普、CNKI、万方等网上数据库在古村落、传统村落,以及新疆喀什地区、阿克苏地区、巴音郭楞蒙古自治州、和田地区、克孜勒苏柯尔克孜自治州等地村落发展方面的文献,搜集大量与之相关的期刊、论文等文献资料以及相关专著,通过阅读、整理相关文献资料和专著,掌握国内外传统村落的研究现状,找到课题研究的理论支撑。

## (二)实地调研法

2014年2月6日—2018年9月22日,课题组成员经过前期充分准备,先后在新疆南疆地区开展专题田野调查9次,前后走访了新疆南疆地区5个地州的传统村落,搜集了大量有关新疆南疆地区刊物报纸出版的资料,了解并纪录了新疆南疆地区古村落里非物质文化遗产的传承、发展以及制作艺人的生活状况,观摩了新疆南疆地区古村落物质文化遗产和非物质文化遗产的保存现场,对传统民居、建筑进行了测量、拍照。

## (三)问卷调查法

在实地调查过程中,从生态文明包含的"人地和谐""以人为本""因地制宜""人人和谐"四个方面的内容出发,在分析新疆南疆地区古村落资源的状况、构建新疆南疆地区旅游资源分类评价体系、探讨新疆南疆地区古村落旅游开发的适宜性模型时,有目标、有计划、有步骤地针对该地区传统村落的当地村民、政府工作人员、驻村干部、旅游企业、游客以及高校相关学者设计并发放调查问卷,征集课题中相关指标研究的意见和建议,以寻找更加科学、合理的保护发展新疆南疆民族地区传统村落的方法和模式。

## (四)因子综合评价和旅游资源特征值评价法

本课题对新疆南疆地区古村落资源价值评价时,采用的是在《旅游资源分类、调查与评价》(GB/T 18972—2017)中采取的共有因子综合评价法基础上,调整了传统村落旅游资源的不适应之处,在生态文明视角下借鉴旅游资源特征值评价法,重建了新疆南疆地区古村落旅游资源分类评价体系的一种方法。用共有因子综合评价法来评价古村落资源时,显得模糊和笼统,加上特征值为评价法选取主要评价指标就更加明晰化。在建立体系过程中,根据专家的意见和新疆南疆地区古村落旅游资源自身特点对指标进行了适当微调,这样的目的在于找到适合新疆南疆地区古村落评价的指标体系。

(五）层次分析法和模糊综合评价法

层次分析法（Analytic Hierarchy Process，简称 AHP）是由美国运筹学家、匹兹堡大学萨迪教授于 20 世纪 70 年代提出的。在对新疆南疆地区古村落旅游开发的适宜性评价模型进行构建时，将新疆南疆地区古村落旅游开发的适宜性看做目标层，它是受多种因素影响的一个整体系统，需要采取定性与定量的方法研究这些因素，从而做出决策。本课题利用 AHP 法构建好新疆南疆地区古村落旅游开发的适宜性评价指标体系后，通过高校古村落研究的相关学者及传统村落（又称古村落）权威人士对各因素两两比较重要性，并进行权重排序及一致性检验。在得出新疆南疆地区古村落旅游开发的适宜性各层指标权重后，结合德尔菲法、问卷调查法最终确定新疆南疆地区古村落旅游开发的适宜性评价模型。

（六）计量经济学的研究方法

在"望得见山、看得见水、记得住乡愁"的指导思想下，结合生态文明协调发展的关系，从古村落旅游开发吸引力、古村落旅游开发条件、利益者相关因素和开发效益四个方面构建新疆南疆地区古村落旅游开发适宜性评价指标，利用计量经济学 SPSS 20.0 软件运用系统聚类的方法，对该地区古村落旅游开发适宜性进行分析。不仅对新疆南疆地区不同类型的古村落之间旅游开发适宜性特征进行比较，分析其开发区别；而且对同一类型的古村落内部也进行旅游开发适宜性特征比较，探讨新疆南疆地区同一类型不同民族古村落中的异同点，并提出古村落各自存在的优势和劣势等问题。

# 第二章
相关概念及理论基础

## 第一节 相关概念

### 一、新疆南疆地区

新疆南疆地区处于新疆南部，位于天山山脉和昆仑山山脉之间，且处于 E73°40′—93°45′，N35°38′—43°36′，东邻甘肃省、青海省，南倚昆仑山与西藏相接，西南部以喀喇昆仑山为界和印度、巴基斯坦、阿富汗、塔吉克斯坦接壤，西部与吉尔吉斯斯坦为邻，北部与伊犁哈萨克自治州、昌吉回族自治州、乌鲁木齐市、吐鲁番市和哈密市相连，是一个多民族聚居区。[①] 行政区（见图2-1）包括巴音郭楞蒙古自治州（简称巴州）、阿克苏地区、喀什地区、克孜勒苏克尔克孜自治州（简称克州）、和田地区5个地州，辖2个州辖市、3个地辖市、35个县、2个自治县。

截至2017年年末，南疆总土地面积为1063389.44平方公里，约占新疆总面积的64%，人口为11948025人，平均人口密度为11.23人/km²；新疆有27个国家级重点贫困县（市），南疆民族地区就包含21个，占总数的77.78%。[②]

---

[①] 陈忠升,卢家峰,陆红霞.新疆南疆五地州经济差异动态变化及启示[J].经济师,2009(9).
[②] 新疆维吾尔自治区统计局.新疆统计年鉴[M].北京:中国统计出版社,2018.

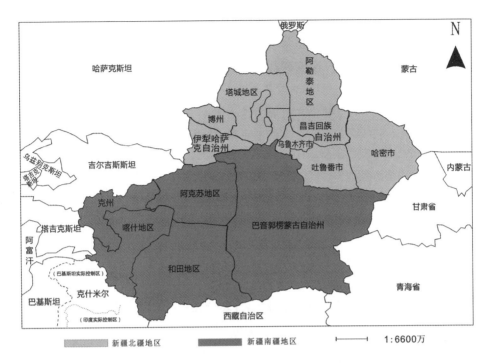

图 2-1 新疆南疆地区分布图（资料来源：自绘）

新疆南疆地区与五国接壤，有 10 个边境县市，约占全疆 32 个边境县市的三分之一，是新疆乃至全国面向西亚、南亚开放的重要门户。

新疆南疆地区地处中纬度欧亚大陆腹地，不仅受温带天气系统影响，也受副热带高压天气系统和低纬度天气系统的影响，年平均气温 12.8 ℃；四周以高山环绕，地貌高差明显，地貌由盆地、山谷和山脉组成，地球表层分布着浩瀚的戈壁滩、沙漠，形成大陆性干旱气候，年降水量 113.3 mm。① 由此形成的气候特点多样。

在新疆南疆地区，每个历史时期都有包括汉族在内的不同民族的大量人口进入，带来了不同的生产技术、文化观念和风俗习惯，各民族在这一地区经过诞育、分化、交融，形成了血浓于水、休戚与共的关系。截至 2017 年年末，境内主要民族有汉族、维吾尔族、塔吉克族、回族、柯尔克孜族、乌孜别克族、哈萨克族、俄罗斯族、达斡尔族、蒙古族、锡伯族、满族等多个民族，呈现大杂居小聚居的特点。各民族群众在交流融合中促进经济社会的发展，形成了多元一体

---

① 张仁军.中国旅游地理[M].2 版.北京：化学工业出版社，2012.

的明显特征,为开发、建设、保卫新疆做出了重要贡献。

新疆自古以来就是多民族聚居地区,是中华文明向西开放的门户,是东西方文明交流传播的重地。这里多元文化荟萃、多种文化并存,中原文化和西域文化长期交流交融,既推动了新疆各文化的发展,也促进了多元一体的中华文化发展。因此在时间的积淀下与周边的自然要素巧妙融合,形成了众多体现中华文化印记的村落。尤其在新疆南疆地区,在这些村落中我们能清晰地看到新疆各文化秉承中华文化崇仁爱、重民本、守诚信、讲辩证、尚和合、求大同的思想。村民们尊重自然、爱护自然、崇尚自然的生活理念,体现了人与自然、人与社会、人与人和谐相处的生态文明价值取向。由此能够看出新疆各民族文化是中华文化的组成部分,中华文化始终是新疆各民族的情感依托、心灵归宿和精神家园,也是新疆各文化发展的动力源泉。

党的十八大召开以来,整个新疆上下深入贯彻落实中央和新疆维吾尔自治区党委、政府关于生态文明建设和生态环境保护工作做出的一系列决策部署。"环保优先、生态立区",要进行资源开发必须在生态环境保护的前提下进行合理规划,这样才能保证建设新疆可持续发展的道路。由此可见,生态文明已经是新疆进行现代化建设的重要组成部分,也是衡量新疆整体发展水平的重要指标。南疆地区作为新疆的一个重要区域,生态文明建设也同样重要。

## 二、古村落

在学术界针对古村落的定义至今还没有形成统一,部分科研组织和学者们虽依据古村落的特色来确定它的概念,但对古村落所包括的内涵和评价依据截然不同。刘沛林(1997)指出村落是人类聚合、生产、创造和繁衍的最早方式。随着不断地演变进步,在一些发展相对比较缓和的特殊区域,部分宋元明清时期的村落在岁月的演进中有幸保存下来,由此形成的境域、建筑、文化精髓、原始风貌均保存完善的村落就是传统村落。它们是原始聚落的一种最初形式。清华大学建筑学院陈志华教授(2005)强调传统村落是有一定历史年限的,应当含有百年以上村建历史,同时包括一定数量的具有特殊研究价值且保存较为完善的村民建筑群,可以开展旅游活动的原始乡村聚落。中国古村落保护与发展委员会指出传统村落的源头要追溯到明清以前,发展至今已有几百年的历史,这些村落通过姓氏聚集居住,有宗族开创始祖的传奇,有祖宗遗训的族规家仪,有家族繁衍兴衰的记录,有累世辈出的人才英杰;在地址选取方面,部分村落遵照古代堪舆学的原理,提倡"择吉而居",建筑风格多数以"天人合一"为标准布局,其中有山河充当自然屏障,以利于繁衍生息。过去文化部(现文化和旅游部)称传统村落为历史文化名村,经国家四部委意见统一后叫做传统村落,由历史传沿而来的思维、品德、文化、准则、习俗、风气被称为传统。村落中有丰富的文化,包含财产、制度、民俗、民风等。这些有属于自己的一套全面内容的村落就称为传统村落。2012年我国住房和城乡建设部、文化部(现文化和旅游部)、国家文物局、财政部印发了《关于开展传统村落调查的通知》,将习惯称谓"古村落"改为"传统村落",重新将"传统村落"定义为:"形成时间早,具有丰富的原始资源,富有不同的历史意义、传统价值、科研价值、艺术价值、现实价值、经济价值,应当珍视和维护的古村落和历史文化名村。"

本课题的研究认为古村落应是具有一定年限的村建历史的村落,传统格局和原始环境未发生大的变化,同时保存有一定规模的古建筑群。包含民间风俗、传统艺术等历史文化,是富有科学探讨、视觉审美、远足游历、休闲旅游等多重价值的传统乡村聚落。古村落包含四个要素:一是原始的风貌完好。村民祖祖辈辈居住于此,历史状态保持良好,且村落的建筑风格、传统环境、原始氛围、历史文脉等均保存较好。二是具有丰富的物质和非物质的文化遗存。古村落是国家重要的文化遗产载体,假设村落消失,传统的非遗文化也随之烟消云散。三是特殊的生产和生活方式。村落村民与自然和谐共处的选址思想和建筑风格保持意识,传统文化与原始环境调节相融的生活方式以及古朴的民风等都体现出独特性。四是活态。村落的建筑布局别具一格,在村民的融合下,村内的山、树、房、院充满活性,可画可拍照,但如果无人居住,就会失去活态,自然不属于古村落的范畴。因此,古村落必须是活态的,要有原宿民。

## 三、旅游开发的适宜性

通常来说,适宜性(Suitability)可以解释为适合性,即指适合的程度。在旅游需求的驱动下,许多之前不能用于旅游开发的资源逐步被发掘,正在变为旅游资源,呈现出旅游资源泛化的趋势。事实上,并非所有资源都可以通过泛化加以开发利用,尤其是新疆南疆地区古村落这类特殊的资源,必须在保护和传承的基础上,以旅游者的旅游需求为导向,通过对其开发的适宜性进行评价研究来发掘、提升和完善旅游资源的吸引力。这种在开发利用之前,考量该种资源能否进行旅游开发以及可以进行开发的程度的过程即为适宜性分析过程。由此可将旅游开发的适宜性解释为在特定基础下,资源对于不同类别的旅游活动开发利用的适宜程度,即旅游资源(或潜在旅游资源)与所要进行的旅游开发项目的匹配性和适合度。

本课题中的旅游开发适宜性是指在对新疆南疆地区古村落进行发掘、提升和完善地方旅游资源吸引力的建设活动之前,通过构建评价指标体系,借助技术评价手段,对其古村落旅游开发吸引力、古村落旅游开发条件、利益相关者因素和开发效益四个方面实行总体测评的过程。通过对新疆南疆地区古村落旅游开发适宜性的评价研究,探讨不同类型间古村落旅游开发适宜性的区别、同一类型不同区域古村落各自存在的优劣势等问题[①],可以较为直观地判断新疆南疆地区古村落资源开发利用的外部总体适宜情况、内部不同区块适宜性的差异状况,进而指导下一步旅游开发活动的开展。

# 第二节 理论基础

## 一、生态文明理论

生态文明是工业文明之后人类文明的新形态,是指建设有序的生态运行机制和良好的生态环境所取得的物质、精神和制度成果的总和。[②] 路日亮等(2008)提出应以尊重和维护自然为前提,以人与人、人与自然、人与社会和谐共生为宗旨,以资源环境承载力为基础,以建立可持续的产业结构、生产方式和消费模式以及增强可持续发展能力为着眼点。周生贤(2009)指出,要以生态平衡为基础,促进经济社会与生态环境的协调发展,其特征主要表现为思想观念、生产技术、目标与行为以及伦理价值观与世界观的大转变。党的十七大报告中就提出了生态文明建设,报告中指出应该关注产业结构的转变、经济增长模式的转型、消费模式的改革。到党的十八大,报告全面阐述了把生态文明构建的目标、原则、理念等内容同中国的政治、经济、文化、社会建设等进行全方位融合,并且贯穿全过程,集中力量发展有优势和有特色的产业,目的是更

---

① 陈炜,文冬妮.西部地区非物质文化遗产旅游开发适宜性评价指标体系的应用研究[J].青海民族研究,2011(4).

② 丹尼尔·贝尔.后工业社会的来临——对社会预测的一项探索[M].高铦,等,译.北京:新华出版社,1997.

加生动地描述生态文明思想,也是对生态文明与物质文明,精神文明和政治文明之间关系的更深刻解释。事实上,生态文明一直影响着中国社会发展的方方面面。2015年,在规划部署未来五年发展(指修改"十三五"规划)时,习近平总书记提出,坚持绿色发展、着力改善生态环境,从而促进人与自然和谐共生。2016年,《绿水青山就是金山银山:中国生态文明战略与行动》由联合国环境规划署发布。党的十九大,第一次将"美丽"纳入建设社会主义现代化力量的目标,把人与自然和谐共处作为实现社会主义现代化强国的基本方略之一,从推进绿色发展、着力解决突出环境问题、加大生态系统保护力度、改革生态环境监管体制四个方面,提出加快生态文明体制改革是新时代建设美丽中国的具体措施和实现路径,并且将生态文明建设纳入"两个一百年"奋斗目标,为坚持和发展美丽中国指明了前进方向。

在十八大召开以后,习总书记就当前中国在生态建设方面出现的矛盾以及十八大以来中国生态环境保护实践的基础上,首先提出了"为什么建设生态文明"。生态文明是人类化解生态危机的客观要求,是人类文明历史演进的必然趋势,是中国特色社会主义的应有之义。其次,就新时代生态文明建设与人类发展过程中人与自然彼此影响并相互作用,提出"建设什么样的生态文明"。生态文明从整体出发,不仅包括物质、精神、政治、生态等方面,还包括社会生态环境的支撑能力。最后,在绿色发展理念下,从整体角度来衡量发展并提出"怎样建设生态文明"。新时代,生态文明建设要兼顾社会各领域的全面推进与整体发展,尤其是要从以经济增长为中心的发展模式转向人与自然协调发展的模式,要坚持"绿水青山就是金山银山"。由此形成了习近平生态文明思想。2018年5月在北京召开了全国生态环境保护大会,大会提出了在当前应该如何建设生态文明,并且为生态领域解决相关问题制定了最高准则。它为新时代下缓解资源危机、保护环境,以及促进中国生态文明事业进一步发展提供了强有力的理论基础和丰富的实践动力。在这次大会上,一个标志性的成果就是习近平生态文明思想的正式提出。习近平指出,新时代推进生态文明建设,必须坚持好以下原则。一是坚持人与自然和谐共生,二是绿水青山就是金山银山,三是良好生态环境是最普惠的民生福祉,四是山水林田湖草是生命共同体,五是用最严格制度、最严密法治保护生态环境,六是共谋全球生态文明建设。习近平生态文明思想是新时代马克思主义中国化的新成果,是习近平新时代中国特色社会主义思想的重要组成部分,更是中国共产党在生态文明建设问题上的正确经验总结。学者指出,我国生态文明建设的智慧之源是马克思主义生态哲学思想,其在生态哲学问题上的认识指明了我国生态文明建设的终极方向。习近平生态文明思想不仅从马克思主义关于人与自然的思想中吸取了丰富的养分,还继承中国传统先进生态思想,并且吸取西方生态思想的有益成分,有深厚的理论基础和丰富的思想来源,必须长期坚持并不断发展。①

2019年全国两会,习近平总书记在参加内蒙古代表团审议时强调了"四个一",即五位一体的生态布局、人与自然和谐共生的基本方略、绿色发展理念、污染防治环保攻坚战。目的在于鼓励地方政府加强生态建设战略定力,立足特色并再创辉煌。在参加福建代表团审议时,针对革命老区发展,他强调"多做经济发展和生态保护协调促进的文章"。可以说,这是伴随社会发展,党对生态文明的新要求和新部署,既是对生态文明建设规律的把握,又是对生态文明建设地位的强调。

本课题在归纳整理了生态文明相关研究的基础上,认为生态文明建设的内涵应该包括以下四个方面:①生态文明建设中的人地关系呈现出"非人类中心主义"的特点,表现为人类对自然生态系统的主动适应与合理改造,引导人们合理有序地开发利用资源与环境,从而实现经济发展与自然生态系统保护之间的平衡。(生态文明建设要"人地和谐")②生态文明建设应该在尊重自然、承认生态系统价值的基础上,以人的价值作为根本的价值取向,其宗旨是改善和提高人们的生活水平。(生态文明建设要"以人为本")③处在不同发展阶段的各个区域在生态文明建设过程中所面对的生态环境问题的具体表现形式不同,因此不同区域生态文明建设过程中所要克服的环境问题也就不同。生态文明建设并不一定是发达区域为寻求更高层次的发展目标做出的战略抉择,反而会因为区域具体条件的不同而存在差异,处于不同发展阶段的各个区域都需要探索生态文明的建设道路。(生态文明建设要"因地制宜")④生态文明建设中需要建设人与人的和谐关系,充分考虑不同群体的利益诉求,把握各方利益的结合点,通过自律与他律相结合的方式,使各个方面的利益和发展要求得到兼顾,从而为生态文明建设营造团结合作的氛围。(生态文明建设要"人人和谐")

---

① 中国国务院新闻办公室,中共中央文献研究室,中国外文出版发行事业局.习近平谈治国理政[M].北京:外文出版社,2014.

## 二、旅游可持续发展理论

20世纪中叶,第一次工业革命带来的科学技术发展,加速了经济社会的发展,尤其是到了第二次世界大战之后,新的科技手段迅速发展,欧洲和美国等一些资本主义国家进入了工业化时代,因为资本的逐利性和整个规划的缺失,致使在推进工业化进程中带来的环境问题日益明显,工业化时代的经济发展和自然环境之间的矛盾被激化。许多学者和具有批判精神的思想者便开始思考工业化发展和自然环境之间的关系。"可持续发展"理念于1972年在联合国人类环境会议上被提出。在瑞典首都斯德哥尔摩召开的联合国人类环境会议上,《人类环境宣言》的通过使得自然环境保护成为全球的概念,所有国家必须考虑经济社会发展和自然环境相互协调发展的机制。World Commission on Environment and Development(世界环境与发展委员会,简称WCED)于1987年在日本东京召开的环境特别会议上,提出了《我们共同的未来》这个具有划时代意义的报告,报告中提出"可持续发展"(Sustainable Development)是指"既要考虑当前发展的需要,又要考虑未来发展的需要,不以牺牲后代人的利益为代价来满足当代人的利益"。至此,可持续发展理论成为旅游可持续发展的纲领性文件和思想指导,以及旅游开发的理论基础。1992年6月,联合国环境与发展会议在里约热内卢召开,会议上通过了《21世纪议程》和《里约环境与发展宣言》等一系列纲领性文件,标志着人类社会和自然环境之间协同发展的"可持续发展"理论的核心地位再次被确认。可持续发展理论作为纲领性文件在全球的经济社会发展中不断深入,旅游市场面临的旅游资源开发和自然生态环境这对矛盾共同体,备受学者和旅游开发者,以及社会公众和政府部门的关注。如何让自然资源及人文社会资源有效转变成旅游资源,以及旅游者不仅能在旅游的过程中享受大自然带来的愉悦,同时还能发扬、传播、保护旅游资源等一系列问题引起了世界各国学者和公众的注意与思考,直到今天"可持续发展"理论的内涵与实质,仍然是许多行业研究和探索的热点课题。

可持续发展的内涵有两个最基本的方面,即发展与持续性。发展是前提,是基础;持续性是关键。没有发展,也就没有必要去讨论是否可持续了;没有持续性,发展就行将终止。发展有两个方面的内涵:首先,它至少应含有人类社会物质财富的增长,因此经济增长是发展的基础。其次,发展作为一个国家或区域内部经济和社会制度的必经过程,它以所有人的利益增进为标准,以追求社会全面进步为最终目标。持续性也有两个方面的内涵:首先,自然资源的存量和环境的承载能力是有限的,这种物质上的稀缺性和经济上的稀缺性相结合,共同构成经济社会发展的限制条件。其次,在经济发展过程中,当代人不仅要考虑自身的利益,而且应该重视后代人的利益;既要兼顾各代人的利益,也要为后代发展留有余地。① 可持续发展的原则就是全局性、持续性和公平性。可持续发展是发展与可持续的统一,两者相辅相成、互为因果。放弃发展,则无可持续可言,只顾发展而不考虑可持续,长远发展将丧失根基。可持续发展战略追求的是近期目标与长远目标、近期利益与长远利益的最佳兼顾,经济、社会、人口、资源、环境的全面协调发展。可持续发展涉及人类社会的方方面面。走可持续发展之路,意味着社会的整体变革,包括社会、经济、人口、资源、环境等诸领域在内的整体变革。发展的内涵主要是经济的发展、社会的进步。可持续发展是一项经济和社会发展的长期战略。其主要包括资源和生态环境可持续发展、经济可持续发展和社会可持续发展三个方面。首先可持续发展以资源的可持续利用和良好的生态环境为基础。其次,可持续发展以经济可持续发展为前提。最后,可持续发展问题的中心是人,以谋求社会的全面进步为目标。

可持续发展也被广泛应用到旅游行业,称之为旅游可持续发展(或者也可以叫可持续旅游发展),旅游可持续发展的思想一经提出就备受学术界的关注和讨论,并在世界范围内兴起了对其的广泛研究。② 世界旅游组织和环境规划署等国际组织于1995年4月在西班牙召开了"可持续旅游发展世界会议",会议上通过了《旅游可持续发展宪章》和《旅游可持续发展行动计划》,旅游可持续发展的研究和讨论被全世界学者推向了高潮。目前,旅游行业关于"旅游可持续发展"理论已经达成共识,基本上是围绕着人与自然和谐共生的主题展开,要求在旅游资源开发和旅游活动中,一定要协调处理好人与自然、人与历史文化资源,以及人与人之间的和谐共生关系。

旅游可持续发展理论指出,在旅游资源开发和旅游相关活动中,决不能以牺牲旅游资源作为发展的前提条件;而且在地区旅游发展中,还应积极寻求探索旅游开发对自然资源和人文社会资源的保护长效机制;不仅要解决当前旅

---

① Butler R. W. The Concept of a Tourist Area Cycle of Evolution:Implications for Management of Resources[J]. The Canadian Geographer,1980(1).

② 马玉玲.发展中的探索:景德镇优秀社科论文选[M].南昌:江西高校出版社,2009.

游者的需求,更要考虑子孙后代的发展空间和对资源的需求,真正做到人与自然、社会、经济等的和谐共生。旅游发展是对环境发展的有效补充和开发性保护。众所周知,自然资源和人文资源是旅游发展赖以生存的生命线,而可持续旅游发展则恰恰强调的是旅游开发过程中对自然资源和人文资源的保护和开发,既要追求最大化利用资源的经济效益,同时还要考虑资源的有效保护和发展。通过发挥各旅游开发企业、参观游览的旅游者和旅游目的地的原著村民主动承担资源保护的经济成本,在满足旅游者需求的同时加强对旅游资源的保护作用。可持续旅游发展是一个多目标、多要素、多层次的系统,核心目标就是要同时达成旅游者与目的地村民,以及旅游企业三方之间的利益需求。同时,可持续旅游发展必须对目的地的自然资源和人文资源起到积极的保护作用和正面的影响作用,满足当代人需求的同时保证子孙后代的利益。除了旅游者、旅游开发企业、旅游目的地村民外,旅游目的地村民的素质、旅游目的地的资源环境质量、旅游企业的企业责任、旅游者的素质等都是需要考虑和提升的因素。从层次上来说,旅游可持续发展不仅包括旅游目的地政府的行政层次,旅游开发企业的商业层次,还包括参与旅游活动的旅游者和目的地村民的社会层次。

## 三、旅游系统理论

20世纪30年代,生物学家L.V.贝塔朗菲(L. Von. Bertalanffy)在"抗体系统论"中首次提出了系统论。1968年,L.V.贝塔朗菲又出版了标志着系统论的正式形成的著作《一般系统论:基础、发展与应用》。一般系统论认为系统是若干事物的集合,系统反映了客观事物的整体性,但又不简单地等同于整体。因为系统除了反映客观事物的整体之外,它还反映整体与部分、整体与层次、整体与结构、整体与环境的关系。[①] 这就是说,系统是从整体与其要素、层次、结构、环境的关系上来揭示其整体性特征的。要素的无组织的综合也可以成为整体,但是无组织状态不能成为系统,系统所具有的整体性是在一定组织结构基础上的整体性。要素以一定方式相互联系、相互作用而形成一定的结构,才具备系统的整体性。整体性概念是一般系统论的核心。

系统的整体性是系统论的核心思想。19世纪70年代,系统论便被广泛应

---

① L. V. 贝塔朗菲. 一般系统论:基础、发展与应用[M].北京:清华大学出版社,1987.

用到了旅游行业中,故旅游系统这一概念来源于系统学,而且旅游系统这一说法被世界旅游学者广泛认同,并为各国的旅游资源开发提供了科学理论指导。旅游业是一个复杂且庞大的系统,旅游系统论不仅具体应用到了旅游开发方面,还应用到了旅游者的食、住、行、游、购、娱等多方面,因此,旅游开发应综合考虑旅游各要素之间的关系,遵循系统论原则,使旅游开发和旅游活动成为一个内外相互依存和相互作用的有机整体。

# 第三章
## 新疆南疆地区古村落描述性统计分析

中国在其五千年源远流长的历史中孕育出了一批具有深厚文化底蕴和发生过重大历史事件而举世闻名的城市、乡镇及村落，新疆南疆便是其中一块地区。这些城市、乡镇及村落历史悠久，有的曾是王朝都城；有的曾是当时的政治、经济、文化、军事重镇；有的曾是重大历史事件的发生地；有的因拥有极其珍贵的文物古迹而负有盛名；还有的则因出产精美的工艺品而闻名于世。但是新疆南疆地区劳动力资源配置不均衡，资本比较薄弱，要素投入量少，经济发展较为落后。为了厘清新疆南疆地区古村落的存续情况以及生态文明对该地区古村落的作用机理，课题组对新疆历史文化名城、名镇、名村，新疆古村落，新疆国家级贫困县的发展现状进行了梳理，以便更好地开展专题田野调查实践。

## 第一节　新疆南疆地区古村落的发展现状分析

### 一、新疆历史文化名城、名镇、名村的现状分析

为保持和延续历史文化遗产的传统格局和历史风貌，确保历史文化遗产的真实性和完整性，继承并弘扬中华民族优秀的传统文化，正确协调好经济社会发展和历史文化遗产保护的关系，我国于1986年2月正式提出了"历史文

化名城"这一新的概念,之后衍生出了"历史文化名镇""历史文化名村",还相继出台了《历史文化名城保护规划规范》①和《历史文化名城名镇名村保护条例》②等政策法规对历史文化名城进行保护。自提出"历史文化名城"等一系列概念以来,国务院在1982年、1986年和1994年陆续公布了三批国家历史文化名城,共计99座。此后对其进行了陆续增补,截至2018年,共有134座历史文化名城。自2003年起,国家陆续公布了七批历史文化名镇、历史文化名村;截至2019年1月30日,已分别有312座历史文化名镇和487座历史文化名村。

其中,在全国134座历史文化名城中,新疆维吾尔自治区(以下称新疆)有5座城市入选,分别是喀什市(第二批)、吐鲁番市(2007年4月27日增补)、特克斯县(2007年5月6日增补)、库车市(2012年3月15日增补)和伊宁市(2012年6月28日增补),全国占比约为4%。在全国312座历史文化名镇和487座历史文化名村中,新疆维吾尔自治区有3个乡镇和4个传统村落入选,分别是鄯善县鲁克沁镇(第二批)、霍城县惠远镇(第三批)、富蕴县可可托海镇(第六批)和鄯善县吐峪沟麻扎村(第二批)、哈密市回城乡阿勒屯村(第四批)、哈密市五堡乡博斯坦村(第五批)、特克斯县喀拉达拉乡琼库什台村(第五批),全国占比均约为1%。详见图3-1。

首先,从全国范围来看,新疆入选国家级历史文化名城、名镇、名村的城市及村镇数量较少,其中第一批和第三批历史文化名城中新疆没有入选的城市;第一批、第四批、第五批和第七批历史文化名镇中新疆没有入选的乡镇;第一批、第三批、第六批和第七批历史文化名村中新疆没有入选的村落。新疆历史文化名城、名镇、名村一共有12座城市及村镇,同全国134座历史文化名城、312座历史文化名镇、487座历史文化名村的数量对比来看,所占比例非常小。

其次,从新疆的范围来看,新疆历史文化名城、名镇、名村的空间分布不均,目前主要分布在吐鲁番市、伊犁哈萨克自治州及哈密市,新疆南疆地区分布非常少,仅有喀什市和库车市两座历史文化名城。

最后,从入选的12座新疆历史文化名城、名镇、名村来看,新疆的历史文

---

① 中华人民共和国建设部,中华人民共和国国家市场监督管理总局.历史文化名城保护规划规范:GB 50357—2005[S].北京:中国建筑工业出版社,2005.
② 《历史文化名城名镇名村保护条例》是由中华人民共和国国务院颁布的第524号条例。该条例于2008年4月2日国务院第3次常务会议通过,自2008年7月1日起施行,并由时任国家总理温家宝于2008年4月22日对外公布。

图 3-1　新疆历史文化名城、名镇、名村分布图（资料来源：自绘）

化名城、名镇、名村历史悠久，拥有大量的历史文物古迹和丰富的非物质文化遗产，具有较高的历史文化价值和旅游开发价值。然而，新疆拥有的历史文化名城、名镇、名村也远远不止这 12 座。新疆，古称西域，在西汉被正式纳入中国版图，由于其重要的战略地理位置，自古以来就是东西方文化荟萃交流的汇集点与桥梁。世界古代四大文明在此交汇，形成了具有很高知名度的文化资源；古丝绸之路中道、南道两条干线横穿新疆南疆地区，遗存了大量的古城、烽燧、石窟群、古墓葬、石人、佛塔和屯田遗址等文化遗迹；以佛教文化、石窟、壁画、音乐、舞蹈著称于世，南疆丰富的丝绸之路历史文化以其博大精深的内涵和独特的魅力形成了许多具有典型特色的传统村落，吸引着世界的目光。

新疆南疆地区拥有深厚历史及丰富文化，但由于缺乏专业的人才进行保护、规划、申报和宣传，许多具有典型特色的城、镇、村都没有被发现，或者就此被埋没；另外，由于部分地区经济落后而将其主要精力放在了经济建设上，对当地的传统村落缺乏一定的保护意识，导致有的甚至还没有来得及申报就被破坏了。

## 二、新疆古村落的现状分析

中国"传统村落"原名"古村落"，古村落传承了中华民族的历史记忆、生产生活的智慧、文化艺术的结晶和民族地域的特色,是维系中华文明的根,也寄托了中华各族儿女的乡愁。为贯彻落实习近平总书记提出的"让村民望得见山、看得见水、记得住乡愁"的指示精神,自 2012 年以来,住房和城乡建设部已与相关部门先后数次进行了传统村落立档调查。截至 2019 年 6 月,共有 5 批 6819 个传统村落被列入中国传统村落名录。

截至 2019 年 3 月,在国家已公布的五批中国传统村落名录中,新疆的传统村落数量很少。目前,新疆有 18 个村落入选中国传统村落名录(如图 3-2 所示),全国占比约为 0.26%,不足 1‰;其中位于南疆地区的仅有 2 个,分别是克孜勒苏柯尔克孜自治州阿克陶县的艾杰克村和和田地区的喀帕克阿斯干村。其余 16 个传统村落皆位于北疆地区,主要分布于昌吉回族自治州和吐鲁番市,两个地区共有 11 个村落入选中国传统村落名录。新疆南疆地区是丝绸之路的重要组成部分,历史文化底蕴深厚,历史文物古迹、人类文化遗址、传统文化习俗、口口相传的手工技艺、传统表演艺术等内容丰富,仍旧有一定数量和特色鲜明的传统村落没有做过统计。

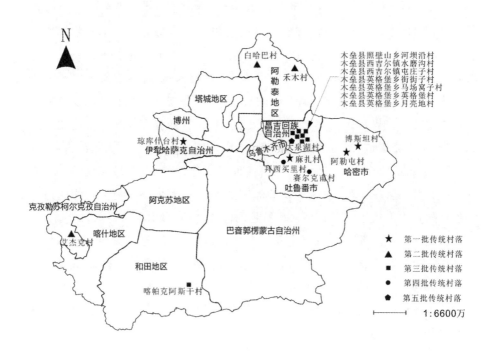

图 3-2　新疆传统村落分布图(资料来源:自绘)

### 三、新疆国家级贫困县的现状分析

自改革开放以来,在党和全社会的共同努力下,我国已成功解决了几亿农村贫困人口的温饱问题,成为世界上减贫人口最多的国家,并探索和积累了许多宝贵的经验。自党的十八大以来,扶贫开发被提升到事关全面建成小康社会、实现第一个百年奋斗目标的新高度,为纳入"五位一体"总体布局和"四个全面"战略布局进行决策部署,加大了扶贫投入,创新了扶贫方式,出台了一系列重大政策措施,扶贫开发取得了巨大成就。但离打赢脱贫攻坚战,实现全民脱贫的目标还有一定的距离,任务非常艰巨。

新疆贫困县在全国 34 个省、市、自治区、特别行政区中占比较大,并且其贫困地区位于国家"三州三区"中的深度贫困区域内。在新疆原有的 27 个贫困县中,北疆有 6 个,南疆民族地区有 21 个(如图 3-3 所示)。在 2016 年和 2017 年北疆的 6 个贫困县和南疆和田地区的民丰县分别实现脱贫。目前新疆现有的 20 个贫困县,全部位于南疆民族地区的克孜勒苏柯尔克孜自治州(以下简称克州)、喀什地区和和田地区,这三个地州占据了 18 个;尤其是克州三县一市,个个都是贫困县。因此,新疆南疆地区是国家深度贫困区,是打赢 2020 年脱贫攻坚战的重点区域。

多年来,国家级贫困县政策在帮扶落后地区发展方面发挥了积极作用。将扶贫单位由县级向村级转移是一大趋势,以村为单位的扶贫开发模式,可以提高扶贫精准度。《国家乡村振兴战略规划(2018—2022 年)》提出,打造产业兴旺、生态宜居、乡风文明、治理有效、生活富裕的美丽乡村,是指导各地区各部门有序推进乡村振兴的重要依据。

2016 年,新疆有 5 个贫困县实现了脱贫,分别是巴里坤哈萨克自治县、民丰县、察布查尔锡伯自治县、托里县和青河县,其中,民丰县率先在新疆南疆地区实现脱贫,为该地区其余的贫困县脱贫树立了标杆、做出了示范。近年来,民丰县加大力度发展农村集体的经济发展项目和乡村旅游项目,全县共有 34 个村集体经济收入达到了 800 万元,平均每个村达到了 23.5 万元。因此,对目前现有的新疆南疆地区 20 个贫困县来说,因地制宜地发展乡村旅游是实现脱贫致富的一种好方法。

通过对新疆历史文化名城、名镇、名村,新疆古村落以及新疆国家级贫困县的现状分析可以看出,新疆南疆地区保存下来的有一定规模的古建筑群,包

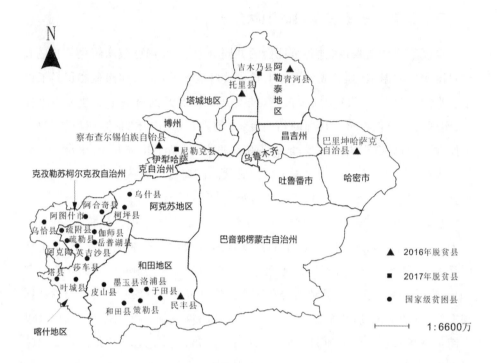

图 3-3 新疆国家级贫困县分布图（资料来源：自绘）

含民间风俗、传统艺术、历史文化。富有科学探讨、视觉审美、远足游历等多重价值的古村落大多位于国家级贫困县中。这些古村落贫困人口比例大，村民人均纯收入较低，人均财政收入少。在乡村振兴战略背景下，应该探讨古村落特色资源保护与古村落良性发展互动机制，综合考虑建设形态、居住规模、服务功能等因素，有序推进古村落建设，不搞一刀切。但是，新疆南疆地区究竟有多少原始风貌完好，建筑风格、传统环境、原始氛围、生活方式、历史文脉等均保存较好的古村落并没有统计过。基于此，本课题组设计了专题田野调查实践。

## 第二节　调研设计与调研过程

为了客观、准确地把握新疆南疆地区古村落的数量和特色，分析新疆南疆地区古村落资源的状况，掌握新疆南疆地区古村落的数量、类型及空间分布并挖掘生态文明对新疆南疆地区古村落保护与发展的作用机理，课题组针对古村落的要素以及生态文明建设的基本内容设计了具体的调查问卷并进行了专题田野调查实践。问卷分别制作成普通话版和维语版,主要针对村民是否认为自己生活的村落独具特色,对有哪些原生态的生产方式、生活习惯、风俗民情等内容进行了实地访谈。

## 一、实地调研的重要性

通过文献的总结,搜集了大量的新疆南疆地区古村落的详细资料,但要对其中古村落存在的朴素的生态文明思想及古村落文化中的生态文明价值取向进行总结,尤其是对于和谐的人地关系活动,社会和谐案例的搜集仍需要进行实地调查。由于文献研究不能满足调查的目的,为了获取第一手资料和数据,使得研究工作顺利进行下去,就需要前往调查区域开展实地调研活动,进行直观的、详细的调查。

(一)直观性

直观性是实地调研最重要的一个优点。通过实地调研,课题组能直接了解客观对象,其所获取的是最直观、最具体和最生动的认识,由此更能够掌握大量的第一手资料,其优势是文献研究等间接的调查方法所不具备的。

(二)可靠性

可靠性是实地调研另外一个重要的优点。在实地调研中,课题组能够亲自到达调查现场,直接调查处于自然状态下的各类社会现象,被调查者很难造假,即使有人造假也很容易被发现。实地调研虽然有可能产生一些调查误差,但与间接书面调查相比,其可靠性更高,所谓的"百闻不如一见"就是这个道理。

## 二、调研前的准备

(一)基础文献的分析研究

课题组前期通过查阅文献资料,在吸取相关学者研究成果的基础上,明确了调研目的,确定了调研范围、调研内容以及调研方法。为了对新疆南疆地区古村落进行全面的普查和调研,深入挖掘新疆南疆地区古村落蕴含着的丰富的生态文明思想,首先,课题组在 2013 年 8 月到 2014 年 5 月查阅了关于中国传统村落的研究著作、新疆南疆地区统计年鉴以及新疆各地地方志等文献,对新疆南疆地区古村落的基本情况有了初步了解。其次,按古村落研究的不同方向、不同年代、不同等级等方面对新疆南疆地区古村落进行归纳、分类与整理。最后,在古村落文献的深入分析方面,课题组着重对新疆南疆地区古村落已有的研究成果(包括新疆地方志资料、南疆文化介绍、新疆农村规划及民居建筑空间等方面)进行了深入分析,以丰富实地调研的准备资料,提高实地调研的针对性。

(二)调研目的与调研对象

通过对新疆南疆地区古村落的实地调研,依据新疆南疆地区古村落的自然生态环境和人文生态环境、古村落的空间分布特征、传统民居建筑特色以及传统文化脉络进行分析,探索新疆南疆地区古村落文化中的生态文明思想以及古村落文化中的生态文明价值取向,为实现新疆南疆地区古村落旅游资源的价值评价和旅游开发适宜性模型的构建提供了基本数据,同时,为促进新疆南疆地区古村落的健康可持续发展提供了科学的对策。新疆南疆地区古村落的调研选取了巴音郭楞蒙古自治州、阿克苏地区、克孜勒苏柯尔克孜自治州、喀什地区和和田地区五个地州的古村落,其中包括已入选中国历史文化名村名单和中国传统村落名录的村落等。

## 三、调研过程

调查团队一共由 11 人组成,已经进行了 9 轮实地调研,发放了 7000 份的调查问卷以及面对面的访谈记录。回收调查问卷 6676 份,其中有效问卷 6025 份,有效问卷率为 90.25%。课题组携带了相机、望远镜、卷尺、录音设备等。团队采取统一行动与分散行动相结合的方式,务求高效、准确地得到全面细致的第一手资料。

(一)现场调研的方式

挖掘新疆南疆地区古村落文化中的生态文明思想以及古村落文化中的生态文明价值取向等情况需要面对面地了解实际情况,古村落中人地和谐、人人和谐等各项活动数据的获取也要依赖田野调查获得第一手资料。团队进行现场调研的形式主要分为以下两种:①政府或者相关部门的工作人员带领参观。工作人员对需要调研的新疆南疆地区古村落的情况比较熟悉,带领课题组参观典型村落,同时,介绍了当地的风俗习惯以及与政府部门有关的保护工作的进展。②自行参观调研地点。这个方式行动自由,可自由安排时间,既能进行统计或测量工作,又能通过和当地村民的谈话,从正面了解实际情况。

通过对新疆南疆地区古村落之间的选址条件、村落分布格局、传统民居建筑、民俗文化、生产生活方式、非物质文化遗产、旅游发展以及地区之间的经济发展状况等方面的调研,对古村落进行数量统计、空间分布和分类等方面的比较,寻找新疆南疆地区古村落中蕴含的丰富的生态文明意识和生态文明价值观,为进一步研究搜集数据。

(二)相关部门的访谈

为得到全面的信息,课题组在调研期间,走访了调研地所在的县级旅游管理机构、博物馆、文化馆、村委会、旅游企业等部门,了解和咨询了新疆南疆地区古村落及村民的生活情况和发展状况,并通过对古村落基层管理人员和村民的访谈了解古村落生态文明建设的基本情况。

调研主要包括以下几个方面:①乡镇和古村落文化站的调研。古村落的文化部门被称为文化站,除了协助镇委、镇政府组织开展群众性文娱体育活动,向广大人民群众宣传党的路线、方针、政策,活跃和丰富人民群众的文化生活的基本职能以外,文化站在新疆南疆地区古村落的文物保护方面的工作主要是协助县文化局、县博物馆搜集整理民族民间文化艺术遗产,做好文物的宣传、保护、管理和利用工作。②乡镇和古村落博物馆的调研。博物馆具有社会功能,如收集和保存文物等物质资料,传播科学文化知识,开展爱国思想道德教育、科学研究,丰富人民群众的科学文化生活。前往博物馆进行调研活动,是研究新疆南疆地区古村落历史发展、重大事件、名人、当地风土人情的理想目的地。③乡镇和古村落旅游开发单位的调研。近年来,新疆南疆地区古村落旅游路线是旅游部门主要发展目标之一,政府对旅游部门实施监督,以确保古村落旅游业的健康发展。④古村落村委会和乡镇文物保护单位的调研。调查团前往新疆南疆地区古村落村委会进行了解,对寻求符合当地特色的村落发展措施有很大帮助。⑤古村落的当地村民。通过与村民面对面的访谈,了解新疆南疆地区蕴含着丰富的朴素生态文明思想以及古村落在创造过程中的许多精美的工艺和民俗艺术。了解到村民们在生态观念上不仅敬畏自然环境,适应自然条件,还由此形成了许多因地制宜的低成本、高效益的生产生活方式和社会发展模式。

(三)调研时间的安排

(1)2014年2月6日至2月26日,课题组相继对新疆喀什地区叶城县、岳普湖县、疏勒县等地的古村落进行实地调研,尤其是针对乌夏巴什镇、疏勒镇、伯西热克乡、亚尕其阿依万村、阿洪鲁库木麻扎、库木西力克乡、柯克亚乡、萨依巴格乡、阿拉力乡、巴依阿瓦提乡、多来提巴格乡的村庄进行了田野调查。发放调查问卷及面对面的访谈记录1200份,回收调查问卷1056份。

(2)2014年4月1日至4月16日,课题组对喀什地区疏勒县、英吉沙县和麦盖提县等地的古村落进行了实地调研。针对少数民族的风俗习惯、民居建筑等方面进行调查,特别是对塔尕尔其乡、洋大曼乡、巴合齐乡、英尔力克乡、吐曼塔勒乡、尕孜库勒乡、库木库萨尔乡、昂格特勒克乡等地的建筑民居、风俗习惯等做了详细的记录。发放调查问卷及面对面的访谈记录800份,回收调查问卷756份。

(3)2014年7月,课题组针对和田地区和田县、墨玉县、皮山县、洛浦县等地的古村落的民居建设、风俗民情资料进行搜集,尤其对布亚乡、克里阳乡、桑株乡(2016年,为桑株镇)、阿克萨拉依乡、普恰克其乡、扎瓦乡、奎牙乡、喀什塔什乡、朗如乡、巴格其镇、拉依喀乡进行了实地采访调研。发放调查问卷及面对面的访谈记录1600份,回收1528份。

(4)2014年8月,课题组前往阿克苏地区阿瓦提县、拜城县,巴音郭楞蒙古自治州尉犁县、和静县、轮台县、博湖县等地,针对刀郎部落、黑英山乡、铁热克镇、罗布人村寨、达西村、巴音布鲁克草原等新疆南疆地区古村落进行调研,并搜集资料。发放调查问卷及面对面的访谈记录1000份,回收958份。

(5)2015年4月30日至5月4日,课题组前往喀什地区的塔什库尔干塔吉克自治县,克孜勒苏柯尔克孜自治州阿克陶县等地的古村落进行调查。主要对塔吉克和柯尔克孜非物质文化遗产村调研,调研乡镇有布伦口乡、奥依塔克镇、塔什库尔干乡、达布达尔乡。发放调查问卷及面对面的访谈记录500份,回收487份。

(6)2017年7月至8月,课题组利用暑假三下乡活动,前往新疆北疆伊犁地区开展古村落的调研活动,主要针对已经进入中国传统村落名录的一些村落进行调研,根据实际情况,返回后对新疆南疆地区古村落进行对比分析。

(7)2018年6月20日至6月23日,课题组前往阿克苏地区新和县依其艾日克镇加依村,库车市齐满镇齐满村,巴音郭楞蒙古自治州焉耆回族自治县七个星镇、永宁镇,且末县库拉木勒克乡库拉木勒克村开展了古村落的调研活动。调查新疆南疆地区古村落的建筑民居和民族风情的详细情况。发放调查问卷及面对面的访谈记录300份,回收297份。

(8)2018年8月5日至8月10日,课题组前往喀什市喀什噶尔古城,疏附县吾库萨克镇托万克吾库萨克村,英吉沙县芒辛乡恰克日库依村和乌恰镇阔纳萨拉甫村,莎车县霍什拉甫乡阿热塔什村,克孜勒苏柯尔克孜自治州阿合奇县、阿图什市及周边古村落开展调研活动。根据实际情况,发放调查问卷及面对面的访谈记录900份,回收897份。

(9)2018年8月5日至8月10日,课题组前往和田地区于田县、策勒县、民丰县进行实地调研,主要到达乌鲁克萨依乡、达玛沟乡、拉依苏村、阿羌镇、尼雅乡发放调查问卷及面对面的访谈记录700份,回收697份。

此外,为尽可能全面地了解新疆南疆地区古村落资源的状况,掌握新疆南疆地区古村落的数量、类型及空间分布,并挖掘生态文明对新疆南疆地区古村落保护与发展的作用机理,课题组于2014年11月向新疆大学、石河子大学、新疆财经大学等学校的相关专家进行了咨询和探讨,结合他们提出的建议再次对研究框架、调研结果及指标选取进行了修改和补充。2015年3月至8月,课题主持人前往浙江大学旅游管理专业进行交流学习,其间,在浙江大学旅游管理专业老师的指导下,对浙江古村落进行了实地调研,取得了许多比对资料,结合专家意见及相关研究对本课题的"新疆南疆地区古村落旅游价值评价指标体系""新疆南疆地区古村落旅游开发适宜性评价指标体系"做进一步的修改。2017年7月,课题组前往新疆伊犁地区开展古村落的调研活动,主要针对已经进入中国传统村落名录的北疆传统村落进行调研,根据实际情况,返回后对新疆南疆地区古村落进行对比分析。2018年6月9日,课题组全体成员邀请相关专业专家10名,在塔里木大学举行了"关于课题工作推进实施方案的制定"的会议,结合专家意见及相关研究对本课题的"新疆南疆地区古村落旅游价值评价指标体系""新疆南疆地区古村落旅游开发适宜性评价指标体系"进行个别调整。下面将针对课题组通过调查、访谈和咨询获得的资料展开分析,进而客观、准确地了解新疆南疆地区古村落的数量、类型及空间分布。

## 第三节 调研数据处理

课题组通过前期对相关文献的梳理,采用实地调研的方式走访了新疆喀什地区、和田地区、克孜勒苏柯尔克孜自治州、巴音郭楞蒙古自治州、阿克苏地区5个不同地区,从中筛选出具有典型特点的古村落共80个。通过对新疆南疆地区古村落的数量统计与空间分布,以点带面剖析新疆南疆地区古村落的发展情况,为接下来的研究提供数据基础。

## 一、和田地区古村落的数量统计与空间分布

和田地区位于我国新疆的最南端,南靠昆仑山与喀喇昆仑山,北部延伸至塔克拉玛干大沙漠中心腹地,东与巴音郭楞蒙古自治州的且末县相连,西接喀什地区的叶城县、麦盖提县、巴楚县,北和阿克苏地区的沙雅县、阿瓦提县接壤,南与西藏自治区相邻,总面积有24.78万平方公里,沙漠、戈壁、绿洲纵横相间。

和田地区从地貌上大致可划分为一半盆地,一半山地;地势由北部平地海拔1050米逐渐抬升到南部山区7167米,南部山区、山地和北部平坦地区界限清晰,并有安迪尔河、桑株河、尼雅河、喀拉喀什河、克里雅河、白玉河、策勒河、皮山河等河流纵横其间。由于和田地区地处欧亚大陆腹地,其西面和北面的帕米尔高原和天山阻挡了西伯利亚北下的冷空气,而昆仑山和喀喇昆仑山从南面阻隔了印度洋北上的暖湿气流,形成了暖温带极端干旱的荒漠气候,四季分明,多沙暴、浮尘天气,秋季降温迅速,全年降水稀少,光照充足,无霜期长,昼夜温差大。

和田地区在古代称为"于阗",是丝绸之路南道的要塞重镇,为古代中西方交通的陆路必经之地。和田地区历史悠久,文化底蕴深厚,拥有数千年遗存至今的古代文明,有大量的人文遗迹和佛教文化遗址。该地区独特的自然风光、浓郁的民俗风情、丰富的旅游资源以及特色产品等吸引了众多的国内外游客。其旅游资源有和田市的美尔力克沙漠、巴格其镇的千里葡萄长廊、民丰县的尼雅遗址和安迪尔古城遗址、策勒县的丹丹乌里克遗址、皮山县的桑株岩画、洛浦县的热瓦克佛寺遗址、和田市的约特干遗址等,尤其是艾德莱斯绸、和田地毯、和田玉驰名中外,被称为"和田老三宝",另有维吾尔医药、阿胶、大芸(沙漠人参)被称为"和田新三宝"。

课题组实地调查了和田地区古村落,并筛选出24个具有典型特点的古村落,对其进行了归纳整理和分析总结,具体见表3-1。

表 3-1　和田地区古村落及其特色

| 所属县市 | 古村落名称 | 古村落特色 |
|---|---|---|
| 和田市 | 吉亚乡艾德莱斯村 | 该村是和田三宝之一——艾德莱斯绸之乡,其手工织染技艺被列入国家级非物质文化遗产名录。该乡现有艾德莱斯绸织户 1780 户,艾德莱斯绸织机 1895 台,织绸厂一家,日产艾德莱斯绸 7000 多匹,每匹批发价为 250 元,日创收益 175 万元,年创收益 6 亿多元,织户年人均收入 1.343 万元 |
| 和田市 | 玉龙喀什镇达瓦巴扎村 | 该村是和田三宝之一——和田地毯的核心主产区之一,织造和田地毯已有 2000 多年的历史,这里的村民几乎人人都会织毯,织造的地毯式样繁多,图案别致,设计高雅,内容丰富多彩。其代表作为《天山颂》巨毯,长 12.5 米,宽 4.5 米,是目前世界上最大的美术地毯,成为稀世珍品 |
| 和田县 | 喀什塔什乡喀让古塔格村 | 因产和田玉石黑山料而得名,黑山料产于玉龙喀什河上游的黑山大队,玉料十分珍贵稀少,自从进入人们的视线以来一直包裹着一层神秘的面纱。其为昆仑山深处的玉石守望者、朴实的村民、古老的村落 |
| 和田县 | 朗如乡排孜瓦提村 | 该村是和田著名的杏花村,村中杏树面积共有 1100 余亩,300 年以上的古杏树共有 500 余棵,一到盛开的季节,便百花齐放,像在欢迎远方客人 |
| 和田县 | 巴格其镇喀拉瓦其村 | 该村的核桃王树已经有 560 多年的历史,堪称老寿星。虽历经几百年的风雨沧桑,但仍以高大伟岸、苍劲挺拔的雄姿,展现在游人们的面前,带给游客深刻悠远、淋漓尽致的视觉美感 |
| 和田县 | 拉依喀乡阔依其买里村 | 该地的无花果树王的树龄距今已有 500 多年的历史,古老的果树却丝毫没有龙钟之态,依然果实累累,枝繁叶茂,连年勃发新枝,遮天掩日。其树木之繁茂如同森林,不仅在新疆,甚至在全国也是十分罕见的,堪称"无花果之王" |
| 和田县 | 朗如乡艾古赛村 | 该村是有名的桃花村,依山而建,背山面水,从山顶到谷底沟壑纵横,绝壁上有千奇百怪的怪石。一到桃花盛放的时候,万花争艳,描绘出一幅世外桃源的景色,村里有一个百年馕坑,据说这个馕坑打出的馕特别香 |
| 和田县 | 朗如乡塔提力克苏村 | 该村是和田著名的"怪石村",其村地下及河床里埋藏着历经亿年的各类石头,它们玲珑剔透,形态各异 |

续表

| 所属县市 | 古村落名称 | 古村落特色 |
| --- | --- | --- |
| 墨玉县 | 阿克萨拉依乡古勒巴格村 | 这里的梧桐树王已有1460年的树龄,树高30米,树干直径长达3.5米,周长为11米,要7个人才能合抱住,2018年被收录进"中国最美古树"的名录。现在在千年梧桐树王所在地已建成了一处旅游景点,取名为"其娜民俗风情园" |
| | 普恰克其镇布达村 | 该村是国家非物质文化遗产——桑皮纸制作技艺之乡。这里有一条桑皮纸长街,全长达2公里,街道两旁聚居有十多家能制作桑皮纸的匠人,散布着许多制作和出售桑皮纸的店铺。目前全村共有52个人熟练掌握制作桑皮纸的技艺,并从事着制作桑皮纸的这项工艺 |
| | 扎瓦镇夏合勒克村 | 夏合勒克封建庄园的建筑历经100多年的风风雨雨,颜色依然鲜艳,特别是穹顶雕绘的几种花卉果木。许多美术工作者认为这是在新疆首次发现,并赞叹不已。庄园占地20亩,古树参天、绿树成荫、瓜果飘香,是进行爱国主义和民族团结教育的良好场所 |
| | 扎瓦镇依格孜艾日克村 | 该村位于扎瓦河两岸,是一个历史悠久的古村落,有很多的手工业加工坊,主要加工皮帽、毡子和皮靴 |
| | 奎牙镇帕万村 | 该村制作奎牙小刀的历史已有500年之久了,拥有百余名小刀匠人和"小刀一条街",奎牙小刀以其雕刻精美、式样独特、工艺考究、便携、锋利、耐用而独树一帜,深受新疆人民的喜爱 |
| 策勒县 | 乌鲁克萨依乡阿克其格村 | 该村位于南北向上的河岸上,160户村民的住房分成三种类型,起源较早的是洞穴型居室,是早年以畜牧业为主的牧民居所。洞穴大多开凿于河岸丘陵地带的第四纪亚砂土基岩上,百年前,仍然还有牧羊人寄居在洞穴中,现在所遗留的洞穴已经无人居住,通常用来圈养牛羊 |
| | 达玛沟乡乌喀里喀什村 | 该村是全国重点文物保护单位——达玛沟佛教遗址所在地,是塔克拉玛干沙漠地区迄今所发现佛寺中保存最为完好的古代佛寺,有世界上已知最小的、最为精致的佛寺——托普鲁克墩佛寺 |

续表

| 所属县市 | 古村落名称 | 古村落特色 |
|---|---|---|
| 于田县 | 拉依苏良种场拉依苏村 | 该村是世界五大长寿村之一,百岁以上老人共有7人,90岁以上老人共有26人,80岁以上的老人很常见,他们个个脸色红润、健步如飞,每天依旧下地干活 |
| | 达里雅布依乡达里雅布依村 | 该村被称为"沙漠中的原始村落",位于天山之南、玉河之边,是塔克拉玛干大沙漠腹地中的一块神奇的绿洲。其拥有千姿百态的原始胡杨林、神奇的沙漠景观、国家级文物保护遗址——圆沙古城以及喀拉墩古城。由于地理位置特殊和交通条件不便,这里的村落几乎与世隔绝,封闭的生活方式造就了古朴的民风和独特的民俗 |
| | 阿羌镇喀什塔什村 | 该村被称为玉石村,是和田玉的起源地之一,其玉矿脉分布广、储量大,故这里多出和田玉山料,也称为"山流水"。历史上著名的大型玉石矿都在这里产生 |
| 民丰县 | 萨勒吾则克乡草原基地村 | 该村是著名的素有"沙漠人参"之美誉的大芸之乡,大芸历史上就被西域各国作为上贡朝廷的珍品,该村拥有全国最大的大芸种植基地,由此民丰县也称为"华夏大芸第一县" |
| | 安迪尔乡牙通古孜村 | 该村被喻为"沙漠公路第一村",是塔克拉玛干沙漠深处的唯一一道人类生存底线,它是中国较原始、较封闭的村庄之一,探险家和新闻记者把它誉为"大漠腹地里的原始部落" |
| | 尼雅乡喀帕克阿斯干村 | 该村是民丰县沙漠公路旁的一个古老宁静的维吾尔族村落,有400多年的历史,是迄今为止新疆现存的较古老悠久的村落之一,这里村民的生活离不开胡杨和红柳,整个村庄的建筑以红柳泥巴结构建筑为主 |
| 皮山县 | 桑株镇色依提拉村 | 该村有五十亩连片生长着的古核桃树群,其中共有37棵五百年以上树龄的古核桃树,它们冠大、叶茂、果实多,丝毫未有衰退之迹。其中有五棵生长着奇形怪状的树心枝干,枝干苍劲有力、叶茂果繁、怪状奇形、甚是壮观,最大的一棵高达20米,树围有5.5米,树冠面积680平方米,年产50000个核桃 |
| | 克里阳乡克里阳村 | 该村是著名的克里阳雪菊之乡,雪菊是传统的养生保健的天然植物,当地人称其为"古丽恰尔"。"古丽恰尔"在喀喇昆仑山已有几千年的历史,该村是全国最大的克里阳雪菊种植基地 |

续表

| 所属县市 | 古村落名称 | 古村落特色 |
|---|---|---|
| 洛浦县 | 布亚乡塔木其拉村 | 该村的和田地毯以手感好、质地优而闻名,其制作历史已有2300多年,和田地毯的发源地是布亚乡的塔木其拉村,直到现在,村里的老少依然会织地毯 |

来源:根据调研资料整理所得。

和田地区虽然经济相对落后,但历史悠久、文化底蕴丰厚,保留下来的古村落数量较多。和田地区古村落的空间分布特征和村落特色主要表现在以下几个方面。

第一,和田地区古村落主要分布在和田地区北部,少数古村落分布在南部;这种布局与和田地区的地形地貌有关,和田地区北部是平坦地带,适宜村民进行生产生活活动;南部是山地、山区,交通不便。分布在和田南部地区的和田县喀什塔什乡喀让古塔格村(黑山村),于田县阿羌镇喀什塔什村(流水村)。由于两个村落位于昆仑山下,其都是著名的玉石村,是和田玉的起源地。

第二,和田地区古村落主要集中分布于和田市、和田县、墨玉县一带,其他县分布相对疏散。其原因为该区域是河流汇聚和冲积平原地带,自然条件优越,加之都靠近和田市,经济发展较好,古村落保护相对完整。

第三,和田地区保存较好的古村落主要沿河分布,部分古村落随着河流的整体迁移位置发生变动,这缘于和田地区干旱的荒漠气候,降水稀少,水资源主要来源于昆仑山冰雪融水和地下水。此外,在过去很长一段时间里,塔里木盆地盛行北风,塔克拉玛干沙漠南缘不断南移,导致河流断流或改道,进而影响古村落位置的迁移,不过现今防风固沙工作取得巨大成就,对这方面影响力减弱,由原来的"沙进人退"逐步发展为"沙退人进"。

第四,和田地区关于古树名木和林果作物的古村落相对较多。例如,皮山县克里阳乡克里阳村、和田县巴格其镇喀拉瓦其村、和田县拉依喀乡阔依其买里村、墨玉县阿克萨拉依乡古勒巴格村等。这依旧与和田地区的独特气候有关,光照充足、无霜期长、昼夜温差大,有利于古树名木和林果作物的生长。

## 二、喀什地区古村落的数量统计与空间分布

喀什地区位处祖国的西部边陲,新疆的西南部,东邻塔克拉玛干大沙漠,南抵喀喇昆仑山与西藏阿里地区相邻,北倚西天山,西枕帕米尔高原,东北部

与阿克苏地区的柯坪县和阿瓦提县相连,西北部与克孜勒苏柯尔克孜自治州的阿图什市、阿克陶县以及乌恰县相连,东南部和皮山县相邻,周边与巴基斯坦、阿富汗、塔吉克斯坦、吉尔吉斯斯坦等国相邻,是通向中亚、西亚和南亚的重要国际口岸,战略地理位置十分重要,又有全疆第二大航空港——喀什机场、南疆铁路、吐和高速公路、314国道、315国道和219国道穿城而过,其发展优势得天独厚。

喀什地区三面环山,东面朝向塔里木盆地,由西南方向向东北方向倾斜,主要河流有叶尔羌河、克孜勒河、库山河等五条大河、八条小河。喀什地区属于温带大陆性干旱气候,总的特点是四季分明、夏长冬短。由于地形较为复杂,气候差异较大,有昆仑山、帕米尔高原、沙漠荒漠、山地丘陵和平原五个气候区。喀什地区有适宜农荒地面积1200万亩,农业的发展优势和发展前景良好。这里水果丰富,主要有桃、伽师瓜、李、巴旦木、杏、核桃、石榴、无花果、梨、苹果、葡萄等上百个品种。另外,喀什地区的自然风光也独特美丽,有世界上第二高峰乔戈里峰,有"冰山之父"之称的慕士塔格峰以及高原湖泊卡拉库里湖,还有被称为"死亡之海"的塔克拉玛干大沙漠和生而一千年不死、死而一千年不倒、倒而一千年不朽的原始胡杨林。

喀什素来就有"丝路明珠"的美称,历史悠久,文化璀璨绚烂,民俗浓郁丰富,是新疆南疆西部政治、军事、经济、文化、科技、交通的中心,被评为第二批国家级历史文化名城和中国优秀旅游城市。有西汉班超驻守"疏勒"(喀什地区古称)十八载之久的盘橐城,唐朝玄奘和尚西天取经留下足迹的三仙洞和莫尔佛塔,还有"十二木卡姆"被联合国授予世界人类非物质文化遗产以及驰名中外的千年古城,这些人文古迹无一不体现出喀什地区丰厚的历史文化积淀。

课题组实地调查了喀什地区的古村落,并筛选出其中25个具有典型特点的古村落,对其进行了归纳整理和分析总结,具体见表3-2。

表3-2 喀什地区古村落及其特色

| 所属县市 | 古村落名称 | 古村落特色 |
| --- | --- | --- |
| 喀什市 | 喀什噶尔古城 | 这里历史悠久、文化丰厚、风情独特,其民居距今已有600年历史,房屋依崖而建,房连房,楼连楼,层层叠叠。这是喀什展示维吾尔族古代民居建筑和民俗风情的一大景观 |

续表

| 所属县市 | 古村落名称 | 古村落特色 |
|---|---|---|
| 喀什市 | 乃则尔巴格镇托库孜塔什村 | 这里有非常著名的馕文化一条街,馕是新疆各族人民所喜爱的主食之一,先以麦面或玉米面进行发酵,揉成面团制作面坯,再在特制火坑(俗称馕坑)里烤熟。新疆的馕品种非常多,约有50多种,在这里都可以看到 |
| 英吉沙县 | 芒辛镇恰克日库依村 | 该村土陶烧制历史已达千年,2006年起土陶烧制技艺被列入国家级非物质文化遗产名录,现有两位土陶烧制技艺的国家级非物质文化遗产传承人 |
| 英吉沙县 | 乌恰镇阔纳萨拉甫村 | 该村制作英吉沙木雕工艺具有1000多年的历史,拥有80多名英吉沙木雕技艺传承人。其木雕彩绘图案制作精致。木雕工艺成品包括家用器具、房屋装饰木艺等十几种艺术品 |
| 英吉沙县 | 芒辛镇喀拉巴什粮台村 | 该村是著名的英吉沙县民俗文化村,集中展示了英吉沙县各级各类非物质文化遗产,有特色民族手工艺品展、特色民族小吃品鉴、农业观光等服务项目 |
| 英吉沙县 | 芒辛镇喀拉巴什兰干村 | 该村打造英吉沙小刀约有400年的历史,是著名的"小刀村",共有40多户英吉沙小刀手工坊,其品种有40多种 |
| 麦盖提县 | 央塔克乡跃进村 | 该村是"刀郎麦西热甫""刀郎木卡姆"的发源地,现有国家级刀郎艺人2人,自治区、地区级刀郎艺人8人。因著名的"刀郎文化"被称为"刀郎乡里"。拥有3项国家级非物质文化遗产 |
| 麦盖提县 | 尕孜库勒乡喀赞库勒村 | 该村是具备较高知名度的刀郎民族刺绣之乡,其刺绣技艺被列入国家级非物质文化遗产名录,该村60%以上的村民都会刺绣,其刺绣既融合了南方的刺绣工艺,又包含自己民族的特点 |
| 麦盖提县 | 库木库萨尔乡胡木丹买里村 | 该村是著名的"刀郎画乡",拥有刀郎特色文化旅游一条街,刀郎农民画展览、创作、游客绘画体验馆和刀郎画家新村,是体验刀郎文化民俗、探寻沙漠文明古迹的理想场所 |
| 莎车县 | 霍什拉甫乡阿热塔什村 | 从古至今,该村就是进入帕米尔高原和喀喇昆仑山的必经之地。中外探险家称其为"昆仑第一村"。这里也是玄奘取经的必经之路,除此之外,村中还有新疆著名的三峡水利工程——阿尔塔什水利枢纽 |

续表

| 所属县市 | 古村落名称 | 古村落特色 |
|---|---|---|
| 莎车县 | 喀群乡尤库日恰木萨勒村 | 该村地处昆仑山脚下,景色秀丽优美,并且其喀群赛乃姆在2008年入选国家级非物质文化遗产名录 |
| | 塔尕尔其镇木尕拉村 | 该村的"软黄金"——万寿菊的种植历史悠久。万寿菊可用于食品领域,也可用于医疗领域,现在种植的面积已达十万亩,这里不仅是莎车县也是全国最大、最有名的万寿菊种植基地 |
| 泽普县 | 亚斯墩国营林场长寿民俗文化村 | 据统计数据显示,泽普县有20多万人口,其中百岁以上老人有140多位。该村集中展现了泽普县长寿村的民俗文化,是我国著名的长寿村之一,有着"寿乡之冠"的美誉 |
| | 布依鲁克塔吉克族乡布依鲁克村 | 该村是以农牧民健身广场、雄鹰文化广场、雄鹰湖休闲区、烽火台、民族特色居住区、特色毡房绿地区、塔吉克特色婚礼馆、手工艺饰品馆等集于一体的民俗文化区,是"南疆最具魅力的塔吉克特色文化旅游小镇" |
| 塔什库尔干塔吉克自治县 | 塔什库尔干乡瓦尔希迭村 | 该村是原生态的塔吉克古村落,传承着历史悠久的塔吉克族民俗文化。在村内,可以欣赏到塔吉克的民族服饰、传统民歌、塔吉克鹰舞、塔吉克婚俗等种类众多的非物质文化遗产,还能体验各类塔吉克传统手工艺品 |
| | 达布达尔乡热斯喀木村 | 该村是著名的塔吉克族民俗文化村,拥有独特的塔吉克族民居建筑、民俗风情、传统习俗等 |
| | 大同乡阿依克日克村 | 该村是有名的帕米尔高原杏花村,与三个国家接壤,拥有美丽的自然风光,集湖泊、花海、草原、绝壁、雪峰于一体。杏花开放时,粉色的杏花好像云彩一般飘满峡谷,在蓝天和白雪、小桥和流水的映衬之下,让人产生一种如梦似幻的感觉,似"世外桃源" |
| 叶城县 | 伯西热克乡托万欧壤村 | 该村是有名的石榴村,其种植历史已有数百年之久,走进村落,就仿佛走入石榴花海洋。村民也特别喜爱石榴花,他们认为石榴花开预意今年收成好,人们的生活会美满如意。此外,这里不仅有流传上百年的石榴花舞蹈,还有30%—40%的女孩都取名为"阿娜尔古丽(石榴花)" |

续表

| 所属县市 | 古村落名称 | 古村落特色 |
|---|---|---|
| 叶城县 | 柯克亚乡普萨村 | 该村有着历史悠久的原始生态林，沿途的风光迷人又险峻，原始生态林的林区风景优美，有形态各异的山石、繁茂的林地、幽静的峡谷、碧绿的草甸，是旅游度假、避暑休闲的游玩胜地 |
| | 萨依巴格乡萨依巴格村 | 该村是著名的"核桃七仙园所在地"，其核桃种植历史悠久，千年老树所摘下的核桃仁色泽微黄，果仁饱满，带着核桃油光，相较于普通的核桃，古树的核桃外壳硬度适中，果实中等大小，果肉非常香醇 |
| | 柯克亚乡阿其克拜勒都尔村 | 该村昆仑雪菊种植历史悠久，有全国最大的高原雪菊种植基地，是当地主要的经济作物 |
| 疏附县 | 吾库萨克镇托万克吾库萨克村 | 该村制作民族乐器已有150多年历史，其制作的"都它尔""热瓦甫""手鼓"等乐器以选材精细、工艺精湛、音质纯净、音域宽广丰富、音韵婉转悠扬而著称，现已建成大型民族乐村，生产各种各样的乐器8000余件 |
| 疏勒县 | 疏勒镇纳丘克代尔瓦孜村 | 该村是疏勒民俗风情街的所在地，这里有各种特色美食餐饮和民族手工艺品，集中展现了博大精深的中华民族优秀传统文化 |
| 巴楚县 | 多来提巴格乡塔格吾斯塘村 | 该村有大量的刀郎传统民居建筑和独特特色的刀郎人田园民俗风情，是2013年新疆唯一一个全国村庄规划试点村 |
| 岳普湖县 | 巴依阿瓦提乡巴依阿瓦提村 | 这里生长着一棵"千年柳树王"，其树龄约有2100年之久。其树高20米，地径达2.88米，分7个侧枝，其冠幅占地达1.2亩，差不多两个篮球场大，获"树龄最长的柳树"的称号 |

来源：根据调研资料整理所得。

喀什地区古村落数量众多，且古村落整体保存较好，是新疆南疆地区中古村落数量最多的一个地区，这与喀什地区同时具备深厚的历史文化底蕴和良好的经济社会环境两个重要的条件有着密切的关系。喀什地区古村落在空间分布和古村落特色方面具有以下特征。

第一，除偏远山区和沙漠地带，喀什地区古村落整体分布相对均匀，且各地区古村落独具特色。例如，昆仑山区的塔什库尔干塔吉克自治县大同乡阿依克日克村由于其地形和气候原因，造就其发展成独特的杏花村；帕米尔高原上的具有高原风光和塔吉克民俗文化的彩云人家民俗文化村等。

第二,喀什地区古村落在整体分布相对均匀的基础上,形成了疏附—喀什—英吉沙,莎车—泽普—叶城,麦盖提三个中心,古村落分布于这三个中心的周边。这三个中心地区地形平坦,地势开阔,自古以来人口集中,历史文化底蕴丰厚。

第三,喀什地区古村落数量较多、类型多样、特色鲜明,古村落整体保存较好。这里自古以来就是丝路重镇,目前也是"一带一路"路线中的核心区。1986年喀什市被评为国家级历史文化名城,带动了周边政治、经济、文化的发展。

## 三、克孜勒苏柯尔克孜自治州古村落的数量统计与空间分布

克孜勒苏柯尔克孜自治州(以下简称克州)位于天山南麓,昆仑山北段,塔里木盆地西北部,是新疆同时也是祖国的最西端。克州东部与阿克苏地区相连,南部与喀什地区为邻,北部和西部隔南天山与吉尔吉斯斯坦、塔吉克斯坦相毗连,边境线长达1170多公里,有314国道和南疆铁路通过境内,并有212省道、306省道以及309省道纵横全州。

克州的地形特征是西北高东南低,海拔高度在1197—7719米,境内地势相对高差较大,平均海拔为3000米。克州处于南天山与帕米尔高原之间,南面、西面和北面都是高山地区,也是该州主要的畜牧区。在昆仑山西端屹立着公格尔峰和号称"冰山之父"的慕士塔格峰,海拔分别为7719米和7546米。克州东南部的海拔在1197—1500米,是克州唯一一个平原地带,同时,当地地质构造纷繁复杂,矿产资源丰富,物产丰饶。由于克州地处中纬度地带,属于温带大陆性气候,其平原地带阳光充足,四季分明,降水稀少,昼夜温差大。春季升温迅速,天气变化多端,多风;夏季干燥炎热;秋季天高气爽,温度下降迅速;冬季干燥寒冷,晴天较多。克州山区气候十分寒冷,热量不足,降水分布不均,四季不分明,冬季漫长,一年之内仅以冬夏之分。

克州不仅有着美丽的高原自然风光,柯尔克孜族民俗风情更是浓郁独特。这里也是著名英雄史诗——《玛纳斯》的故乡,柯尔克孜族人在这里过着游牧生活,这里至今仍保存着传统的柯尔克孜族风俗习惯。克州主要的自然景观有昆仑三雄风景区、玉其塔什风景区、恰克拉克湖以及恰尔隆水晶矿风景区等;克州著名的文物古迹有阿图什的苏温古城、盖孜驿站等。

课题组实地调查了克孜勒苏柯尔克孜自治州的古村落,并筛选出13个具有典型特色的古村落,对其进行了归纳整理和分析总结,具体见表3-3。

表3-3 克孜勒苏柯尔克孜自治州古村落及其特色

| 所属县市 | 古村落名称 | 古村落特色 |
| --- | --- | --- |
| 阿合奇县 | 阿合奇镇科克乔库尔民俗文化村 | 该村是克州唯一入选第二批中国少数民族特色村寨的村落。由特色街坊、非遗工厂、猎鹰场看台、猎鹰展示馆等部分组成,该村被授予"中国乡村旅游模范村"称号 |
| | 苏木塔什乡阿克塔拉村 | 这里的柯尔克孜族牧民喜欢驯养,该村因善于保护猎鹰得名,有着"世界猎鹰之乡"的美誉,这里修建了"中国猎鹰之乡"的标识以及猎鹰的雕塑 |
| | 哈拉布拉克乡米尔凯奇村 | 该村是著名的玛纳斯的演唱大师居素普·玛玛依的故乡,又是《玛纳斯》史诗之乡。国内外的史诗专家称誉居素普·玛玛依为"活着的荷马" |
| | 哈拉奇乡哈拉奇村 | 该村是柯尔克孜族的刺绣之乡,采用走兽飞禽、日月星辰、花卉草木等织成象形刺绣和几何图案。绣花布单和马鞍的制作工艺,加上约尔麦克的编制技术,使该地的刺绣成为一种丰富的世界民间艺术 |
| | 色帕巴依乡阿果依村 | 这是文化部(现为国家文化和旅游部)所认定的库姆孜之乡,"库姆孜"历史悠久,琴声优美,是柯尔克孜族的一种乐器。该村的库姆孜演奏技艺被列入国家级非物质文化遗产 |
| | 库兰萨日克乡吉勒得斯村 | 该村有着悠久的驯鹰狩猎历史,1989年该村出土了国家一级文物——纯金质"飞鹰啄鹿" |
| 阿图什市 | 哈拉峻乡欧吐拉哈拉峻村 | 该村是著名的《玛纳斯》之乡,有许多的《玛纳斯》的传承者、演唱者。2006年,《玛纳斯》被列入第一批国家级非物质文化遗产名录;2009年,《玛纳斯》经联合国教科文组织批准被列入人类非物质文化遗产代表作名录 |
| | 阿扎克乡阿扎克村 | 该村有"无花果之乡"的美称。该村拥有1万亩无花果种植基地,亩产500公斤左右,每年第一茬无花果总产可达40吨左右。2018年7月,阿扎克村运送新鲜无花果4.5吨到江苏、浙江、江西等地,半个月时间便销售一空,获利530余万元 |
| | 阿扎克乡提坚村 | 该村被誉为"绿色木纳格葡萄之乡"。木纳格葡萄,又名冬葡萄、戈壁葡萄,提坚村是克州木纳格葡萄最大的种植基地 |

续表

| 所属县市 | 古村落名称 | 古村落特色 |
|---|---|---|
| 阿克陶县 | 布伦口乡恰克拉克村 | 该村位于帕米尔高原恰克拉克湖旁的柯尔克孜族古村落。这里有早在公元7世纪就开始闻名的柯尔克孜族妇女织毯工艺和刺绣技艺及柯尔克孜族民俗风情 |
| | 克孜勒陶乡艾杰克村 | 该村纯粹地保持着柯尔克孜族的古老习俗。石头搭建的民居、村中的白杨与村里游荡的牛羊、戏耍的孩童、晒太阳的老人,组成了一幅安详、神圣、朴素、悠然的乡村生活图景 |
| | 奥依塔克镇奥依塔克村 | 该村是一个巨大的国家冰川森林公园,这里拥有雪山、飞天瀑布、冰河、《玛纳斯》勇士、克州冰川公园河、奇石文化、原始森林、沙棘林等十五项景观 |
| 乌恰县 | 吉根乡斯姆哈纳村 | 该村是我国最西部的边陲小镇,是中国最后告别阳光的地方。在这里,村庄与哨所有着一个共同的名字,是一个典型的柯尔克孜族古村落,同时又有"西陲第一哨"之美称 |

来源:根据调研资料整理所得。

克州一市三县,处于高原山区,经济发展相对落后,四个地区都是国家级贫困县,但古村落保护和发展做得很好。克州古村落的空间分布特征和古村落特色主要体现在以下几个方面。

第一,克州古村落分布主要集中于阿合奇县,克州13个具有典型特点的古村落中有6个位于阿合奇县。阿合奇县在自然和人文方面的条件具有优势,地处天山南麓腹地,位于高寒地带,境内海拔1730—5958米,地形呈现"两山夹一谷"的特征。阿合奇县全境均属于山间河谷地带,素有"九山半水半分田"的说法。此外,阿合奇县为古尉头国所在地,历史悠久,文化底蕴深厚,素有"中国玛纳斯之乡""世界猎鹰之乡""中国库姆孜之乡"以及"中国刺绣之乡"的荣誉称号。

第二,克州古村落具有独特的帕米尔高原风光和柯尔克孜族民俗风情。例如,阿合奇县苏木塔什乡阿克塔拉村祖祖辈辈训练猎鹰,传统技艺口口相传,有"世界猎鹰之乡"的美誉;还有被列入第三批古村落的阿克陶县克孜勒陶乡艾杰克村,纯粹地保持着柯尔克孜族的古老习俗,石头搭建的民居是传统的柯尔克孜族民居建筑。

第三,克州古村落保存和发展得相对较好,注重生态文明理念的应用。这与当地政府部门、旅游企业以及古村落村民十分注重生态意识和古村落的保护有关。在调研过程中,政府相关部门、旅游企业及各古村落村民对于古村落的保护和可持续发展持认同与支持态度的都在80%以上。

## 四、阿克苏地区古村落的数量统计与空间分布

阿克苏地区的地势是北部高南部低,由西北方向向东南方向逐渐倾斜。北部为中天山山脉,主要有天山最高峰——托木尔峰(海拔7435米)、天山第二高峰——汗·腾格里峰(海拔6995米)等数十座巨大的山峰;中部为天山砾质扇形地,河流冲积平原区,戈壁和绿洲纵横相间,主要有阿克苏河、渭干河和塔里木河三大干流以及大大小小60多条支流,冰雪融水是地表河流的主要补给水源;南部则是塔克拉玛干大沙漠。阿克苏地区属于暖温带大陆性干旱气候,全年干燥少雨,冬季寒冷,夏季炎热,昼夜温差大,日照时间长,是全国太阳辐射量较多的地区之一,同时无霜期较长,其主要特产有天山雪米、露仁核桃、冰糖心苹果、库车小白杏等。

阿克苏地区是古龟兹、古姑墨、古温宿三国所在地,历史悠久,文化灿烂,有大量的历史文化遗迹。其人文古迹主要有拜城县的克孜尔千佛洞和克孜尔尕哈千佛洞、库车市克孜尔尕哈烽燧、苏巴什古城、林基路烈士纪念馆、龟兹古城遗址以及库车唐王城等。其自然风景名胜主要有天山神秘大峡谷、托木尔冰川、大龙池、小龙池、托木尔峰国家高山自然保护区(阿克苏境内唯一一个国家级自然保护区)、盐水沟、怪树园和圣水泉、塔里木河的源头——三河交汇处的肖夹克胡杨林风景区、九眼泉、人类防风治沙史上的奇迹——柯柯牙绿化工程、察尔齐盆地的克孜尔雅丹地貌等。

课题组实地调查了阿克苏地区的古村落并筛选出8个典型的古村落,对其进行了归纳整理和分析总结,具体见表3-4。

**表3-4 阿克苏地区古村落及其特色**

| 所属县市 | 古村落名称 | 古村落特色 |
| --- | --- | --- |
| 拜城县 | 黑英山乡明布拉克村 | 该村是一个著名的"书香文化之乡",一直都有崇文重教的优良传统,曾经涌现过一大批优秀的学者、诗人和作家等 |
| | 铁热克镇苏干村 | 该村名称之中带着江南水乡的韵味,走进村落所在的山谷,水美林深,湿润的空气中流淌着淡淡的苹果香,景色宜人,尤其是柳树多得让人吃惊,直径最大的柳树中空心的树干,可以藏进一头牛犊子 |

续表

| 所属县市 | 古村落名称 | 古村落特色 |
|---|---|---|
| 库车市 | 伊西哈拉镇玉斯屯比加克村 | 该村建有打馕基地,是著名的"库车大馕之乡"。库车大馕原称为"比加克馕",该村95%以上的维吾尔族村民都以做馕为生,因其所制作的馕大如车轮而出名 |
| 库车市 | 齐满镇齐满村 | 该村在2000年被国家文化部(现为文化和旅游部)命名为"中国民间艺术之乡"。历史积淀深厚,文化灿烂,拥有3项国家级非物质文化遗产代表性项目 |
| 新和县 | 依其艾日克镇加依村 | 该村是新疆较富有地方民族特色的民间乐器制作地之一。所制作的乐器音乐优美,装饰的图案美轮美奂,其中最有名的乐器产品有都塔尔、冬不拉、卡龙琴、艾杰克等 |
| 沙雅县 | 塔里木乡克里也特村 | 该村是一个胡杨林深处的自然古村落,胡杨林覆盖面积达两万余亩,这是一个古老而神秘的古村落,村民从捕鱼、放牧到后来的农耕生活,一直都保持着自己的传统生活方式 |
| 阿瓦提县 | 拜什艾日克镇苏格其喀拉塔勒村 | 该村是著名的刀郎部落所在地,古村落里展示了刀郎木卡姆和刀郎麦西热甫等多项国家级非物质文化遗产,还有独具特色的穆塞莱斯酿造工艺以及年龄最大的民间歌舞组合"刀郎演唱组合" |
| 阿克苏市 | 红旗坡社区红旗坡农场 | 红旗坡种植苹果的历史可以追溯到清朝乾隆时期。自1958年以来逐渐打造了红旗坡阿克苏冰糖心苹果,现有苹果林地20多万亩,同时也属于著名的"柯柯牙绿化工程"的一部分 |

来源:根据调研资料整理所得。

阿克苏地区古村落空间分布特征和古村落特色表现在以下几个方面。

第一,阿克苏地区的古村落整体数量不多。阿克苏地区历史十分悠久,文化底蕴也非常深厚,但古村落数量不多,一部分古村落在历史的进程中没有得到很好的保护,另一部分由于城镇化的建设,在高楼大厦中消失了。

第二,阿克苏地区的古村落空间布局相对分散,不集中。这与阿克苏地区的地形地貌有关,阿克苏地区北部是中天山山区,南部是塔克拉玛干大沙漠,古村落多分布于阿克苏地区中部,而阿克苏中部地区为天山砾质扇形地、河流冲积平原区,戈壁和绿洲纵横相间,因此古村落分布稀疏。

第三,阿克苏地区的古村落整体特色明显。例如,阿瓦提县拜什艾日克镇苏格其喀拉塔勒村是著名的"刀郎部落"所在地,保留着刀郎人丰富的民俗文化。刀郎麦西热甫、刀郎木卡姆等被列为国家级非物质文化遗产。库车市伊西哈拉镇玉斯屯比加克村是著名的"库车大馕之乡",库车大馕闻名全国,更是畅销全国。

第四,阿克苏地区关于林果业经济作物的古村落跟当地特殊的气候条件密切相关。阿克苏地区昼夜温差大,日照时间长,有利于水果积累糖分,例如,阿克苏红旗坡农场的冰糖心苹果、185核桃都是全国有名的新疆特色。

## 五、巴音郭楞蒙古自治州古村落的数量统计与空间分布

巴音郭楞蒙古自治州(以下称巴州)位于新疆东南部,东边与甘肃、青海相邻,南靠昆仑山与西藏自治区相连,西接和田地区与阿克苏地区,北隔天山与伊犁哈萨克自治州、塔城地区、昌吉回族自治州、乌鲁木齐市、吐鲁番市、哈密市等地相连。巴州是我国面积最大的地区级民族自治州,被称为"华夏第一州"。库尔勒机场、且末机场、南疆铁路、吐和高速,216、217、218、314、315国道纵横其境,是新疆一个重要的十字路口,交通十分便利。

巴州地形呈"U"字形格局,分别有天山山脉地区、塔里木盆地东部和昆仑山地区、阿尔金山地区三个地形地貌区。其中山区山地面积共有22.5万平方公里,占据巴州总面积的47.7%;从属型平原面积共有24.66万平方公里,占据巴州总面积的52.3%;荒漠戈壁面积共有14.3万平方公里,占据巴州总面积的30.3%。巴州南部为昆仑山山区、阿尔金山山区,中部是塔克拉玛干沙漠,北部则为巴音布鲁克大草原和罗布泊风蚀湖积平原,其中塔里木盆地总面积的1/2都在巴州境内。巴州主要河流有塔里木河、开都河、孔雀河和车尔臣河等河流。我国最大的内陆淡水湖——博斯腾湖就位于巴州。巴州属于温带大陆性气候,全年干旱少雨,冬天严寒,夏天酷暑,多风沙天气,蒸发强度大,四季温差和昼夜温差较大,这是导致巴州荒漠化土壤面积达到45.25%的主要原因。但巴州多晴天,光照时间长,光热资源丰富,这对巴州的农业生产尤其是瓜果及糖料等经济作物的生产十分有利。

巴州位于古代丝绸之路中道的要塞重镇,其形成也是历史岁月沉淀的结果。巴州境内较为完好地保存了116处古刹遗址,保留大小不同的烽火台遗址有35处、各类墓葬遗址一共136处。同时还有许许多多的历史名人在巴州这块神奇的土地上留下了珍贵的足迹,例如,张骞出使西域、班超经营西域、玄奘西天取经、马可波罗来华、黄文弼先生考古等,都在巴州的历史长河中留下

了不可磨灭的印象。巴州的名胜古迹主要有楼兰古城遗址、我国最长的内陆河——塔里木河、罗布人村寨、巴音布鲁克大草原、博斯腾湖风景名胜区、塔里木胡杨林国家森林公园、铁门关、新疆第一条沙漠公路、巴仑台黄庙、我国最大的自然保护区——阿尔金山自然保护区等。

课题组实地调查了巴音郭楞蒙古自治州的古村落,并筛选出10个具有典型特点的古村落,对其进行了归纳整理和分析总结,具体见表3-5。

表3-5 巴音郭楞蒙古自治州古村落及其特色

| 所属县市 | 古村落名称 | 古村落特色 |
| --- | --- | --- |
| 尉犁县 | 兴平镇达西村 | 该村是一座随改革开放发展起来的边疆"模范村",是普通维汉群众共居村,是新疆巴音郭楞蒙古自治州的品牌村,被称为"新疆的达西村",建有达西风情园 |
| | 墩阔坦乡阿吉托格拉克村 | 该村是中国西部地域面积较大的村庄之一,这里保留了罗布人捕鱼、牧羊以及罗布人婚俗、歌舞等古老的传统的生产生活方式,同时也是自治区级生态村 |
| 焉耆回族自治县 | 七个星镇霍拉山村 | 该村拥有民俗文化农家乐、乡都西餐吧、3000亩人工狩猎场、风情园及一个集各国葡萄种植品尝自酿为一体的全国工业旅游示范点,是人们休闲、度假的好去处 |
| | 永宁镇下岔河村 | 该村是著名的"回乡文化旅游园"所在地,主要通过图、文、实物等表现手法展示了近代焉耆回民艺术的历史、发展和衍生,是"中国民间文化艺术之乡" |
| | 七个星镇七个星村 | 该村是著名的"七个星千佛洞"(七个星明屋)所在地,是一处晋唐寺院遗址。有12座洞窟,是全国重点文物保护单位 |
| 博湖县 | 乌兰再格森乡乌图阿热勒村 | 该村是蒙古族聚居地,有着深厚的历史文化底蕴,相继获得"中国民间文化艺术之乡""全国特色景观旅游名镇"和"中国十大最美乡村"称号 |
| 且末县 | 库拉木勒克乡库拉木勒克村 | 该村位于昆仑山脚下,有着原生态的风情地貌、青青的草场、湍流的小河。在村中可以体验原生态的生活状态,品尝原生态的风味美食 |
| 轮台县 | 轮南镇解放渠村 | 该村是古代西域都护府所在地,这里有全世界最古老的规模最大的胡杨林,占地面积达6500多亩,又被称为生态旅游胜地 |

| 所属县市 | 古村落名称 | 古村落特色 |
|---|---|---|
| 和静县 | 巴音布鲁克镇巴西里克村 | 该村是著名的"土尔扈特民俗文化村"所在地,保持着蒙古族游牧文化的特征。该村将土尔扈特民俗文化精髓、草原文化内涵、土尔扈特部的东归历史和独特民俗民风融为一体 |
| 库尔勒市 | 哈拉玉宫乡哈拉玉宫村 | 该村有深厚的历史文化底蕴,曾被评为"中国民间文化艺术之乡",拥有2项国家级非物质文化遗产代表性项目 |

来源:根据调研资料整理所得。

巴州古村落空间分布特征和古村落特色主要表现在以下几个方面。

第一,巴州古村落整体数量不多。巴州虽是我国最大的地级行政区,但1/2的土地面积是荒漠化土壤,又占据塔克拉玛干沙漠部分地区,加之地广人稀,导致古村落数量不多。

第二,巴州古村落主要集中分布在库尔勒市、尉犁县和焉耆回族自治县周边,其他地区分布较少。库尔勒市、尉犁县、焉耆回族自治县自古以来就是丝路重镇、交通要塞,经济发展较好,古村落较好地保存了下来。且末县和若羌县在古代也是丝绸之路南道的重镇,但由于其地理位置靠近塔克拉玛干沙漠,又由于经济发展相对落后,因此,虽然若羌如今是我国面积最大的县级行政区,但保存下来的古村落仍旧稀少。

第三,巴州地区古村落特色多与蒙古族民俗文化有关。这与巴州历史背景和文化发展息息相关。例如,和静县巴音布鲁克镇巴西里克村是著名的"土尔扈特民俗文化村",该村体现了土尔扈特部回归祖国的历史和蒙古族独特的民风民俗。而博湖县乌兰再格森乡乌图阿热勒村是蒙古族聚居地,有着深厚的历史文化底蕴,有多项与蒙古族相关的国家级非物质文化遗产。

## 第四节　调研结果分析

### 一、新疆南疆地区古村落的类型

新疆南疆地区古村落规模宏大,类型多种多样,课题研究在参考传统村落相关学者研究的基础上,参照住房和城乡建设部公布的《传统村落评价认定指标体系(试行)》[①],并结合课题组对新疆南疆地区古村落的实地调查成果,按照新疆南疆地区古村落的村落特色将其分为传统建筑类、民俗文化类、传统工艺类、古树名木类、人文古迹类、生态景观类、全面综合类七类。

(一)传统建筑类古村落

传统建筑类古村落以传统民居建筑为主。这些古村落的传统建筑在建筑形制、建筑构造、建筑材料、营造技艺等方面的特点十分突出,并且建筑工艺精美、建筑艺术水准高,淋漓尽致地体现了我国古代人民的营造智慧和技巧。其不仅继承了中国建筑的建造特点,也吸取了周边地区建筑的特点并根据当地独特的气候条件,形成了有特色的建筑形式。由于新疆南疆地区古村落深处内陆,属于温带大陆性干旱气候,加之独特丰富的民俗文化,其建筑集中体现了两者的结合。例如,和田地区民丰县安迪尔乡牙通古孜村和尼雅乡喀帕克阿斯干村的阿以旺民居建筑形式享负盛名,经过数千年的历史变迁形成了大漠中的一朵奇葩。还有克州阿克陶县克孜勒陶乡艾杰克村等古村落集中体现了新疆南疆地区各民族的建筑特色,它们都是中华民族建筑艺术的瑰宝。其中,民丰县尼雅乡喀帕克阿斯干村和阿克陶县克孜勒陶乡艾杰克村还被分别列入了第三批和第四批中国古村落名录。

(二)民俗文化类古村落

民俗文化类的古村落主要体现为拥有独特的民俗文化和丰富的非物质文化遗产,并且传承状况良好。新疆南疆地区是多民族聚居地区,历史悠久,文化灿烂,其古村落的民俗文化传承和延续途径多种多样。由于古村落具有较高的依存度,丝绸之路文化和民俗风情十分突出,拥有大量的国家级非物质文化遗产代表性项目,并且活态传承情况较好。例如,塔什库尔干塔吉克自治县达布达尔乡热斯喀木村、塔什库尔干乡瓦尔西迭村、大同乡阿依克日克村以及泽普县布依鲁克塔吉克族乡布依鲁克村的塔吉克村民在引水节和播种节时,体现了村民们崇尚团结的思想。引水节是一项复杂的活动,需要集体分工合作才能完成:一些人准备破冰器械、一些人在冰面上撒黑土、一些人烤制节日用的大馕,活动接近尾声时,大家一起来庆祝。播种节时,塔吉克村民自觉有

---

[①] 根据住房和城乡建设部、文化和旅游部、国家文物局、财政部印发的《关于开展传统村落调查的通知》(建村〔2012〕58号),为评价传统村落的保护价值,认定传统村落的保护等级,编制了《传统村落评价认定指标体系(试行)》。

序地泼水、清洁房梁、撒面粉、画图案，体现了村民们之间淳朴的感情、团结的思想。由此可见，新疆各民族在历史传统、生活方式、民族习俗等方面存在差异，但对国家的高度认同使得村民之间能和睦相处，因而崇尚团结是对非物质文化遗产传播的重要内涵。

和田县喀什塔什乡喀让古塔格村和于田县阿羌乡喀什塔什村是著名的和田玉石文化的代表性古村落，其中，喀让古塔格村是和田玉黑山料的主要产地，喀什塔什村是和田玉山流水的主要产地。于田县拉依苏良种场拉依苏村和泽普县亚斯墩国营林场长寿民俗文化村是著名的长寿文化的代表性古村落，拉依苏村是世界五大长寿村之一，亚斯墩国营林场长寿民俗文化村所在的于田县更是有"寿乡之冠"的美誉；博湖县乌兰再格森乡乌图阿热勒村的蒙古长调、蒙古族刺绣更被列入国家级非物质文化遗产项目；此外，还有于田县达里雅布依乡达里雅布依村的克里雅人的大漠风情、英吉沙县芒辛镇喀拉巴什粮台村的民俗文化村、麦盖提县央塔克乡跃进村刀郎民俗文化、阿合奇县苏木塔什乡阿克塔拉村、阿合奇县哈拉布拉克乡米尔凯奇村、阿合奇县色帕巴依乡阿果依村、阿图什市哈拉峻乡欧吐拉哈拉峻村、阿合奇县库兰萨日克乡吉勒得斯村、乌恰县吉根乡斯姆哈纳村、阿瓦提县拜什艾日克镇苏格其喀拉塔勒村、尉犁县墩阔坦乡阿吉托格拉克村、焉耆回族自治县七个星镇霍拉山村、焉耆回族自治县永宁镇下岔河村、麦盖提县库木库萨尔乡胡木丹买里村、莎车县喀群乡尤库日恰木萨勒村、阿合奇县阿合奇镇科克乔库尔民俗文化村、库车市齐满镇齐满村、库尔勒市哈拉玉宫乡哈拉玉宫村等古村落使新疆南疆地区古村落民俗文化璀璨夺目。

（三）传统工艺类古村落

传统工艺类古村落到现在还保留着具有典型地域特色的古老的传统生产生活的手工技艺活动，至今仍对古村落经济社会发展起着十分重要的作用。新疆南疆地区古村落拥有大量的国家级、省级非物质文化遗产项目，其中有许多非物质文化遗产项目就是新疆南疆地区古村落中的传统工艺。非物质文化遗产蕴含着中华文化的历史，承载着各族儿女的深厚感情。新疆南疆地区自然资源丰富，自然的馈赠也无处不在。在喀什地区英吉沙县芒辛镇恰克日库依村有一种叫"色格孜"的泥土，是制作土陶的最佳材料。土陶技艺传承人吐尔逊·肉斯坦木去世后，妻子依敏尔汗便和儿子一起继续制作土陶，让家族延续了400年的手艺传承下去，当前已经开始招收社会人士来传承这项非物质文化遗产。传承人阿不都热合曼利用自然的馈赠,在新疆南疆地区制作着特质土陶,传承着中华传统文化。和田市吉亚乡艾德莱斯村是著名的"艾德莱斯绸之乡",其丝绸织造技艺历史悠久、工艺独特、产品优良,远销海内外各地。此外,在疏附县吾库萨克镇托万克吾库萨克村和新和县依其艾日克镇加依村的新疆乐器制作村、英吉沙县乌恰镇阔纳萨拉甫村的木雕制作村、麦盖提县尕孜库勒乡喀赞库勒村和阿合奇县哈拉奇乡哈拉奇村、喀什市乃则尔巴格镇托库孜塔什村和库车市伊西哈拉镇玉斯屯比加克村这些古村落中,我们能看到非物质文化艺人和传承人们一起制作新疆乐器、木雕装饰、花毡、刺绣、打馕,村民们传承这些制作技艺时,欢声笑语,热闹非凡,这充分地说明了当地人热爱自己的家园,热爱生存的这片土地,也展示出淳朴的家园情怀。

和田市玉龙喀什镇达瓦巴扎村和洛浦县布亚乡塔木其拉村是著名的"和田老三宝之一"的和田地毯中心织造基地;墨玉县普恰克其镇布达村是"国家级非物质文化遗产项目"桑皮纸制作技艺的代表性古村落,有"桑皮纸一条街",这里有第十代传人托乎提·巴克老人;此外,还有墨玉县扎瓦镇依格孜艾日克村的传统手工艺、墨玉县奎牙镇帕万村和英吉沙县芒辛镇喀拉巴什兰干村的小刀制作技艺等,都展示出新疆南疆地区有着丰富的传统工艺类古村落,村落传承着中华传统文化,村民们热爱自己的家园,热爱生存的这片土地,有着深厚的家园情怀。

(四)古树名木类古村落

古树名木类古村落是以古树名木景观为主要特色的环境景观型村落。这些古村落或拥有众多数百年或数千年的古树,或种植某类著名林果业或经济作物历史悠久。新疆南疆地区独特的气候条件,如昼夜温差大,日照时间长等,为其水果等作物的种植提供了良好的条件,素有"瓜果之乡"的称号。例如,和田县朗如乡排孜瓦提是著名的"杏花村",拥有 300 多棵 500 多年的杏树;和田县朗如乡艾古赛村是著名的"桃花村",皮山县桑株镇色依提拉村、和田县巴格其镇喀拉瓦其村有 37 棵 500 年以上树龄的古核桃树群,和田县拉依喀乡阔依其买里村和墨玉县阿克萨拉依乡古勒巴格村有着核桃树王和梧桐树王,民丰县萨勒吾则克乡草原基地村是著名的"和田新三宝之一"的"大芸之乡",皮山县克里阳乡克里阳村是著名的"克里阳雪菊之乡",叶城县萨依巴格乡萨依巴格村有着核桃七仙园、叶城县伯西热克乡托万欧壤村是著名的"石榴之乡",岳普湖县巴依阿瓦提乡巴依阿瓦提村拥有千年的柳树王,莎车县塔尕尔其镇木尕拉村是全国最大的万寿菊种植基地,叶城县柯克亚乡阿其克拜勒都尔村是著名的"昆仑雪菊之乡",阿图什市阿扎克乡阿扎克村是著名的"无花果之乡",阿图什市阿扎克乡提坚村是著名的"绿色木纳格葡萄之乡",阿克苏市红旗坡社区红旗坡农场是著名的阿克苏冰糖心苹果的主要产地。

新疆自然环境独特,金色的沙漠、翱翔的雄鹰、雄伟的帕米尔高原、天山、阿尔泰山、塔里木河和沙漠夕阳西下的壮丽景观,加上区域内古树名木类古村落,呈现出色彩鲜明的视觉冲击画面,充分展现了新疆南疆地区的美丽风光,也让人充分感受到新疆南疆地区的村民们巧妙利用自然,创造美好生活的精神。

(五)人文古迹类古村落

人文古迹类古村落主要表现为古村落历史十分悠久,拥有年代久远的人类活动遗迹遗存,或者拥有较多数量的文物保护单位。两汉时,西域三十六国多位于新疆南疆地区,其历史文化底蕴十分深厚的位置。例如,策勒县达玛沟乡乌喀里喀什村是全国重点文物保护单位——达玛沟佛教遗址群所在地;墨玉县扎瓦镇夏合勒克村是夏合勒克封建庄园的遗址地,是黑暗野蛮的农奴制典型代表;轮台县轮南镇解放渠村是古西域都护府所在地,有着生态旅游胜地的美称;焉耆回族自治县七个星镇七个星村是著名的"七个星千佛洞"所在地,又称七个星明屋,是一处晋唐代寺院遗址,有12座洞窟。在新疆南疆地区,每个历史时期都有包括汉族在内的不同民族的大量人口进入,带来了不同的生产技术、文化观念、风俗习惯。各民族在这一地区经过诞育、分化、交融,形成了血浓于水、休戚与共的关系,也形成了丰富多彩的文化,并促进了多元一体的中华文化的发展。

(六)生态景观类古村落

生态景观类古村落大部分体现为独具地域风情的景观美。生态景观类的古村落一般情况下表现为古村落与四周的自然环境联系十分紧密,体现了人与自然和谐共生的发展理念。其古村落一般位于自然风景区里或者靠近自然风景区的位置。例如,莎车县霍什拉甫乡阿尔塔什村从古至今都是进入喀喇昆仑山与帕米尔高原的必经之道,号称"昆仑第一村",风景十分优美;巴楚县多来提巴格乡塔格吾斯塘村则是极具南疆风情、田园风光、生活富足、居住舒适的活力村庄;叶城县柯克亚乡普萨村拥有历史十分悠久的原始生态林,沿途风光秀丽险峻,林区的风景优美,是休闲度假的好去处;此外,阿克陶县布伦口乡恰克拉克村的帕米尔高原风情、奥依塔克镇奥依塔克村的原始森林、拜城县铁热克镇苏干村的江南水乡韵味、且末县库拉木勒克乡库拉木勒克村的昆仑山原生态都体现了当地的地域风情。

(七) 全面综合类古村落

全面综合类古村落既有物质文化遗产，又有非物质文化遗产；既有自然景观，又有人文景观。该类古村落主要体现为历史积淀十分深厚、古村落格局风貌独具特色、建筑遗存较为完整以及民俗文化丰富，能够完整和全面地反映一定时间、一定地区古村落的历史文化、传统建筑风貌、主要经济产业、生产生活方式等综合信息，拥有较高的历史、文化、经济和社会等多重复合价值，是几类村落中的集大成者。新疆南疆地区全面综合类的古村落有塔什库尔干县大同乡阿依克日克村，该村拥有美丽的自然风光，集雪峰、湖泊、绝壁、草原、花海于一体，又有独具特色的塔吉克民族风情；喀什噶尔古城老城历史悠久，物质文化遗产和非物质文化遗产十分丰厚，风情独特；沙雅县塔里木乡克里也特村是一个在千年胡杨林深处的神秘的古村落，这里的人们一直都保持着自己的传统生活方式；和静县巴音布鲁克镇巴西里克村集巴音布鲁克大草原美景和土尔扈特民俗文化于一身，不仅展现了村民们热爱家乡的家园情怀，也展现了新疆各族人民的爱国情怀。

## 二、新疆南疆地区古村落生态文明思想与实践

(一) 新疆南疆地区古村落文化中的朴素生态文明思想

新疆南疆地区古村落文化中的人地关系同新时代我国生态文明建设所要构建的人地关系具有一致性。人类社会在自然界中随着自然界的发展、变化而发展、变化，人和自然界是休戚与共的关系。新疆南疆地区古村落文化中的人地关系是新疆南疆地区古村落里的村民与新疆南疆自然环境之间长期相互作用的结果，是有史以来就存在且没有改变过的一组关系。新疆南疆地区远离海洋，北有天山，西有帕米尔高原，昆仑山、喀喇昆仑山横亘在南端，从西伯利亚来的冷空气和印度洋的暖湿气流被阻在外，风沙多、日照强、降水量少、蒸发量大、气温日振幅大，形成暖温带极端干旱的荒漠气候。因此，该地区的古村落建筑材料取材就来自大自然的生土、木材、麦草、芦苇等。这些材料是当地丰富的原生建筑材料，经过世代人民的创造，营造出可以适应新疆南疆地区地理、气候环境的建筑形式，并且可以恰当展现新疆南疆地区古村落村民崇尚

大自然的生活理念,体现了新疆南疆地区人与自然和谐共处的核心价值观。例如,根据调研结果,课题组发现民丰县尼雅乡喀帕克阿斯干村、民丰县安迪尔乡牙通古孜村等古村落的建筑形式多以阿以旺、辟希阿以旺、阿克赛乃、庭院和果园为主的形式来建造的。这些民居是由当地的村民在长期的生活过程中为抵御恶劣自然条件,适应当地气候而建造的遮蔽所,积累了适应当地气候条件的建筑技巧,创造顺应地域气候的空间场所,形成了风格独特的民居形式。[①] 民居的取材都亲近自然,并且施工方便、防火保温、冬暖夏凉,这种建筑形式不会造成环境的污染和能源的消耗,是一种非常健康绿色的建筑形式。建筑的装饰一般以几何图形、植物图形为主,这也是对自然的一种亲近。随着城乡统筹发展不断推进,家庭生产模式呈现多元化特点,相应的餐厅、茶室、书房、洗浴卫生间、独立厨房等功能空间将得到补充,当地的村民在寻求现代民居实现民居与更新的生产生活方式相适应的基础上,仍以保持传统的气候适应性特征及生态文明思想为原则。

新疆南疆地区古村落中的村民们在生活中大多顺应当地的地理环境,由于该地区光热资源丰富,太阳总辐射量大,全年日照时数高,新疆南疆地区古村落中的传统民居建筑在最大限度上对太阳辐射的应用就体现了这一点。民丰县尼雅乡喀帕克阿斯干村和民丰县安迪尔乡牙通古孜村的民居建筑一般都有冬季和夏季专门用房,冬季房为了遮挡风沙和保暖,封闭性比较好,利用太阳热效应,这些房间会通过开天窗来满足通风和采光,夏季房既能避免村民暴露于太阳的紫外线之下,又能接收到这种热效应;此外,在新疆南疆地区古村落中民居建筑的选址、朝向,都充分考虑到太阳辐射。太阳能是一种绿色能源,不会对地球造成伤害,不会对大气造成污染,且取之不尽,用之不竭。新疆南疆地区古村落对太阳辐射的应用在很大程度上都说明当地顺应自然生产生活的情况,体现出朴素的生态文明思想。

和田市吉亚乡的艾德莱斯村是专门生产艾德莱斯绸的古村落,和田市玉龙喀什镇达瓦巴扎村是生产和田地毯的古村落,这两个古村落在进行织染工艺时采用的是纯天然植物染料。染料的主要成分来自植物、矿物质中提取的色素,植物色素部分来自大自然中的花草和根干,取鲜花的花瓣花蕊,取草的叶子和根茎,取木材的树皮,用煮、榨的方法提取天然染色色素,染出的颜色历

---

① 西安交通大学,西安建筑科技大学,长安大学,等.中国传统建筑的绿色技术与人文理念[M].北京:中国建筑工业出版社,2017.

经百年也鲜艳纯正,色泽饱满柔和。这些思想都是新疆南疆地区古村落发展中朴素的生态文明思想。此外,古村落里的妇女们,在画眉时喜欢用奥斯曼,奥斯曼是一种叫做大青或菘兰的植物,将这种植物的汁液涂抹在眉毛上,能使眉毛长得粗黑亮密,楚楚动人;染指甲时村民们用的是凤仙花,做头发定型时用的是沙枣树胶,涂抹口红和胭脂用的是红花的花瓣,有时候也会用樱桃或者玫瑰花汁混合来涂。这些天然的化妆品是新疆南疆地区古村落的妇女通过长期的生产生活,在劳动实践中发现的,也反映了新疆南疆地区古村落村民对大自然的热爱和对美好生活的向往,是朴素的生态文明思想的体现。

生活在巴音布鲁克草原上巴西里克村的蒙古族村民们尊重自然、爱护自然、崇尚自然、顺应自然。蒙古人重要的价值尺度和行为准则是万物平等,和谐相处,与自然相依存。"用之有度,取之有道"的思想,在对草、森林、水、牲畜、野生动植物保护中都有充分的体现。无论村民生活在哪里,都要爱护草原,像爱护村民们自己的眼睛一样,不允许在草原上乱挖草皮,要保护好草原的根系。只有牧草根系繁密、营养充足,牛羊才会膘肥体壮。为此村民们放牧主要采用轮牧、休牧、转场等畜牧方式,将草原牧场划分出春、夏、秋、冬四季的牧场位置,俗称"走敖特尔"。在这种完全没有人类干预的情况下,让草原保持原有的生态恢复过程。① 这就构筑了天、地、人的复合生态系统,体现了"尽天道而与天德合"的顺应自然的协调发展观念。同时,蒙古族文化对自然的索取也是取之有道的,草原游牧业是以资源的节约、保护、循环利用为其主要特征的低熵绿色产业,具有明显的简约循环化特征。如在建造蒙古包时,除木料外,毡、皮绳、毛绳等都为畜产品,这就节约了能量,限制了废品与污染物的排放,从而使草原生态环境得以保护。此外,村民在草原上或者山上采集叶茎药材时,尽量不将草药连根拔起,以延续药草的生生不息;在森林中崇尚爱护树木和花草,保护幼小苗木不被砍伐,也不允许随意践踏花草,更不能将树连枝折断或摘取树上不成熟的果子。提倡要保护水源,不能向河水、湖泊、溪流中抛洒杂物。在狩猎时,也有许多要求,在野生动物繁殖季节是不能狩猎的,如果在狩猎中遇到怀孕、体弱和幼小的动物要立即放回大自然,不能劫取和破坏鸟蛋和飞禽窝巢。这些思想都充满了爱护自然生态环境的理念,是朴素的生态文明思想。

---

① 张艳华,张格日乐吐.论蒙古族文化的生态教育价值[J].赤峰学院学报(自然科学版),2015(3).

随着社会经济的不断变化,新疆南疆地区古村落里的人们对这些自然条件也并不仅仅只是适应,而会在自然条件为人类活动规定的界限范围内进行创新和改造,进而形成人与自然和谐相处的传统生活方式。民丰县尼雅乡喀帕克阿斯干村、民丰县安迪尔乡牙通古孜村在顺应自然条件的情况下,根据当地的自然条件对自己的生活进行了创新和改造,因此,这两个村落具有丰富多彩的布局。古村落里除了很有特色的民居建筑,还有果园和庭院的设计,尤其是庭院里设计的空间涵盖了新疆南疆地区古村落村民生活中涉及的全部内容,合理安排着动、静、净、污等多个空间区域,并且在设计上有顺序而且分层次地分配各个分区。由此可以看出,在新疆南疆地区古村落文化发展过程中,村民们在面对独特自然环境提供的发展条件时所做出的主观响应。也正是这个原因,在新疆南疆地区虽然分布着一些属于同一民族的古村落,但因为这些村落又分布在不同的地域,也就有着不同的文化。于田县达里雅布依乡的达里雅布依村位于克里雅河河畔,是塔克拉玛干大漠深处的古村落。为了适应当地的气候,并在一定程度上创新和改造自己的生活,所以形成了自己的独特文化。他们的烤馕方式和其他地区不同,居住在克里雅河河畔的村民们是在沙土地下挖出馕坑烤馕;此外,村民们穿的衣服和帽子也非常独特,体现了古村落文化的别具一格。

另外,还有像喀什地区泽普县的布依鲁克塔吉克族乡布依鲁克村和麦盖提县库木库萨尔乡的胡木丹买里村,同属喀什地区,虽然在同样的地域中,但因为古村落里生活着不同的民族,形成的古村落文化也就不同。泽普县的布依鲁克塔吉克族乡布依鲁克村主要生活着塔吉克族群众,麦盖提县库木库萨尔乡胡木丹买里村主要生活着维吾尔族群众,因此,形成的古村落文化也存在一定差异。这样的古村落,在新疆南疆地区还有很多。新疆南疆地区由于地理差异和区域发展不平衡,中华文化呈现丰富的多元状态,存在南北、东西差异。春秋战国时期,各具特色的区域文化已大体形成。秦汉以后,历经各代,在中国辽阔的疆土上,通过迁徙、聚合、战争、和亲、互市等,各文化不断进行交流交融,最终形成丰富多元、博大精深的中华文化。早在2000多年前,该地区就是中华文明向西开放的门户,是东西文明交流传播的重地。这里多元文化荟萃,多种文化并存。各文化是中华文化的组成部分,中华文化始终是新疆各民族的情感依托、心灵归宿和精神家园,也是新疆各文化发展的动力源泉。

新疆南疆地区古村落文化中的朴素生态文明思想,实际上体现了新疆南疆地区古村落文化形成和发展过程中人地相互作用的机制。由此可见,对新疆南疆地区古村落中人地关系作用机制的解析,对未来人与自然的和谐相处具有积极意义。

(二)新疆南疆地区古村落文化中的价值取向与生态文明价值取向相符

在新疆南疆地区古村落的创造过程中,除了自然环境因素外,当地的村民本身也起着至关重要的作用。新疆南疆地区古村落中有许多精美工艺的古村落和民俗艺术古村落,虽然其中有很多是利用新疆南疆地区自然环境提供的材料才产生的文化古村落,但其实这些古村落更多地体现的是新疆南疆地区古村落先民们的审美需要和志趣追求。这里精美的工艺和民俗艺术不仅满足了新疆南疆地区先民在社会实践中在物质方面的利益追求,也满足了他们在精神方面的诉求。和田市吉亚乡艾德莱斯村、墨玉县普恰克其镇布达村、和田市玉龙喀什镇达瓦巴扎村位于丝绸之路的南道,它们不仅是东西方交通的要道,也是东西方文化交流的十字路口。多种文化在这里相互影响、相互交融,形成兼容并蓄的社会文化现象。和田市吉亚乡艾德莱斯村的艾德莱斯绸五彩斑斓,墨玉县普恰克其镇布达村的桑皮纸技艺精湛、做工复杂,和田市玉龙喀什镇达瓦巴扎村的地毯至今仍旧受人们欢迎。这些古村落代表了村民们在改造新疆南疆地区自然环境的过程中,不只是为了寻求自然环境在功能上的效益,更重要的是在他们自己生活的环境里所形成一种独特的审美观,并且赋予这种独特审美观文化上的价值。

新疆南疆地区古村落中的音乐文化也是在新疆南疆地区特殊的自然地理环境下形成的,但是实际上也是新疆南疆地区古村落中的村民们为了鼓舞自己长期与自然斗争、与命运抗争、辛勤劳动生活的一种表达。为了让这种表达更加生动、具体,乐器的伴奏就产生了。在新疆南疆地区,几乎所有的歌唱、舞蹈都离不开乐器。乐器的形制、音质、音域非常重要,并且乐器的音乐表达性会对古村落中歌舞、音乐艺术的表达产生重要影响。因此,乐器既是新疆南疆地区古村落音乐文化的内容之一,也是新疆南疆地区古村落中音乐文化水平的标志之一。喀什地区疏附县吾库萨克镇托万克吾库萨克村和新和县依其艾日克镇加依村是新疆南疆地区有名的乐器村,这里的村民们用精湛的乐器制作技艺制作出精美的乐器,用音乐表达了新疆南疆地区古村落村民们的个性、心理、精神、气质、审美情趣、风土人情,不仅显示了新疆南疆地区古村落村民们简洁的内在美,也真正反映了新疆南疆地区古村落村民们纯粹的情感。

在和田市吉亚乡艾德莱斯村制作的服饰中,许多仍旧以花卉、草木等来作为服饰的图案,说明自然界的花草树木对新疆南疆地区古村落的村民们的审美意识有很大的影响。这体现了古村落的村民们和大自然亲密与共、和谐相处;但绿色和花园也象征着生命和欢乐,表达了当地古村落的村民们对生活充满了希望和活力。此外,服饰已经不仅仅只有妇女的裙、裤、坎肩,男子的袷袢、腰巾等款式,在丝绸之路这条重要的文化、交通要道上,这些地方的村民们受到了不同文化的影响,制作出适合各种场合、各种职业的多种款式的精美服饰。不仅在外观上使新疆南疆地区古村落的村民们和大自然亲密与共、和谐相处,而且也无形地激发了新疆南疆地区古村落的村民们向往自然、顺应自然并力图回归自然、融入自然的精神追求。① 文化发展的目标是要在克服自然环境限制下解放人类,使人类自身逐渐地去自然化,文化发展的根本目的是人类社会的发展与进步。② 从这个意义上来说,新疆南疆地区古村落的村民们居住的自然环境,不仅仅是古村落的村民们活动的舞台,同时也是他们为实现自身利益而去塑造的对象。在文化形成过程中,古村落的村民们具有主体性和能动性,所有的文化成果最终都是为古村落的村民们服务的。因此,新疆南疆地区古村落体现了"以人为本"的价值取向,而当前区域生态文明建设的最终目标也是实现人类社会的发展与进步。从本质上看,两者的价值取向是一致的,这也使得新疆南疆地区古村落在现代的区域生态文明建设中具有一定的借鉴价值。

（三）新疆南疆地区古村落文化人地关系和谐的实践活动

新疆南疆地区古村落文化是古村落的村民们与新疆南疆地区自然环境长期共同作用的产物。在新疆南疆地区古村落形成的农牧文明时期,生产力水平低,十分依赖自然环境,由于改造自然环境的能力不强,新疆南疆地区古村落的村民们在与自然环境相互作用时并不占优势。所以,新疆南疆地区古村落在生态观念上不仅仅是敬畏自然环境,在文化技术的发展上也明显地表现出适应这一地区自然条件的特征,由此形成了许多因地制宜的生产生活方式。

在民丰县安迪尔乡牙通古孜村,村民们的生活用水来自涝坝。专家曾在民丰县尼雅遗址发现涝坝遗址,证明牙通古孜村及其先民生活饮用涝坝水至

---

① 李国祥.中国古代生活哲学[M].北京:中国文史出版社,2005.
② 谢维和,李乐夫,孙凤,等.中国的教育公平与教育发展(1990—2005)——关于教育公平的一种新的理论假设及其初步证明[M].北京:教育科学出版社,2008.

少有 2000 年的历史。涝坝其实就是一个小池塘，一般在古村落的边上，牙通古孜村的村民和牲畜用水都是靠这里的储备。虽然饮用涝坝水有许多弊端，但对于这个在沙漠公路没有开通前，被称作"大漠腹地里的原始部落"的牙通古孜村来说，这不仅解决了牙通古孜村的村民生活用水问题，而且还改善了这个曾被探险家和新闻记者誉为"千百年来与世隔绝的世外桃源"的古村落的生态气候。涝坝是露天的，为了储水就具有一定水域面积，牙通古孜村周围生长的树木都靠涝坝渗水供给。这里的树木生长茂盛，有许多鸟儿来这里筑巢，形成了微型生态系统。民丰县安迪尔乡牙通古孜村为了村落的发展与延续，不得不对当地的自然环境进行挑战，并因地制宜地发展了自己的生产生活方式。2000 年 4 月，牙通古孜村在村党支部的推动下开始种植甜瓜，2007 年，以"以水定地，品质优先"的措施，开始了"安迪尔河"品牌甜瓜的种植，村民的收入大幅增加，如今的牙通古孜村有规划有序的小巴扎、整齐的房屋、笔直的道路，在迈向梦想的路上，牙通古孜村不仅表现出适应这一地区自然条件的特征，还由此形成了许多因地制宜的生产方式。

在新疆南疆地区，这样的古村落还有很多。烤馕是新疆南疆地区较具有特色的饮食之一，烤馕由于水分含量很少，因此可以在常温下存放很长时间仍旧香酥可口，即使馕已经干透了，把它泡进水里即可变软，对于外出或者忙于农耕的新疆南疆地区古村落的村民来说，烤馕是一种绝佳的生态食品。喀什市乃则尔巴格镇托库孜塔什村和阿克苏地区库车市伊西哈拉镇玉斯屯比加克村是新疆南疆地区有名的烤馕村，由于对火候和时间的把握很好，烤出的馕得到周围人的认可。烤馕需要的燃料不多，并且不含任何防腐剂，是一种生态食品，在农忙季节村民们都要一次烤制几十公斤馕备用；对沙漠远行者来说，如果没有水、没有火，把馕埋在晒热的沙窝里捂一会儿，也可以变得酥软可口。这种食用方便、携带便捷的食物，充分适应了新疆南疆地区冬季寒冷、夏季干热的气候特点。

新疆南疆地区古村落的生态文明价值还在许多因地制宜的文化景观和文化实践中得到体现。如和田地区于田县达里雅布依乡达里雅布依村通过利用地形特征解决水源供给不足，提升了社会生产力；"阿以旺"式民居建筑呈内向封闭形式，除大门外无任何其他洞孔，抗风沙能力很强，同时具有较好的私密性，是文化与生态的复合体。这些新疆南疆地区古村落中的生产生活方式无疑对生态文明建设中发展方式的转型具有很好的借鉴价值。可以看出，新疆南疆地区古村落在创造和发展的过程中,是在充满了认识和利用客观规律、适应和改造自然实践,在尊重自然系统自身运行过程的基础上,因地制宜,结合新疆南疆地区的自然环境特征,创造性地利用新疆南疆地区自然环境来解决社会发展的问题,也是适应塔克拉玛干沙漠典型的气候特征所创造出的文化模式,是中华文化不可分割的一部分。

新疆是有名的瓜果之乡,新疆南疆地区种植了丰富的无花果、樱桃、巴旦木、石榴、红枣、苹果、西瓜、核桃、甜瓜、葡萄、沙枣、桃、杏、梨等经济作物。古村落的家家户户都种植着各种各样的果树。果树在种植过程中不施化肥,不打农药,秋天果树结出纯天然的生态果子,水果收获后,村民们用自己的储藏方法,可以存放到来年四、五月仍然保持新鲜。在新疆南疆地区也有专门种植某一类水果的古村落,叶城县萨依巴格乡萨依巴格村有悠久的核桃种植历史,在核桃七仙园中有千年核桃古树,被誉为"中国核桃王"。塔什库尔干塔吉克自治县大同乡杏花村,坐落在帕米尔高原上,周边与三个国家接壤,在很早之前这里就种植了杏树,每到春天,粉红色的杏花在湖泊、草原、绝壁、雪峰的掩映下格外漂亮;这里的蓝天、白云、小桥、流水,以及飘满峡谷的杏花,使人产生一种如梦幻般的感觉,好似到了陶渊明描绘的"世外桃源"。喀什地区于田县拉依苏良种场拉依苏村和喀什地区泽普县亚斯墩国营林场长寿民俗文化村是新疆南疆地区有名的长寿村。村里百岁老人很多,据年长的村民们介绍,他们的长寿秘诀之一就是用主食、面或者馕伴着瓜果的饮食方法。当秋天瓜果采摘之后,他们将瓜果放进储藏瓜果的专门房间,天气变冷,就会为房间专门生火保温;当天气变暖,又会及时开窗开门,通风换气,用这种办法保存的瓜果可以一直存放到第二年春天;村里的村民们还会做果干和果酱,这些都是日常生活必不可少的食品,长年不断;一位村里的百岁老人告诉我们调研团,他一个人一年要吃二三百公斤水果。于田县拉依苏良种场拉依苏村和喀什地区泽普县亚斯墩国营林场长寿民俗文化村真正地做到了"半年桑果半年粮",这种饮食结构与方法,充分利用了新疆南疆地区丰富的瓜果资源,是一种典型的因地制宜的生活方式。

新疆南疆地区古村落形成与发展的过程实质上是在顺应自然、维护自然的基础上实现了特定地域环境中人类社会生存发展的现实需求。从当时的生产生活来看,确实是新疆南疆地区古村落的村民们对自然条件的认知能力和利用能力有限的原因,但不得不说这种生活方式是一种低成本、高效益的区域发展模式,具有一定的借鉴价值。低成本、高效益的区域发展模式是当前生态文明建设的重要目标之一,新疆南疆地区古村落中因地制宜的社会发展模式是与当前生态文明建设要求相吻合的,因此新疆南疆地区古村落中的许多生产生活实践可能在目前的区域生态文明建设过程中具有积极的借鉴价值。

(四)新疆南疆地区古村落文化中的社会和谐发展

新疆南疆地区古村落中的村民们根据特殊的地理条件协调着古村落中的村民与自然环境之间的关系,与此同时,村民们也要协调古村落里村民与村民之间,村民与这个社会之间的关系。在新疆南疆地区古村落中村民与村民之间的和谐关系是村民与自然环境之间的关系的基础,没有前者,就不能实现后者的和谐相处。村民与村民之间的和谐深深地印刻在新疆南疆地区古村落文化中。

新疆南疆地区很多古村落中流传着这样一种饮食习惯,吃饭的时候,把一整个馕放在盘子里端到餐桌上,当客人们入座之后,主人在大家的观望下把这张盘子里的馕从中间掰成两块,之后再对半掰开变成四块放入盘中,四目相视,微笑之后就可以进餐了;在喝茶、奶茶、肉汤,吃汤面的时候,也是一小块一小块地把馕掰进碗里。这种掰馕的饮食习惯寓意着同甘共苦,他们知道,在茫茫戈壁与沙漠这种生存条件下,能生活在绿洲非常不容易,村民们希望他们在生活上能相互帮助、共渡难关。

在克孜勒苏柯尔克孜自治州有一些古村落,分布在山脚下,村民们过去主要以放牧为生,现在也开始发展农业生产。他们热情好客、礼貌有加,当有客人来家里做客的时候,这里的古村落的村民会宰一只羊,然后严格按照"12块羊肉的分配讲究"的礼仪习俗招待客人;高超的分割技术和相互尊重的礼仪,使得他们无论生活在何种环境下,都能够合理、充分地分配资源,让每个村民享受到美味。由此看出这些古村落中的村民非常重视村民之间的和谐关系,这种关系是村民和自然环境之间和谐相处的基础,迄今为止,在这些古村落中仍流传着一些体现先民朴素、古老生态观的古老史诗,如《考交加什》《布达依克》等,都颂扬了动物神的威严,用生动的语言告诫村民滥杀动物、破坏生态平衡,将会给人类带来的惩罚。这对于当今新疆南疆地区古村落社会发展仍有借鉴意义与警示作用。

塔什库尔干塔吉克自治县位于帕米尔高原上,这个地方有许多景色宜人的古村落,古村落里的村民喜欢养一种叫做牦牛的动物。牦牛是爬雪山、过冰川、翻大坂的"高手",无论是长途跋涉,还是负重前行,牦牛都不会出汗、气喘;它们饿了吃枯草,渴了啃冰雪,带着盘在头顶坚硬的尖角,迎着高原的风雪向各个地方运载货物,如同一只飘在高原上的小船,所以被称作"高原之舟"。生活在帕米尔高原上的村民,他们希望自己像牦牛一样去克服和适应高寒气候,培养坚韧不拔的性格。除了牦牛的性格影响着帕米尔高原上的古村落村民,牦牛的生活习性也深深地打动着他们。牦牛载着重物顶着风雪行走在高原上,夜晚它们经常在荒野露宿,这个时候,成年的大牦牛会在小牦牛外围卧成一圈,它们统一头朝外,尾朝内,头上坚硬的尖角盘在头顶形成高高的一圈,保护着里面的小牦牛,避免野兽的侵害。这种英雄气概至今仍然影响着新疆南疆地区古村落的村民们,正是这些思想形成了新疆南疆地区古村落"有机团结"的价值观念、行为方式和审美情趣,使这里的村民们相互熟悉,彼此信任。

新疆由于地理差异和区域发展不平衡,历史上通过迁徙、聚合、战争、和亲、互市等,各文化不断进行交流交融,最终形成丰富多元、博大精深的中华文化。新疆南疆地区呈现丰富的多元文化形态,存在南北、东西差异,但是新疆各文化都始终扎根中华文明沃土,是中华文化的组成部分。各民族秉承中华文化崇仁爱、重民本、守诚信、讲辩证、尚和合、求大同的思想,建设各民族共有的精神家园。新疆南疆地区古村落村民中许多都有着浓重的共同意识,在漫长的生活过程中,创造出适应当地自然环境自给自足的生活方式,也造就了具有特色的中华文化景观,建立了有一定规范、办法处理古村落村民之间的关系的准则,从而协调了村民与村民、村民与社会之间的关系,保护和弘扬了中国传统文化,维护了新疆南疆地区古村落的社会稳定与和谐。

## 第五节 小　　结

课题组通过前期对相关文献的梳理,对新疆历史文化名城、名镇、名村、新疆古村落以及新疆国家级贫困县的发展现状进行分析,可以看出,新疆南疆地区保存下来的有一定规模的古建筑群,包含民间风俗、传统艺术、历史文化,富有科学探讨、视觉审美、远足游历等多重价值的古村落。这些村落地处相对偏远的地区,交通不便,经济发展不均衡,而这些村落又是保留了相对鲜明的地域文化特征的地区,其长期积累下来的空间格局及形态,都是中华文化的一部分。为了厘清新疆南疆地区究竟有多少建筑风格、传统环境、原始氛围、生活方式、历史文脉等均保存较好的古村落,课题组开展了专题田野调查实践。通过对新疆喀什地区、和田地区、克孜勒苏柯尔克孜自治州、巴音郭楞蒙古自治州、阿克苏地区 5 个不同地区的走访,从中筛选出 80 个具有典型特点的古村落。其中,和田地区有 24 个,喀什地区有 25 个,克孜勒苏柯尔克孜自治州有 13 个,阿克苏地区有 8 个,巴音郭楞蒙古自治州有 10 个。通过对新疆南疆地区古村落的数量、空间分布、类型及特点进行分析,以点带面剖析了新疆南疆地区民族古村落的发展情况,为接下来的研究提供数据基础。

这些地区的古村落是自然环境的客观条件和文化的主观条件共同作用形成的,既体现了自然环境的限制作用,也展现了人类为谋求社会发展和满足自身需求而主动且合理利用自然环境所创造的辉煌成就,因此蕴含着丰富、朴素的生态文明思想。在这些古村落的创造过程中有许多精美的工艺和民俗艺术,以及为适应自然条件,因地制宜形成的低成本、高效益的生产生活方式和社会发展模式,与当前生态文明建设要求相吻合;并且造就了具有特色的中华文化景观,建立了一些规范处理古村落村民之间的关系的准则,从而协调了村民与村民、村民与社会之间的关系,保护和弘扬了中华传统文化,维护了新疆南疆地区古村落的社会稳定与和谐。

# 第四章
## 新疆南疆地区古村落旅游资源价值评价

新疆南疆地区古村落是自然环境的客观条件和文化的主观条件共同作用形成的,既体现了自然环境的限制作用,也展现了人类为谋求社会发展和满足自身需求而主动且合理利用自然环境所创造的辉煌成就,因此蕴含着丰富的朴素生态文明思想。当前生态文明建设的重要目标之一是建立低成本、高效益的区域发展模式,而该地区古村落中因地制宜的社会发展模式是与当前生态文明建设要求相吻合的,因此古村落中的许多生产生活实践在区域生态文明建设中具有积极的借鉴作用。基于此,项目针对调研筛选的新疆南疆地区具有典型特色的 80 个古村落,结合目前还没有实现对每一类旅游资源分别制定合适的评价指标体系的现状,从生态文明建设的视角建立适合新疆南疆地区古村落旅游资源价值评价的方法和模型,以探讨当前新疆南疆地区古村落的旅游价值。

## 第一节  新疆南疆地区古村落旅游资源价值评价体系构建

### 一、评价体系构建原则

#### (一)全面系统原则

古村落旅游资源多种多样,它的价值和功能是多方面的。就内容方面,古村落旅游资源有艺术观赏价值、历史文化价值、科学考察价值；就功能方面，有观光、娱乐、休憩、度假、健身、探险等功能。因此，在进行古村落旅游资源价值评价时，不仅要对古村落旅游资源本身的成因、特色、质量等进行评价；与此同时，还需要评价古村落旅游资源周围的外部条件，如古村落旅游资源所在地的交通、环境、基础设施、客源、经济发展以及开发条件，对旅游资源进行综合衡量及全面系统的评价，准确地反映旅游资源的整体价值。①

（二）动态发展原则

古村落旅游资源的特征、开发利用价值、开发的社会经济条件以及游客的需求都是不断发展和变化的。这就要求进行古村落旅游资源价值评价时不能仅局限于现状，而应该用进步和发展的眼光来看待古村落旅游资源价值的变化趋势，从而对古村落旅游资源价值做出全面、积极、正确的评价。

（三）客观实际原则

古村落旅游资源是古村落客观存在的事物，它的内涵、特点、资源价值、功能也都是客观存在的。因此，在进行古村落旅游资源价值评价时应从客观实际出发，不能低估，也不能任意夸大。对古村落旅游资源的形成、属性、价值、功能等核心内容进行评价时要实事求是。

（四）综合效益原则

通过古村落旅游资源的效益评价进行古村落旅游资源开发时，要兼顾其环境效益、经济效益以及社会效益。发展旅游不仅可以增加当地的经济收入，不断促进当地的经济发展，同时可以保护、美化当地的环境，给游客提供一种有利于身心健康的游览环境，为旅游地提供健康、文明、蓬勃发展的生活和社会环境。

（五）力求定量原则

古村落旅游资源价值评价可以分为定量评价和定性评价，为了避免个人主观色彩的出现，应该坚持定性评价与定量评价相结合，定性分析可以从理论方面进行全面深入的论证分析，而定量分析则是将各种评价因素通过评价模型给予客观量化，用定量分析来表示定性描述，使评价更具操作性。

（六）高度概括原则

在进行古村落旅游资源评价的过程中，涉及很多内容。建立指标体系应

---

① 管宁生，龚丕富.前景灿烂的思茅旅游业[M].昆明：云南科技出版社，1998.

该明确精炼,高度概括出古村落旅游资源的价值、功能以及特色,使得古村落旅游资源价值评价结果具有可操作性,根据评价结果有利于进行开发定位。①

## 二、指标体系确定及指标的说明

### (一)指标体系的确立

指标的建立根据上述全面系统、动态发展、客观实际、综合效益、力求定量、高度概括的原则,查询相关资料,在参考《旅游资源分类、调查与评价》(GB/T 18972—2017),《传统村落评价认定指标体系(试行)》以及《中国历史文化名镇名村评价指标体系》及相关学者研究的基础上,初步建立新疆南疆地区古村落旅游资源价值评价指标体系。② 通过征询专家的意见,根据新疆南疆地区古村落资源的特色对指标进行修改,对专家意见有严重分歧的指标进行再次商讨修订,最终确立新疆南疆地区古村落旅游资源价值评价指标体系。该体系包括目标层、综合评价层、项目评价层、评价因子层四级评价指标,目标层(一级指标)下有两个综合评价指标(二级指标),综合评价层下有 7 个项目评价指标(三级指标),项目评价层下有 26 个评价因子(四级指标),如表 4-1 所示。

表 4-1 新疆南疆地区古村落旅游资源价值评价指标体系

| A 目标层 | B 系统层 | C 指标层 | D 因子层 |
|---|---|---|---|
| A 新疆南疆地区古村落旅游资源价值 | $B_1$ 古村落资源特色 | $C_1$ 历史文化价值 | $D_1$ 年代久远度 |
| | | | $D_2$ 历史地位及保护级别 |
| | | | $D_3$ 历史环境要素 |
| | | | $D_4$ 历史人物/事件的影响力 |
| | | $C_2$ 建造技术及艺术价值 | $D_5$ 建造技术与地形地貌的契合度 |
| | | | $D_6$ 占地规模 |
| | | | $D_7$ 视觉艺术美 |
| | | | $D_8$ 丰富度 |
| | | | $D_9$ 营造工艺的精美程度 |

---

① 张希月,虞虎,陈田,等. 非物质文化遗产资源旅游开发价值评价体系与应用——以苏州市为例[J]. 地理科学进展,2016(8).

② 董文静. 重庆地区传统村落空间格局动态监测指标体系研究[D]. 重庆:重庆大学,2015.

续表

| A 目标层 | B 系统层 | C 指标层 | D 因子层 |
|---|---|---|---|
| A 新疆南疆地区古村落旅游资源价值 | $B_1$ 古村落资源特色 | $C_3$ 非物质文化遗产 | $D_{10}$ 多样性 |
| | | | $D_{11}$ 稀缺性 |
| | | | $D_{12}$ 传承性 |
| | | $C_4$ 村落选址和格局 | $D_{13}$ 格局的完整性 |
| | | | $D_{14}$ 村落的选址 |
| | | | $D_{15}$ 街巷的结构 |
| | | | $D_{16}$ 与周边环境的协调度 |
| | $B_2$ 旅游开发潜力 | $C_5$ 村落人居环境 | $D_{17}$ 公共活动空间 |
| | | | $D_{18}$ 邻里结构状况 |
| | | | $D_{19}$ 核心范围占保护范围的比例 |
| | | | $D_{20}$ 防御体系保存完好度 |
| | | $C_6$ 基础设施 | $D_{21}$ 村落环境的卫生状况 |
| | | | $D_{22}$ 水电的供应能力 |
| | | | $D_{23}$ 内部交通的便利性 |
| | | $C_7$ 市场基础 | $D_{24}$ 财政资金的投入 |
| | | | $D_{25}$ 村落村民年均收入 |
| | | | $D_{26}$ 外部交通可进入性 |

（二）指标的具体说明及评分依据

$B_1$ 古村落资源特色：指古村落旅游资源不同于其他旅游资源的主体要素，即该资源为本村落所独有，古村落的历史文化价值、建造技术及艺术价值、非物质文化遗产、村落选址和格局。这些因素是古村落资源特色的核心元素。

$B_2$ 旅游开发潜力：根据古村落的特征，是衡量古村落是否能顺利转化为旅游目的地的重要影响因素。旅游开发潜力包括村落人居环境、基础设施、市场基础，其指标主要反映古村落的旅游接待能力。

$C_1$ 历史文化价值：指古村落由于时间的沉淀和文化的积淀所产生的积极影响，或是古村落本身所具有的特殊意义，或是重要人物的影响力。主要包括年代久远度、历史地位及保护级别、历史环境要素、历史人物/事件的影响力。

$C_2$ 建造技术及艺术价值：古村落的建筑是当地村民组织家庭生活、参加村落社区公共活动、从事农事牧业生产的空间场所在建造中形成的综合性艺术价值。主要包括建造技术与地形地貌的契合度、占地规模、视觉艺术美、丰富度、营造工艺的精美程度。

$C_3$ 非物质文化遗产：非物质文化遗产在创造、发展、传承的过程中依赖于古村落作为物质载体之一，是古村落动态发展的生动表现形式，形成了其内容的重要组成部分。包括的主要因素有多样性、稀缺性、传承性。

$C_4$ 村落选址和格局：指古村落的位置选定注重"人与自然和谐共生"，空间构成注重"人与人和睦相处"的理念。包括的因素主要有格局的完整性、村落的选址、街巷的结构、与周边环境的协调度。

$C_5$ 村落人居环境：指古村落的村民们生活的舒适程度，有满足村民公共活动的生活空间，并且邻里结构保持良好状态，在村落中对重要的物质遗产及非物质遗产设定核心保护区，并且古村落中有较好防御自然灾害的防御体系。

$C_6$ 基础设施：指能够满足古村落进行旅游开发的最基础的设施条件，包括村落环境的卫生状况，水电的供应能力，以及古村落内的自行车、电瓶车、公交车等交通便利性。

$C_7$ 市场基础：指古村落在进行旅游开发前，当地政府的资金投入情况、外部交通进入性及村落村民年均收入。

$D_1$ 年代久远度：指古村落旅游资源形成的年代或重要事件发生的年代。打分标准参考《传统村落评价认定指标体系（试行）》进行打分。明代以前，100分；清代，75分；民国，50分；建国至1980年以前，25分。

$D_2$ 历史地位及保护级别：指对古村落中文物的鉴定等级，即是否为文物保护单位及保护等级，打分标准参考《传统村落评价认定指标体系（试行）》进行打分。国家级为50分，每超过1处增加20分；省级为30分，每超过1处增加15分；市县级为20分，每超过1处增加10分；若列入第三次文物普查登记范围，则为10分，每超过1处增加5分。满分为100分。

$D_3$ 历史环境要素：指古村落旅游资源中现存历史环境要素种类，如对古河道、商业街、特色的公共活动场地、公共建筑、堡寨、码头、古树、城门、楼阁等进行统计。打分标准参考《传统村落评价认定指标体系（试行）》。每一项得13分，满分为100分。

$D_4$ 历史人物/事件的影响力：指古村落中重要历史人物或历史事件对后来社会发展所产生的影响。根据调查问卷专家打分，很强为100分，强为75分，一般为50分，较低为25分，低为0分。

$D_5$ 建造技术与地形地貌的契合度：指古村落中现存传统建筑群在材料选取时大量应用传统材料、传统工具和工艺，考察空间设计是否依据当地的地貌和山体的地势进行技术设计。比如房顶的坡度是否根据当地及周边降雨量的多少来设定，是否考虑河流的分布和流向对古村落生产生活产生便利条件，体现人地和谐的理念。根据调查问卷专家打分，很高为 100 分，高为 75 分，一般为 50 分，较低为 25 分，低为 0 分。

$D_6$ 占地规模：指古村落平面布置、建筑内外场所的连接的总占地面积，打分标准参考《传统村落评价认定指标体系（试行）》。5 公顷以上为 75—100 分，3—5 公顷为 50—74 分，1—3 公顷为 25—49 分，0—1 公顷为 1—24 分。

$D_7$ 视觉艺术美：指古村落建筑物的形状、立体结构、装饰图案、色彩搭配等技术加工创造形成的综合性艺术价值。如石雕、木雕、砖雕、铺地、彩画、门窗隔断等装饰，根据调查问卷专家打分，很高为 100 分，高为 75 分，一般为 50 分，较低为 25 分，低为 0 分。

$D_8$ 丰富度：指建筑功能种类，打分标准参考《传统村落评价认定指标体系（试行）》。有居住、传统商业、驿站、防御、祠堂、书院、庙宇、楼塔及其他种类。每一项得 20 分，满分为 100 分。①

$D_9$ 营造工艺的精美程度：指现存古村落中传统结构的营造方式，做工精细、形制独特。根据调查问卷专家打分，很高为 100 分，高为 75 分，一般为 50 分，较低为 25 分，低为 0 分。

$D_{10}$ 多样性：指非物质文化遗产的类型多样。根据统计数据进行打分。省级，每项 10 分；国家级，每项 20 分。满分为 100 分。

$D_{11}$ 稀缺性：指非物质文化遗产级别。根据统计数据进行打分，县级每项为 20 分，市级每项为 40 分，自治区级每项为 60 分，国家级每项为 80 分，世界级每项 100 分，满分为 100 分。

$D_{12}$ 传承性：指是否有明确代表性传承人和至今连续传承时间，打分标准参考《传统村落评价认定指标体系（试行）》。有传承人且连续传承 100 年以上为 100 分；无传承人连续传承 100 年以上为 60 分；有传承人且连续传承 50 年以上为 80 分；无传承人连续传承 50 年以上为 50 分。

$D_{13}$ 格局的完整性：指古村落中传统公共设施利用率，村落是否保持良好

---

① 住房和城乡建设部等部门.关于印发《传统村落评价认定指标体系（试行）》的通知[Z].2012.

的传统格局,整体风貌完整协调度,与生产生活保持密切联系的程度,格局体系中是否有突出不协调新建筑。打分标准参考《传统村落评价认定指标体系(试行)》。传统公共设施利用率高,保持良好的传统格局,整体风貌完整协调,与生产生活保持密切联系,格局体系中没有突出不协调的新建筑的村落,为76—100分;传统设施活态使用,基本保持了传统格局,格局体系中不协调的新建筑少,与生产生活有一定联系,不会影响整体风貌的村落,为50—75分;保持了较为完整的骨架体系,保留了一定的集中连片格局,传统设施基本不使用,能较为完整地看出原有的街巷体系,但格局体系中不协调的新建筑比较多,影响了整体风貌的村落,为20—49分;能零散看出原有的街巷体系,传统区保持了少量传统基本骨架体系,传统设施完全不使用,传统区存在比较多不协调的新建筑,风貌十分混乱的村落,打分为0—19分。

$D_{14}$ 村落的选址:通过传统村落周边环境能明显体现村落选址所蕴含的深厚的文化或者历史背景,考察村落是否具有很高的文化、科学、历史以及考古价值。打分标准参考《传统村落评价认定指标体系(试行)》。通过村落周边环境能明显体现村落选址所蕴含的深厚的文化或者历史背景,具有很高的文化、科学、历史以及考古价值的村落,为80—100分;通过村落周边环境能体现出选址所蕴含的深厚的历史或者文化背景,有比较高的文化、科学、历史以及考古价值的村落,为49—79分;通过村落周边环境稍微体现村落选址所蕴含的深厚的历史或文化背景,文化、科学、历史以及考古价值一般的村落,为0—48分。

$D_{15}$ 街巷的结构:指街巷体系的完整程度,能够为"人人和谐"的生产和生活创建便利的条件。根据调查问卷专家打分,很高为100分,高为75分,一般为50分,较低为25分,低为0分。

$D_{16}$ 与周边环境的协调度:指古村落建筑形式、风格与周边的传统风貌相协调,能够依据田园风光或优美的自然山水环境或当地的风俗民情进行因地制宜的改造,并且不影响周边环境的改变,集中体现中华文化的与时俱进。根据调查问卷专家打分,村落周边环境保持良好,能够清晰体现原有村落设计理念,与村落和谐共生的,为67—100分;村落周边环境有一定程度改变,能够进行因地制宜的改造,但与村落较和谐的,为33—66分;村落周边环境遭受较为严重破坏,几乎不能体现原有村落设计理念,与村落建设相冲突的,为0—32分。

$D_{17}$ 公共活动空间：指古村落公众活动的区域的空间单元构成，例如家庭活动、社区活动、村落活动等设施的完善程度。根据调查问卷专家打分，很完善为 100 分，完善为 75 分，一般为 50 分，不完善为 25 分，很不完善为 0 分。

$D_{18}$ 邻里结构状况：指古村落内部村民之间的人际关系结构，主要是不同血缘、不同地缘或不同文化层次，不同行业、不同工种、不同社会地位的村民相互之间交流以及同外界交流的意愿。根据调查问卷专家打分，很愿意为 100 分，愿意为 75 分，一般为 50 分，不愿意为 25 分，很不愿意为 0 分。

$D_{19}$ 核心范围占保护范围的比例：指古村落中划定的旅游资源核心范围占保护范围的比例，打分标准参考《传统村落评价认定指标体系（试行）》。60%以上为 100—76 分，40%—60% 为 51—75 分，20%—40% 为 26—50 分，0%—20% 为 0—25 分。

$D_{20}$ 防御体系保存完好度：指古村落中为防御自然条件出现危险状况时的建筑设计，以及"人人团结"共同对抗自然灾害的思想。根据调查问卷专家打分。很高为 100 分，高为 75 分，一般为 50 分，较低为 25 分，低为 0 分。

$D_{21}$ 村落环境的卫生状况：指古村落的公共环境卫生情况、入户环境卫生整洁情况、垃圾污水的管理现状、清洁工的数量等。根据调查问卷专家打分。很好为 100 分，好为 75 分，一般为 50 分，较差为 25 分，差为 0 分。

$D_{22}$ 水电的供应能力：指古村落水电覆盖范围、改水改厕基本情况。根据调查问卷专家打分。很高为 100 分，高为 75 分，一般为 50 分，较低为 25 分，低为 0 分。

$D_{23}$ 内部交通的便利性：指古村落内的自行车、电瓶车、公交车等交通便利性，以及古村落内的公路等级，主要强调内部的通达性。根据调查问卷专家打分。很便利为 100 分，便利为 75 分，一般为 50 分，不便利为 25 分，差为 0 分。

$D_{24}$ 财政资金的投入：指政府对古村落发展旅游的投入资金及其用途，由于研究区域内的古村落大小不一，在实地调研中会标明大、中、小村落和当地政府的财政资金投入。根据调查问卷专家打分。非常支持为 100 分，支持为 75 分，一般为 50 分，较支持为 25 分，不支持为 0 分。

$D_{25}$ 村落村民年均收入：指古村落村民的年均收入，在实地调研中会标明大、中、小村和当地村民的年均收入。根据调查问卷专家参考该村落所属镇的平均收入进行打分。很高为 100 分，高为 75 分，一般为 50 分，较低为 25 分，低为 0 分。

$D_{26}$ 外部交通可进入性:指村落离客运汽车站、火车站、飞机场的距离以及通村道路的等级。参考景区评价的标准,根据调查问卷请专家进行打分。很高为 100 分,高为 75 分,一般为 50 分,较低为 25 分,低为 0 分。

## 第二节 新疆南疆地区古村落旅游资源价值评价模型的构建

### 一、构造两两比较判断矩阵

通过表 4-1 新疆南疆地区古村落旅游资源价值评价指标体系,构造两两比较判断矩阵,按照研究内容的要求编制了调查问卷。向塔里木大学旅游管理专业、西域文化研究院、各地区旅游局的相关专家及业内人士发放问卷,对指标体系两两元素间的相对重要性进行打分,确定判断矩阵(打分标准参考表 4-2),并进行一致性检验,之后计算出每个指标的权重。

1—9 标度法采用 1、3、5、7、9 及其倒数来确定标定标准,其含义分别为同等重要、稍显重要、明显重要、强烈重要、极端重要,而 1/3、1/5、1/7、1/9 则具有相反意义,具体意义如表 4-2 所示。

表 4-2 价值指标重要性判断标度列表

| 标度 | 含义 |
| --- | --- |
| 1 | 表示两个因子相比,重要性相同 |
| 3 | 表示两个因子相比,前者比后者稍显重要 |
| 5 | 表示两个因子相比,前者比后者明显重要 |
| 7 | 表示两个因子相比,前者比后者强烈重要 |
| 9 | 表示两个因子相比,前者比后者极端重要 |
| 2,4,6,8 | 表示上述相邻判断的中间值 |
| 倒数 | 若因子 $i$ 与因子 $j$ 的重要性之比为 $D_{ij}$,则因子 $j$ 与因子 $i$ 的重要性之比为 $1/D_{ij}$ |

注:$D_{ij} > 0, D_{ij} = 1/D_{ji}, D_{ii} = 1$。

专家参照评价指标重要性判断标度表对各因子的重要性进行赋值。由赋值结果产生的 A—B,B—C 因子间两两比较的判断矩阵。

## 二、计算权重并进行一致性检验

(1)将判断矩阵每一列归一化。

$$B_{ij} = B_{ij}/\sum n_1 B_{ij} \quad (i,j = 1,2,3,\cdots,n) \quad \text{(公式 1)}$$

(2)每一列进行归一,归一化后的判断矩阵按行进行相加。

$$W_i = \sum m_j = 1 B_{ij} = B_{ij} \quad (i,j = 1,2,3,\cdots,n) \quad \text{(公式 2)}$$

(3)向量归一化。

$$W = W_i/\sum n_j = 1 W_j \quad (i = 1,2,3,\cdots,n) \quad \text{(公式 3)}$$

(4)计算最大特征根。

$$\lambda_{\max} = \sum n_i = 1 (BW)_i/nW_i \quad (i = 1,2,3,\cdots,n) \quad \text{(公式 4)}$$

其中,$(BW)_i$ 为向量 BW 的第 $i$ 个分量。

(5)判断矩阵一致性指标。

为了保证计算结果的准确性与说服力,需计算一致性指标 CI。

$$CI=(\lambda_{\max}-n)/(n-1) \quad \text{(公式 5)}$$

一致性指标 CI 越大,矩阵的偏离程度就越大;CI 越小,矩阵偏离度越小。阶数 n 越大,指标 CI 的值就会越大;反之,CI 便越小

(6)一致性检验。

$$CR=CI/RI \quad \text{(公式 6)}$$

随机一致性比率 CR<0.10 时,便认为矩阵具有一致性;CR≥0.10 时,就要调整判断矩阵,使其满足 CR<0.10,从而达到一致性检验要求。表 4-3 为平均随机一致性指标随 n 变化 RI 的值。

表 4-3 平均随机一致性指标 RI 值表

| $n$ | 1 | 2 | 3 | 4 | 5 | 6 | 7 | 8 |
|---|---|---|---|---|---|---|---|---|
| RI | 0 | 0 | 0.58 | 0.90 | 1.12 | 1.24 | 1.32 | 1.41 |

(7)各指标总权重及排序。

计算各层元素的总权重,按照总权重计算公式进行计算:

$$W_i^{(x)} = \sum_{j=1}^{n} P_{ji}^x W_j^{(x-1)} \quad \text{(公式 7)}$$

注:$W_i^x$ 为第 $x$ 层 $i$ 元素相对于整个决策的合成权重值;对 $P_{ji}^x$ 为第 $x$ 层且 $j$ 元素属下的 $i$ 因子在本层的相对权重值;$W_j^{(x-1)}$ 为第 $x-1$ 层的 $j$ 元素在本层

的合成权重值。

### 三、评价模型的确定

通过表 4-1 构建的新疆南疆地区古村落旅游资源价值评价指标体系,按照研究内容的要求编制了调查问卷。向塔里木大学旅游管理专业、西域文化研究院、各地区旅游局的相关专家及业内人士发放问卷,采用德尔菲法对指标进行打分,评分依据在前文中已做阐述。并按照旅游地的评估数学模型(公式8)计算出各项因子的最终得分。

$$S = \sum_{i=1}^{P}\Big[\sum_{j=1}^{m}\Big(\sum_{k=1}^{n}R_kW_k\Big)W_j\Big]W_i \qquad (公式8)$$

公式中,$R_k$ 为第 $k$ 个"评价因子"按评判标准所获的得分;$W_k$ 为第 $k$ 个"评价因子"的权重;$W_j$ 为第 $j$ 个"评价要素"的权重;$W_i$ 为第 $i$ 个"评价指标"的权重;$n$ 为"评价因子"的个数;$m$ 为"评价要素"的个数;$p$ 为"评价指标"的个数;$S$ 为被评估旅游资源的综合得分。①

## 第三节　新疆南疆地区旅游资源价值评价及结果分析

### 一、新疆南疆地区古村落旅游资源价值评价

基于前文中对新疆南疆地区古村落旅游资源价值评价体系的构建,向塔里木大学旅游管理专业的专家、西域文化研究院的专家和喀什地区旅游局发放问卷。对指标体系两两元素间的相对重要性进行打分,共发放问卷50份,回收有效问卷46份,其中有效问卷43份,问卷有效率为93.5%。

根据前文计算步骤,对问卷结果进行汇总,采用几何平均法对问卷进行综合,从而得到判断矩阵。通过判断矩阵的两两比较,利用公式(1)至公式(4)计算出各矩阵的权重 $W_i$,然后通过公式(5)和公式(6)计算最大特征根 $\lambda_{\max}$、一致性比例 CR,对其进行一致性检验,分别计算出每一层因子在上一层因子中所占的权重,并对分权重所占的比例进行分析,②如表 4-4 至表 4-13 所示。

---

① 王睿.九华山风景区旅游资源评价及管理研究[D].重庆:西南大学,2016.
② 王木齐.三亚市旅游资源评价研究[D].海口:海南大学,2016.

表 4-4  判断矩阵 A—B 层单层排序值、权重与最大特征根

| 综合评价层 B 评价指标 | $B_1$ 古村落资源特色 | $B_2$ 旅游开发潜力 | $W_i$ |
|---|---|---|---|
| $B_1$ 古村落资源特色 | 1 | 3 | 0.75 |
| $B_2$ 旅游开发潜力 | 1/3 | 1 | 0.25 |

旅游资源价值评价总目标层 A 的权重

$$W_i = W(B_1) + W(B_2) = 1$$

最大特征根 $\lambda_{max} = 2$,一致性比例 CR$=0$,完全具有一致性

通过计算结果可以看出,古村落资源特色和旅游开发潜力在新疆南疆地区古村落旅游资源价值评价中所占的比例分别为 0.75 和 0.25,其中,古村落资源特色所占的比例为 0.75,说明古村落资源特色在新疆南疆地区古村落旅游资源价值中所占的重要性。古村落资源特色相较于旅游开发潜力对新疆南疆民族地区古村落旅游资源价值评价影响更大,同时旅游资源开发潜力也是新疆南疆民族地区古村落资源价值影响因素的组成部分。古村落资源特色展示的是古村落本身特有的旅游资源,有了这些旅游资源,才可以发展古村落旅游。所以说,古村落资源特色是古村落发展旅游的前提,而旅游开发潜力则是在具有旅游资源的基础上,将旅游资源转变成旅游景区的能力。

表 4-5  判断矩阵 B—C 层单层排序值、权重与最大特征根

| $B_1$ 古村落资源特色 | $C_1$ 历史文化价值 | $C_2$ 建造技术及艺术价值 | $C_3$ 非物质文化遗产 | $C_4$ 村落选址和格局 | $W_i$ |
|---|---|---|---|---|---|
| $C_1$ 历史文化价值 | 1 | 3 | 4 | 6 | 0.53 |
| $C_2$ 建造技术及艺术价值 | 1/3 | 1 | 3 | 5 | 0.28 |
| $C_3$ 非物质文化遗产 | 1/4 | 1/3 | 1 | 3 | 0.13 |
| $C_4$ 村落选址和格局 | 1/6 | 1/5 | 1/3 | 1 | 0.06 |

旅游资源价值评价层 B 层评价指标 $B_1$ 的权重

$$W_i = W(C_1) + W(C_2) + W(C_3) + W(C_4) = 0.75$$

最大特征根 $\lambda_{max} = 4.4184$,一致性比例 CR$=0.0549$,通过一致性检验

通过表 4-5 专家打分的计算结果可以看出,在古村落资源特色中,影响因素最大的为历史文化价值,占 0.53;仅次于它的是建造技术及艺术价值,占 0.28。两者所占比例相加高达 0.81,这说明了历史文化价值和建造技术及艺

术价值在古村落资源特色中的重要性很高。历史文化价值反映的是古村落中历史发展过程中保留下来的文物以及对古村影响较大的历史人物和事件。游客了解古村落的历史文化价值不仅可以增长知识,同时可以帮助游客更好地了解古村落的发展历程。建造技术及艺术价值则体现的是古村落中现存的建筑价值。这些古建筑依托当地独特的地理环境而建,有的至今还可以使用,有的装饰精美、构造奇特,具有很重要的观赏价值。除了历史文化价值以及建造技术及艺术价值,非物质文化遗产以及村落选址和格局对古村落旅游资源特色也有一定的影响。

表 4-6  判断矩阵 B—C 层单层排序值、权重与最大特征根

| $B_2$ 旅游开发潜力 | $C_5$ 村落人居环境 | $C_6$ 基础设施 | $C_7$ 市场基础 | $W_i$ |
|---|---|---|---|---|
| $C_5$ 村落人居环境 | 1 | 3 | 4 | 0.62 |
| $C_6$ 基础设施 | 1/3 | 1 | 2 | 0.24 |
| $C_7$ 市场基础 | 1/4 | 1/2 | 1 | 0.14 |

旅游资源价值评价层 B 层评价指标 $B_2$ 的权重

$$W_i = W(C_5) + W(C_6) + W(C_7) = 0.25$$

最大特征根 $\lambda_{max}=3.0183$,一致性比例 CR=0.0158,通过一致性检验

旅游开发潜力由村落人居环境、基础设施、市场基础三部分组成。通过表 4-6 可知,专家打分的计算结果得出三个因素所占的比例分别是 0.62、0.24 和 0.14,其中村落人居环境所占的比例高达 0.62,说明了村落人居环境在旅游开发潜力中的重要性。近年来乡村旅游受到游客的喜爱,游客不仅可以参与乡村生活,同时可以贴近自然。发展较为成功的模式有游客在乡村进行采摘,这样不仅缓解了其城市工作的压力,同时也体会了乡村生活的乐趣,得到了全身心的放松。好的村落人居环境,给游客带来舒心、放松的旅游体验,让游客可以感受到大自然的魅力,可以吸引更多的游客来此旅游。此外,占比较大的是基础设施,占到了 0.24,这说明基础设施对旅游要素的影响仅次于村落人居环境。旅游是由食、住、行、游、购、娱六部分构成,古村落的发展离不开其中的每一部分,而基础设施则是对这六部分的体现,所以基础设施对旅游开发潜力具有一定的影响。

表 4-7 判断矩阵 C—D 层单层排序值、权重与最大特征根

| $C_1$ 历史文化价值 | $D_1$ 年代久远度 | $D_2$ 历史地位及保护级别 | $D_3$ 历史环境要素 | $D_4$ 历史人物/事件的影响力 | $W_i$ |
|---|---|---|---|---|---|
| $D_1$ 年代久远度 | 1 | 1/5 | 1/3 | 1/6 | 0.06 |
| $D_2$ 历史地位及保护级别 | 5 | 1 | 3 | 1/2 | 0.31 |
| $D_3$ 历史环境要素 | 3 | 1/3 | 1 | 1/4 | 0.14 |
| $D_4$ 历史人物/事件的影响力 | 6 | 2 | 4 | 1 | 0.49 |

旅游资源价值评价层 C 层评价指标 $C_1$ 的权重

$$W_i = W(D_1) + W(D_2) + W(D_3) + W(D_4) = 0.3975$$

最大特征根 $\lambda_{max} = 3.0183$，一致性比例 $CR = 0.0158$，通过一致性检验

表 4-7 反映的是历史文化价值各影响因素之间重要性的对比以及所占的权重。在历史文化价值影响因素中，占比最大的为历史人物/事件的影响力，达到 0.49；历史地位及保护级别所占比例仅次于历史人物/事件的影响力，权重为 0.31，两者所占比例相加高达 0.80。这说明了在历史文化价值中，历史人物/事件的影响力和历史地位及保护级别的重要性。历史人物/事件的影响力指的是在古村落发展过程中出现的对当时社会具有很大影响的人物以及所发生的重要历史事件，历史人物/事件使得游客可以追溯历史、了解历史，古村落也可以依赖该资源建立博物馆。历史地位及保护级别则指的是古村落中是否有不同级别的文物保护单位。文物保护单位是根据一系列的标准进行评定的，体现了该古村落中旅游资源的较高历史价值。除此之外，古村落的年代久远度以及历史环境要素也是古村落历史文化价值评价因素的组成部分，其中年代久远度占比最小，仅为 0.06。

表 4-8 判断矩阵 C—D 层单层排序值、权重与最大特征根

| $C_2$ 建造技术及艺术价值 | $D_5$ 建造技术与地形地貌的契合度 | $D_6$ 占地规模 | $D_7$ 视觉艺术美 | $D_8$ 丰富度 | $D_9$ 营造工艺的精美程度 | $W_i$ |
|---|---|---|---|---|---|---|
| $D_5$ 建造技术与地形地貌的契合度 | 1 | 2 | 1/6 | 1/3 | 1/5 | 0.08 |
| $D_6$ 占地规模 | 1/2 | 1 | 1/5 | 1/2 | 1/4 | 0.06 |

续表

| $C_2$ 建造技术及艺术价值 | $D_5$ 建造技术与地形地貌的契合度 | $D_6$ 占地规模 | $D_7$ 视觉艺术美 | $D_8$ 丰富度 | $D_9$ 营造工艺的精美程度 | $W_i$ |
|---|---|---|---|---|---|---|
| $D_7$ 视觉艺术美 | 6 | 5 | 1 | 3 | 2 | 0.42 |
| $D_8$ 丰富度 | 3 | 2 | 1/3 | 1 | 1/3 | 0.14 |
| $D_9$ 营造工艺的精美程度 | 5 | 4 | 1/2 | 3 | 1 | 0.30 |

旅游资源价值评价层 C 层评价指标 $C_2$ 的权重

$W_i = W(D_5) + W(D_6) + W(D_7) + W(D_8) + W(D_9) = 0.21$

最大特征根 $\lambda_{max} = 5.1865$,一致性比例 $CR = 0.0417$,通过一致性检验

表 4-8 反映的是建造技术及艺术价值各指标在建造技术及艺术价值中所占比例,通过上表的计算结果可以看出,建造及艺术价值的各影响因素所占比例的大小依次是视觉艺术美达到 0.42、营造工艺的精美程度为 0.30、丰富度为 0.14、建造技术与地形地貌的契合度为 0.08、占地规模为 0.06。其中视觉艺术美和营造工艺的精美程度所占比例相加更是高达 0.72,可以看出专家们认为视觉艺术美和营造工艺的精美程度在建造及艺术价值中十分重要。视觉艺术美以及营造工艺的精美程度都体现了旅游资源的美学特征,具有观赏价值。尽管旅游的活动多种多样,旅游的动机因人而异,但在旅游过程中观赏是不可缺少的。从一定意义上来说,缺乏观赏性,就不构成旅游资源,形形色色的旅游资源,有各种各样的美,给游客以符合心理、生理需求的美的享受。古建筑则因其气势美、造型美、时代美吸引游客,比如说精美的建造工艺,具有地方和民族特色的装饰装修,这些都会给游客以美的享受。由此可以看出美学观赏性在建造及艺术价值中的重要性。占比小的为建造技术与地形地貌的契合度和占地规模,分别仅占了 0.08 和 0.06。这说明了在建造技术及艺术价值中,地形地貌的契合度和占地规模仅对它有较小的影响力。

表 4-9 判断矩阵 C—D 层单层排序值、权重与最大特征根

| $C_3$ 非物质文化遗产 | $D_{10}$ 多样性 | $D_{11}$ 稀缺性 | $D_{12}$ 传承性 | $W_i$ |
|---|---|---|---|---|
| $D_{10}$ 多样性 | 1 | 1/4 | 1/3 | 0.12 |
| $D_{11}$ 稀缺性 | 4 | 1 | 2 | 0.56 |

续表

| $C_3$ 非物质文化遗产 | $D_{10}$ 多样性 | $D_{11}$ 稀缺性 | $D_{12}$ 传承性 | $W_i$ |
|---|---|---|---|---|
| $D_{12}$ 传承性 | 3 | 1/2 | 1 | 0.32 |

旅游资源价值评价层 C 层评价指标 $C_3$ 的权重

$$W_i = W(D_{10}) + W(D_{11}) + W(D_{12}) = 0.0975$$

最大特征根 $\lambda_{max} = 3.0183$，一致性比例 $CR = 0.0158$，通过一致性检验

通过表 4-9 可以看出，非物质文化遗产的影响因素有它的多样性、传承性和稀缺性。通过专家打分对其权重计算，计算结果显示，三个因素所占的比例依次是稀缺性 0.56、传承性 0.32 以及多样性 0.12。由此看出，专家们认为在非物质文化遗产中，最重要的是它的稀缺性，其次是传承性，最后是多样性。稀缺性则体现的是该非物质文化遗产现存技艺少，因为其稀缺性，可以调动游客的好奇心，增加该非物质文化遗产对游客的吸引力，所以稀缺性在非物质文化遗产中占据重要的地位。传承性则体现的是非物质文化遗产的传承年代以及是否有明确的传承人。只有具有很大的传承性，非物质文化遗产才会在旅游资源开发时成为特色，吸引游客，所以传承性在非物质文化遗产中所占的比例仅次于稀缺性。

表 4-10 判断矩阵 C—D 层单层排序值、权重与最大特征根

| $C_4$ 村落选址和格局 | $D_{13}$ 格局的完整性 | $D_{14}$ 村落的选址 | $D_{15}$ 街巷的结构 | $D_{16}$ 与周边环境的协调度 | $W_i$ |
|---|---|---|---|---|---|
| $D_{13}$ 格局的完整性 | 1 | 3 | 5 | 4 | 0.53 |
| $D_{14}$ 村落的选址 | 1/3 | 1 | 4 | 2 | 0.25 |
| $D_{15}$ 街巷的结构 | 1/5 | 1/4 | 1 | 1/2 | 0.08 |
| $D_{16}$ 与周边环境的协调度 | 1/4 | 1/2 | 2 | 1 | 0.14 |

旅游资源价值评价层 C 层评价指标 $C_4$ 的权重

$$W_i = W(D_{13}) + W(D_{14}) + W(D_{15}) + W(D_{16}) = 0.045$$

最大特征根 $\lambda_{max} = 4.0730$，一致性比例 $CR = 0.0270$，通过一致性检验

由表 4-10 可以看出，在村落的选址和格局中，格局的完整性所占的比例最大，为 0.53，说明了格局的完整性在村落选址和格局中的重要性，其他影响因素所占的比例依次是村落的选址 0.25 以及与周边环境的协调度 0.14、街巷

的结构 0.08。格局的完整性指的是古村落的格局保存程度,即村落的传统格局是否保存,村落的传统设施的使用程度,格局体系中的建筑是否协调,整体风貌是否整齐。格局的完整性有利于游客的整体感官,增加游客对景区美丽环境的感受。仅次于格局的完整性的是村落的选址,村落的选址指的是村落选址、文化、科学、历史参考价值。村落与周边环境可以体现出其身后的文化和历史背景,可以通过村落的选址了解建立该古村落背后的故事并且通过现在村落的某种习俗展现出来。街巷的结构以及与周边环境的协调度对村落的选址和格局也有一定的影响,两者所占的比例相加达到了 0.22。

表 4-11　判断矩阵 C—D 层单层排序值、权重与最大特征根

| $C_5$ 村落人居环境 | $D_{17}$ 公共活动空间 | $D_{18}$ 邻里结构状况 | $D_{19}$ 核心范围占保护范围的比例 | $D_{20}$ 防御体系保存完好度 | $W_i$ |
|---|---|---|---|---|---|
| $D_{17}$ 公共活动空间 | 1 | 4 | 1/3 | 2 | 0.25 |
| $D_{18}$ 邻里结构状况 | 1/4 | 1 | 1/5 | 1/2 | 0.08 |
| $D_{19}$ 核心范围占保护范围的比例 | 3 | 5 | 1 | 4 | 0.53 |
| $D_{20}$ 防御体系保存完好度 | 1/2 | 2 | 1/4 | 1 | 0.14 |

旅游资源价值评价层 C 层评价指标 $C_5$ 的权重

$$W_i = W(D_{17}) + W(D_{18}) + W(D_{19}) + W(D_{20}) = 0.155$$

最大特征根 $\lambda_{max} = 4.0730$,一致性比例 CR = 0.0270,通过一致性检验

通过表 4-11 可以看出在村落人居环境所占比例最大的是核心范围占保护范围的比例,为 0.53,这反映了核心范围占保护范围的比例在村落人居环境中的重要性。核心范围占保护范围的比例指的是古村落旅游资源中核心保护范围占总体保护范围的比例,核心保护范围越大,证明古村落经过鉴定具有很重要的历史文化价值,其历史文化价值越高,对游客的吸引力越大。其次占比较大的是公共活动空间,比例为 0.25,公共活动空间指的是古村落公众活动区域保存的完整性。现在在一些村落会保留过去某一时期人们用来娱乐活动的设施,如具有年代的戏台等一些公共活动空间。在开发旅游时,可以选择原景重现,增加古村落的吸引力以及游客的参与度,甚至有的民间技艺可以让游客参与进来,激起 20 世纪五六十年代人们的回忆,具有很大的开发价值。所以其作为古村落旅游资源价值评价的一项指标,在村落人居环境中所占的比例

较大。邻里结构状况在村落人居环境中所占的比例最小,仅为0.08,邻里结构状况指的是村落内部村民居住的集中度以及居住方式,比如说南方村落的村民住所沿着河流或者主干道路错落有致地分布,没有庭院;而北方村落的村民住所则整齐划一,分布有致,每家都有庭院,院落的长短、大小、布局基本相同或相似,邻居之间只有一墙之隔。其作为旅游资源对村落人居环境的影响较小,因此,邻里结构被认为对村落的人居环境产生的影响较小。

表4-12 判断矩阵C—D层单层排序值、权重与最大特征根

| $C_6$ 基础设施 | $D_{21}$ 村落环境的卫生状况 | $D_{22}$ 水电的供应能力 | $D_{23}$ 内部交通的便利性 | $W_i$ |
|---|---|---|---|---|
| $D_{21}$ 村落环境的卫生状况 | 1 | 1/3 | 1/4 | 0.12 |
| $D_{22}$ 水电的供应能力 | 3 | 1 | 1/2 | 0.32 |
| $D_{23}$ 内部交通的便利性 | 4 | 2 | 1 | 0.56 |

旅游资源价值评价层C层评价指标$C_6$的权重

$$W_i = W(D_{21}) + W(D_{22}) + W(D_{23}) + W(D_{20}) = 0.06$$

最大特征根$\lambda_{max} = 3.0183$,一致性比例$CR = 0.158$,通过一致性检验

表4-12反映的是影响基础设施的各指标在基础设施中所占的比例。从中可以看出,在基础设施中占比最大的是内部交通的便利性,达到0.56,水电的供应能力仅次于内部交通的便利性,为0.32,占比最小的为村落环境的卫生状况,为0.12。内部交通的便利性指的是古村落内部的交通是否便利,比如村落内部之间道路的通达性以及道路的便捷性,道路是否采取了硬化措施,方便游客。水电的供应能力指的是古村落现有的水电资源最多可以满足多少人,电资源可以通过设施进行引进,但水资源多数依托的还是古村落周围水资源来满足游客的需求。村落环境的卫生状况所占比例最小。这里不代表村落环境卫生状况不重要,相反,良好的环境卫生能够给游客留下较深的印象。作为旅游资源的影响因素,村落的卫生环境越好,对游客的吸引力越大。但是,专家在选择古村落基础建设时,认为道路的修建和水电的供应比古村落的环境卫生状况更重要。如果没有前两个因素的落实,就无法实现良好的古村落环境。

表 4-13　判断矩阵 C—D 层单层排序值、权重与最大特征根

| $C_7$ 市场基础 | $D_{24}$ 财政资金的投入 | $D_{25}$ 村落村民年均收入 | $D_{26}$ 外部交通可进入性 | $W_i$ |
|---|---|---|---|---|
| $D_{24}$ 财政资金的投入 | 1 | 1/3 | 1/5 | 0.11 |
| $D_{25}$ 村落村民年均收入 | 3 | 1 | 1/2 | 0.31 |
| $D_{26}$ 外部交通可进入性 | 5 | 2 | 1 | 0.58 |

旅游资源价值评价层 C 层评价指标 $C_7$ 的权重

$$W_i = W(D_{24}) + W(D_{25}) + W(D_{26}) = 0.035$$

最大特征根 $\lambda_{max} = 3.0037$，一致性比例 $CR = 0.0032$，通过一致性检验

由表 4-13 可以看出，在市场基础中占比最大的因素是外部交通的可进入性，达到 0.58，反映了外部交通的可进入性在市场基础中的重要性。交通作为旅游六要素之一，在旅游中占有很重要的一部分。它指的是古村落距离飞机场、火车站以及高速路口的便捷度，以及通往古村落的道路干线等级。可以参考景区评价 A 级时交通可进入性的标准，交通的可进入性越好，可以方便更多对古村落向往的游客来古村落进行参观。其次，占比较大的是村落村民的年均收入，达到 0.31。古村落村民收入高，其对旅游的需求较大；收入低，通过发展旅游可以帮助古村落的经济发展。占比最小的为财政资金的投入。财政资金的投入是市场基础的一部分，指的是财政资金对古村落旅游资源的投入。它在市场基础中的比例为 0.11，说明专家比较支持古村落的村民自主创业，实现脱贫致富，建设美丽乡村，促进当地经济的发展。政府的投入也很重要，另一个方面也反映政府重视古村落环境的改善和村民生活水平的提高。

通过对每项指标构造两两比较判断矩阵，从而得到每项指标的分权重，再通过（公式 7），计算得出总权重，如表 4-14 所示。

在项目评价层 C 中，占比最大的为历史文化价值为 0.3975，其次是建造技术及艺术价值和村落人居环境，它们分别占到了 0.21 和 0.155。这说明了古村落的历史文化价值在新疆南疆地区古村落旅游资源价值评价中所占的比例最大，而建造及艺术价值以及村落人居环境也是古村落新疆南疆地区古村落旅游资源价值评价的重要组成部分。历史文化价值、建造技术及艺术价值以及村落人居环境首先体现了作为旅游资源的观赏价值，其次则是旅游资源的休闲价值，尤其是村落的人居环境。古村落良好的生态环境为游客提供了

# 第四章 新疆南疆地区古村落旅游资源价值评价

## 表 4-14 新疆南疆地区古村落旅游资源价值评价指标权重总表

|  |  | | | | | | |
|---|---|---|---|---|---|---|---|
| 评价总目标层 A | 新疆南疆地区古村落旅游资源价值 A | | | | | | |
| 权重 $W_i$ | 1 | | | | | | |
| 评价体系综合评价层 B | $B_1$ 古村落资源特色 | | | $B_2$ 旅游开发潜力 | | | |
| 权重 $W_i$ | 0.75 | | | 0.25 | | | |
| 评价体系项目评价层 C | $C_1$ 历史文化价值 | $C_2$ 建造技术及艺术价值 | $C_3$ 非物质文化遗产 | $C_4$ 村落选址和格局 | $C_5$ 村落人居环境 | $C_6$ 基础设施 | $C_7$ 市场基础 |
| 权重 $W_i$ | 0.3975 | 0.21 | 0.0975 | 0.045 | 0.155 | 0.06 | 0.035 |
| 评价体系评价因子层 D | $D_1$ 年代久远度 | $D_2$ 历史地位及保护级别 | $D_3$ 历史环境要素 | $D_4$ 历史人物/事件的影响力 | $D_5$ 建造技术与地形地貌的契合度 | $D_6$ 占地规模 | $D_7$ 视觉艺术美 |
| 权重 $W_i$ | 0.0239 | 0.1232 | 0.0556 | 0.1948 | 0.0168 | 0.0126 | 0.0882 |
| 评价指标 | $D_8$ 丰富度 | $D_9$ 营造工艺的精美程度 | $D_{10}$ 多样性 | $D_{11}$ 稀缺性 | $D_{12}$ 传承性 | $D_{13}$ 格局的完整性 | $D_{14}$ 村落的选址 |
| 权重 $W_i$ | 0.0168 | 0.0126 | 0.0882 | 0.0294 | 0.0312 | 0.0239 | 0.0112 |

续表

新疆南疆地区古村落旅游资源价值评价体系评价因子层 D

| 评价指标 | D$_{15}$ 街巷的结构 | D$_{16}$ 与周边环境的协调度 | D$_{17}$ 公共活动空间 | D$_{18}$ 邻里结构状况 | D$_{19}$ 核心范围占保护范围的比例 | D$_{20}$ 防御体系保存完好度 | D$_{21}$ 村落环境的卫生状况 |
|---|---|---|---|---|---|---|---|
| 权重 W$_i$ | 0.0036 | 0.0063 | 0.0388 | 0.0124 | 0.0822 | 0.0217 | 0.0072 |
| 评价指标 | D$_{22}$ 水电的供应能力 | D$_{23}$ 内部交通的便利性 | D$_{24}$ 财政资金的投入 | D$_{25}$ 村落村民年均收入 | D$_{26}$ 外部交通可进入性 | | |
| 权重 W$_i$ | 0.0192 | 0.0336 | 0.0038 | 0.0108 | 0.0203 | | |

贴近自然的游览环境,可以吸引游客来古村落参观,感受人与自然的和谐,得到全身心的放松。占比较小的则为市场基础以及村落选址和格局,分别仅占 0.035 和 0.045,村落的选址和格局则与交通的可进入性有一定的关系。旅游作为一个集食、住、行、游、购、娱于一体的完整性的活动,市场基础以及村落选址和格局也是新疆南疆地区古村落旅游资源价值评价的组成部分。

在评价因子层 D 中,可以看出占比最大的是历史人物/事件的影响力,占 0.1948,这说明在古村落旅游资源价值评价体系中,历史人物/事件的影响力对古村落旅游资源价值影响最大。历史人物/事件的影响力,指的是在古村落发展过程中村落中所出现的对历史具有较大资源价值的人物或者事件,至今还可以看到该人物或者事件所遗留下来的痕迹或者受人们追崇的某种精神。在古村落中,多数游客对有名的历史人物或者事件极为感兴趣,这样可以重温历史,原景重现,增加游客的体验感,吸引游客,所以历史人物/事件的影响力在新疆南疆地区古村落旅游资源价值指标体系中所占的比例最大。其次占比较大的是历史地位及保护级别,占 0.1232,仅次于历史人物/事件的影响力。历史地位及保护级别指的是文物保护的级别是国家级、省级还是市县级。文物保护单位的级别是国家根据统一的标准进行评判,级别越高,反映了文物自身的价值越高。对游客来说,可以了解到文物的价值所在,历史地位及保护级别越高,对游客的吸引力越大,其旅游资源价值越大。由此说明了历史地位及保护级别在新疆南疆地区古村落旅游资源价值评价的重要性。占比最小的为街巷的结构,仅占 0.0036。街巷的结构指的是古村落内部的布局,从旅游资源价值评价的角度来说,古村落街巷结构对游客具有一定的吸引力,如特克斯县就是因街巷结构被称为"八卦城"而被游客熟知,喀什噶尔古城则因古城内地砖的块数可以判断其为出口或者为死胡同,成为游客独特的旅游体验,所以街巷的结构也是旅游资源的组成部分之一。

## 二、评价结果

通过向塔里木大学旅游管理专业的专家、历史与哲学学院的专家以及各地区旅游局的相关人员发放专家评分表,对通过调研所选的 80 个具有典型特色的新疆南疆地区古村落进行打分。共发放 40 份问卷,收回 33 份,有效问卷 32 份,问卷有效率为 97%。对每项指标所打的分数进行加权平均,统计每个村落每项指标的得分,通过公式 8 对每个古村落每项指标的得分乘以计算所得的每项指标的总权重并进行相加,得到每个古村落的最终得分,[①]如表 4-15 所示。

表 4-15　新疆南疆地区古村落旅游资源价值得分表

| 村落名称 | 得分 | 村落名称 | 得分 |
| --- | --- | --- | --- |
| 喀什市喀什噶尔古城 | 92.37 | 莎车县霍什拉甫乡阿尔塔什村 | 73.63 |
| 和静县巴音布鲁克镇巴西里克村 | 91.10 | 泽普县亚斯墩国营林场长寿民俗文化村 | 72.17 |
| 尉犁县兴平镇达西村 | 86.43 | 和田市玉龙喀什镇达瓦巴扎村 | 71.96 |
| 阿克陶县布伦口乡恰克拉克村 | 85.48 | 墨玉县普恰克其镇布达村 | 70.43 |
| 新和县依其艾日克镇加依村 | 84.80 | 于田县达里雅布依乡达里雅布依村 | 69.79 |
| 疏附县吾库萨克镇托万克吾库萨克村 | 83.30 | 民丰县尼雅乡喀帕克阿斯干村 | 69.23 |
| 阿合奇县苏木塔什乡阿克塔拉村 | 82.60 | 库尔勒市哈拉玉宫乡哈拉玉宫村 | 69.10 |
| 麦盖提县库木库萨尔乡胡木丹买里村 | 81.84 | 焉耆回族自治县七个星镇霍拉山村 | 68.80 |
| 塔什库尔干塔吉克自治县大同乡阿依克日克村 | 80.43 | 库车县伊西哈拉镇玉斯屯比加克村 | 67.97 |
| 和田市吉亚乡艾德莱斯村 | 80.38 | 沙雅县塔里木乡克里也特村 | 66.86 |
| 尉犁县墩阔坦乡阿吉托格拉克村 | 79.75 | 巴楚县多来提巴格乡塔格吾斯塘村 | 66.66 |
| 博湖县乌兰再格森乡乌图阿热勒村 | 79.47 | 阿合奇县哈拉奇乡哈拉奇村 | 65.61 |
| 阿瓦提县拜什艾日克镇苏格其喀拉塔勒村 | 78.74 | 阿合奇县色帕巴依乡阿果依村 | 65.28 |
| 阿合奇县阿合奇镇科克乔库尔民俗文化村 | 78.48 | 阿图什市哈拉峻乡欧吐拉哈拉峻村 | 64.68 |
| 阿克陶县克孜勒陶乡艾杰克村 | 76.57 | 塔什库尔干塔吉克自治县塔什库尔干乡瓦尔希迭村 | 64.43 |

---

① 张希月,虞虎,陈田,等.非物质文化遗产资源旅游开发价值评价体系与应用——以苏州市为例[J].地理科学进展,2016(8).

续表

| 村落名称 | 得分 | 村落名称 | 得分 |
|---|---|---|---|
| 英吉沙县芒辛镇恰克日库依村 | 76.21 | 英吉沙县芒辛镇喀拉巴什粮台村 | 64.39 |
| 英吉沙县乌恰镇阔纳萨拉甫村 | 75.78 | 英吉沙县芒辛镇喀拉巴什兰干村 | 64.12 |
| 麦盖提县央塔克乡跃进村 | 75.34 | 泽普县布依鲁克塔吉克族乡布依鲁克村 | 63.56 |
| 叶城县伯西热克乡托万欧壤村 | 62.60 | 策勒县达玛沟乡乌喀里喀什村 | 62.34 |
| 且末县库拉木勒克乡库拉木勒克村 | 60.30 | 和田县喀什塔什乡喀让古塔格村 | 61.26 |
| 拜城县黑英山乡明布拉克村 | 62.87 | 和田县朗如乡排孜瓦提村 | 61.13 |
| 拜城县铁热克镇苏干村 | 62.45 | 于田县拉依苏良种场拉依苏村 | 60.89 |
| 阿合奇县哈拉布拉克乡米尔凯奇村 | 60.57 | 于田县阿羌乡喀什塔什村 | 60.78 |
| 阿图什市阿扎克乡阿扎克村 | 60.23 | 民丰县萨勒吾则克乡草原基地村 | 60.12 |
| 轮台县轮南镇解放渠村 | 32.12 | 焉耆回族自治县永宁镇下岔河村 | 36.25 |
| 麦盖提县尕孜库勒乡喀赞库勒村 | 42.32 | 墨玉县阿克萨拉依乡古勒巴格村 | 34.23 |
| 库车县齐满镇齐满村 | 38.16 | 阿克苏市红旗坡社区红旗坡农场 | 42.52 |
| 和田县拉依喀乡阔依其买里村 | 25.31 | 阿克陶县奥依塔克镇奥依塔克村 | 45.36 |
| 阿图什布阿扎克乡提坚村 | 52.31 | 莎车县塔尕尔其镇木尕拉村 | 53.65 |
| 和田县巴格其镇喀拉瓦其村 | 38.21 | 叶城县萨依巴格乡萨依巴格村 | 33.26 |
| 叶城县柯克亚乡普萨村 | 46.32 | 岳普湖县巴依阿瓦提乡巴依阿瓦提村 | 48.52 |
| 疏勒县疏勒镇纳丘克代尔瓦孜村 | 31.26 | 叶城县柯克亚乡阿其克拜勒都尔村 | 36.59 |
| 阿合奇县库兰萨日克乡吉勒得斯村 | 56.35 | 塔什库尔干塔吉克自治县达布达尔乡热斯喀木村 | 58.36 |
| 民丰县安迪尔乡牙通古孜村 | 27.21 | 喀什市乃则尔巴格镇托库孜塔什村 | 35.32 |
| 乌恰县吉根乡斯姆哈纳村 | 52.31 | 洛浦县布亚乡塔木其拉村 | 45.32 |
| 莎车县喀群乡尤库日恰木萨勒村 | 32.25 | 和田县朗如乡塔提力克苏村 | 52.13 |
| 和田县朗如乡艾古赛村 | 32.12 | 皮山县桑株镇色依提拉村 | 30.21 |

续表

| 村落名称 | 得分 | 村落名称 | 得分 |
|---|---|---|---|
| 皮山县克里阳乡克里阳村 | 40.21 | 策勒县乌鲁克萨依乡阿克其格村 | 55.32 |
| 墨玉县扎瓦镇依格孜艾日克 | 52.31 | 墨玉县扎瓦镇夏合勒克村 | 41.23 |
| 墨玉县奎牙镇帕万村 | 40.32 | 焉耆回族自治县七个星镇七个星村 | 26.31 |

通过对南疆地区古村落的旅游资源进行评价,得到所选取古村落的最终得分,从表4-15可以看出,所选取的80个古村落中有48个古村落的最终得分在60分以上。

旅游资源价值得分在90分及以上的旅游资源称为"特品级旅游资源",旅游资源价值得分在60—89分的旅游资源被通称为"优良级旅游资源",旅游资源价值得分在30—59分的旅游资源被称为"普通级旅游资源"。通过表4-15的得分可以看出,旅游资源价值得分在90分以上的古村落有2个,占2.5%;即特品级旅游资源占到了2.5%,旅游资源价值得分在60—89分的古村落有46个,占57.5%,即优良级旅游资源占57.5%;剩余的32个古村落中,有29个古村落得分在30—59分,即普通级旅游资源占到了36.25%,其余的3个古村落得分则在30分以下,占3.75%。可见,新疆南疆地区古村落旅游资源丰富、品质优良,并且有着巨大的旅游开发潜力。

## 三、结果分析

在实地调研筛选出的具有典型特色的80个古村落中,有48个在60分以上,具有较高的古村落旅游价值,这说明新疆南疆地区分布着许多精美绝伦的古村落。这些古村落既体现了自然环境的限制作用,也展现了人类为谋求社会发展和满足自身需求而主动且合理利用自然环境所创造的辉煌成就,有着巨大的旅游开发潜力。例如,喀什地区的喀什噶尔古城得分高达92.37分,首先,这个古村落是喀什村民的原生态村落,修建年代久远,喀什噶尔古城最早的记录是班超所做,具有较高历史文化价值;其次,喀什噶尔古城内部的建筑独具特色,每条道路展示一种手工技艺,并且街巷交错,造型独特,体现了喀什噶尔古城的建造及艺术价值高;喀什噶尔古城的人居环境优美,空气清新,没有受到工业的污染,所以其人居环境资源价值高;在基础设施和市场基础方面,喀什噶尔古城有直达的公交,距离机场、火车站、高速路都在5公里以内,古村落的卫生有专人进行清扫,所以其基础设施资源价值高,是新疆南疆地区具有较高价值的古村落。

巴音郭楞蒙古自治州得分在 60 分以上的古村落占到了所选古村落的 70%,阿克苏地区得分在 60 分以上的古村落占到了所选古村落的 75%,克孜勒苏柯尔克孜自治州得分在 60 分以上的古村落占到了所选古村落的 75%,这三地 60 分以上的古村落占本地区所选村落的比例都高于 60%,反映了这三地旅游资源价值高的古村落在本地区古村落中占的比例较大,这些古村落具有历史文化、艺术、教育、经济、农业等多方面的内涵,集建筑、雕塑、绘画、民俗文化于一体。首先,巴音郭楞蒙古自治州和静县巴音布鲁克镇巴西里克村,展示出了土尔扈特的东归历史以及独特的民俗民风,并且首届江格尔节也在该村举办,具有较高的历史文化价值。其次,该村周围的环境十分优美,草原覆盖面广,给人一种大自然的原生态之美,所以其村落人居环境价值高。最后,该村内部的建筑也独具特色,建成了天鹅湖姑娘刺绣合作社,有国道 207 经过,交通便利,位于巴音布鲁克景区核心位置,该村落基础设施以及选址和格局资源价值高。因此,该村被评为优良级旅游资源。

从地域来说,南疆民族地区古村落旅游资源丰富,其中旅游资源价值较高的在西部比较集中,而东部分布得较稀疏。古村落旅游资源最丰富的是喀什地区,其次是和田地区,而阿克苏地区,巴音郭楞蒙古自治州,克孜勒苏柯尔克孜自治州三个地区的古村落旅游资源也较为丰富,有着较高的古村落旅游价值。

# 第四节 新疆南疆地区古村落旅游开发适宜性评价的必要性

## 一、有利于规范古村落的旅游开发,实现其发展的可持续性

新疆南疆地区古村落旅游资源十分丰富,整体呈现出规模宏大、类型多样、保存较为完好、历史文化底蕴深厚、地域特色鲜明等特征。从时间上来看,新疆南疆地区古村落年代久远、历史文化源远流长、古村落原真性和完整性保护较好;从空间上来看,新疆南疆地区古村落布局错落有致、与周围生态环境协调良好。因此,新疆南疆地区古村落具有较高的旅游价值,可以结合当地经

济发展状况适时对其进行旅游开发。

目前,国内古村落进行旅游开发成功的案例有许多,例如,浙江东阳市的古村落、安徽的西递宏村和湖南的张谷英村等。其中,浙江东阳市的古村落(见图4-1)历史年代悠久、古建筑保存规模宏大,至今仍完好地保存着具有代表性的明清风格的古村落。

图4-1 浙江东阳市古村落(图片来源:网络)

近些年来,当地政府结合古村落特点,延续中华文脉,实施修缮保护古村落传统古建筑、治理河道水系、打造兴建古村落公园景观、保护和传承中华优秀家风家训、打造古村落文化旅游景点,这一系列措施取得了很好的旅游开发效果。但在其他地区部分古村落的旅游开发过程中也遇到了一些问题,如片面追求经济利益、忽视古村落的文化价值、缺乏法律保护、过度地进行旅游开发以及古村落自身的空巢化,这导致一些古村落受到严重的损坏。①

新疆南疆地区也有一些古村落正在进行开发,例如,喀什噶尔古城、和静县巴音布鲁克镇土尔扈特民俗文化村和塔什库尔干塔吉克自治县大同乡杏花村等,它们将历史人文和自然生态完美地融合在一起,展现了自我特色,弘扬了优秀的传统文化,并取得了相当不错的经济社会效益,是新疆南疆地区古村落开发成功的典范。但是面对新疆南疆地区古村落规模宏大、类型多样的整体来看,每个古村落在保护与发展的过程中,在具有其自身的资源价值的同时,还受其所处不同的地域环境、经济状况等外部环境的影响。因此,新疆南疆地区古村落的旅游开发,不能将所有的古村落不加选择地囊括在内,也不能

---

① 李伯华,刘沛林,窦银娣.中国传统村落人居环境转型发展及其研究进展[J].地理研究,2017(10).

只凭主观印象来决定。我们应该在生态文明建设的背景下，通过建立科学合理的古村落旅游开发适宜性量化评价体系来判定古村落是否适宜进行旅游开发。针对适宜进行旅游开发的古村落，在遵循乡村生态文明的基础上，应对其进行适度、合理并与当地实际情况相适应的旅游开发。这样既有利于规范新疆南疆地区古村落旅游开发的秩序，又有利于促进新疆南疆地区古村落旅游资源得到科学、合理的配置与利用，从而避免古村落旅游过度开发、旅游资源被过度消耗等常见问题的历史重演，这对实现新疆南疆地区古村落可持续发展有非常重要的意义。

## 二、有利于保护古村落的存续空间，实现其延续性和完整性

长期以来，人们将古村落的保护和古建筑的保护等同起来了，认为保护好古建筑就保护好了古村落。实际上，所有的古村落都是一个生态文明整体，建筑文化虽然是古村落文化传承非常重要的一个方面，但不是全部。除古村落传统民居建筑之外，历史文化、村落传说、节日习俗、传统技艺、生产生活用具等也是古村落可以开发的旅游资源。尤其是一些世代传承的手工技艺，由于现在的年轻人不愿学习、学习时间太长等原因，这些技艺已经无法传承下去，这样重视物质保护，轻视文化传承的现象，是很常见的。例如，喀什噶尔古城（见图 4-2）不仅是一座新疆民族建筑博物馆，它还有悠久的历史文化、灿烂的民俗文化和丰富的非物质文化遗产，它是一座"新疆活的民俗文化博物馆"。喀什噶尔古城全力打造国家 5A 级旅游景区，旅游开发效益明显，为古村落村民提供了就业机会，增加了古村落村民的收入。同时通过体验旅游的形式也使喀什噶尔古城里的传统手工技艺如土陶制作技艺、木雕制作技艺等得到了传承。

新疆南疆地区古村落要在保护的前提下进行合理的开发利用，通过古村落旅游开发，让村民的利益得失与古村落的保护和开发紧密地联系在一起，让村民参与到古村落的旅游开发和休闲观光农业中；通过改善乡村基础设施和带动古村落村民就业以及古村落劳动力回流，进而调动古村落村民的积极性。这样不仅能够使新疆南疆地区古村落的风貌得到保护，也能够使新疆南疆地区古村落承载的中华优秀传统文化得到很好的传承和保护。此外，要挖掘其内在的文化价值，让村民成为古村落保护和发展的主体，增强古村落保护的连续性和内生动力，实现其延续性和完整性。

图 4-2　喀什噶尔古城(图片来源:自摄)

## 三、有利于丰富古村落内涵与价值,增强其乡村旅游吸引力

中国的古村落被称为"乡村文化的活化石""民俗艺术的博物馆",它是典型的景观文化生态聚落,是中国乡土文化的活的载体。[①] 新疆南疆地区古村落的旅游资源丰富多彩,物质文化遗产和非物质文化遗产形态各异,中华民族优秀传统文化精彩纷呈。在遵循生态文明思想的基础上,通过对新疆南疆地区古村落进行旅游开发适宜性评价,充分挖掘新疆南疆地区古村落的文化内涵,并且去粗取精、去伪存真,评选出适合进行旅游开发的新疆南疆地区古村落。这不仅可以丰富新疆南疆地区古村落的内涵,提升其文化价值,也可增强古村落旅游吸引力,实现社会价值与经济价值的双赢。

## 四、有利于旅游资源整合开发利用,提高其竞争力和知名度

现代旅游者喜欢追求多样化的旅游,如安徽西递宏村通过与江南山水的完美结合,打造出多样化的江南水乡旅游产品,深受广大游客的喜爱。我国新疆南疆地区古村落规模宏大、类型多样,在目前全域旅游的大背景下,将新疆南疆地区古村落文化与当地旅游资源进行有效整合开发,从而形成以新疆南疆地区古村落文化为主题,其他多种旅游资源协调开发的综合旅游产品。要充分发挥各自优势,达到相得益彰的效果,满足旅游者多样化需求,增强南疆民族地区古村落旅游地的吸引力,提高新疆南疆地区古村落特色文化的旅游竞争力,促进其繁荣发展。

---

① 王玉.基于村民对古村落文化认知度调查的旅游营销策略研究——以绍兴传统村落为例[D].金华:浙江师范大学,2013.

# 第五节 小　　结

　　新疆南疆地区古村落规模宏大、分布广泛、类型多样、历史文化底蕴深厚，是丝绸之路南疆段一颗璀璨的明珠。其包含了中国传统建筑民居、历史文物古迹、人类文化遗址等物质文化遗产以及传统文化习俗、手工技艺、传统表演艺术等非物质文化遗产，蕴含深厚的人与自然和谐共生的生态文明思想。其因地制宜形成的低成本、高效益的生产生活方式和社会发展模式，与当前生态文明建设要求相吻合。

　　该部分通过认真剖析2017年12月29日国家旅游局（现文化和旅游部）发布的《旅游资源分类、调查与评价》（GB/T 18972—2017）新提出的旅游资源分类、调查和评价标准，2012年住房和城乡建设部等部门印发的《传统村落评价认定指标体系（试行）》以及前人对古村落旅游资源评价的方法，结合目前还没有实现对每一类旅游资源分别制定合适的评价指标体系的现状，从生态文明的视角建立了适合新疆南疆地区古村落旅游资源价值评价的方法和模型。通过该模型对新疆南疆地区80个具有典型特征的古村落的旅游资源价值进行评价得出：旅游资源价值得分在90分以上的古村落有2个，占比2.5%；旅游资源价值得分在60—89分的古村落有46个，占比57.5%；旅游资源价值得分在30—59分的古村落有29个，占比36.25%；旅游资源价值得分在30分以下的古村落有3个，占比3.75%。其中，旅游资源价值得分在60分以上的古村落有48个，属于优良级古村落旅游资源，可见新疆南疆地区古村落旅游资源丰富，品质优良，并且有着巨大的旅游开发潜力。在美丽乡村建设和乡村振兴战略的大背景下，我国古村落旅游发展得如火如荼，许多古村落也取得了一定的经济社会效益，促进了当地社会的进步与发展。因此，对新疆南疆地区这些旅游价值较高的古村落进行旅游开发适宜性的探讨是非常必要的。这有利于规范古村落的旅游开发，实现其发展的可持续性；有利于保护古村落的存续空间，实现其延续性和完整性；有利于丰富古村落的内涵与价值，增强其乡村旅游吸引力；有利于旅游资源的整合开发利用，提高其竞争力和知名度。

# 第五章
## 新疆南疆地区古村落旅游开发适宜性评价

新疆南疆地区古村落规模宏大、类型多样,但由于该地区地理环境的特殊性及古村落旅游资源的脆弱性,不可能将新疆南疆地区所有的古村落不加选择地都包含在内。在"乡村振兴战略"实施中,哪些古村落能够发展旅游产业,不能只凭主观印象就决定,基于此,本部分选取了新疆南疆地区古村落的旅游资源价值得分60分以上的48个优良级古村落,以国内外相关学者的研究成果以及国家和地方规范标准与政策形势为基础,在"望得见山、看得见水、记得住乡愁"的指导思想下,结合生态文明协调发展的关系,通过建立适宜性的量化评价体系来判定该地区旅游价值较高的古村落是否适宜进行旅游开发。

## 第一节 新疆南疆地区古村落旅游开发适宜性评价的可行性

### 一、科学技术可行性

近年来,适宜性评价的方法在诸多领域都有广泛的应用,已成为一种较为成熟可靠的分析方法。其在国土资源开发、生态环境评价和城镇乡村规划等领域都有一定成熟的技术,为评估新疆南疆地区古村落旅游开发适宜性提供了科学合理的技术和理论支撑。新疆南疆地区古村落旅游开发适宜性评价基于相关学者的研究成果,将影响该地区古村落旅游开发的因子分为若干层和若干个具体指标,目的是为了进行定量分析。基于以上定量分析,运用 SPSS 20.0 对旅游开发适宜性评价结果进行聚类分析,最后得出结论并提出相关对策建议。

## 二、社会因素可行性

新疆南疆地区古村落旅游资源具有极大的旅游吸引力和独一无二的魅力,在旅游开发适宜性评价的基础上将适合进行旅游开发的古村落进行开发,使其避免濒临消亡,得以更好地挖掘、保存、发展和传承。游客在体验新疆南疆地区古村落所蕴含的文化氛围时,古村落也在更大范围地传播其所蕴含的文化,一些风俗习惯、传统手工技艺和优秀传统文化也得到了传承。新疆南疆地区古村落旅游开发不仅可以促进相关产业的发展,提供新的就业机会,推动当地经济社会的发展,提高当地村民的文化素质和修养水平,营造一个有传统风貌的古村落,还能提高当地村民对人居环境的欣赏水平,激发村民对家园的热爱,增强其促进社会进步和生态文明建设的动力,有助于为民众了解和认识新疆南疆地区古村落的价值提供最直接、最有效的途径,从而有效地增强民众对古村落的保护意识。

## 三、国家政策可行性

新疆南疆地区古村落旅游资源丰富多样,旅游开发价值较高,加之政府科学合理的政策引导,如中国历史文化名村、中国古村落、中国美丽乡村评选与保护、乡村振兴战略的实施等一系列国家政策的支持,有助于吸引更多的人力、物力和财力来保护和发展新疆南疆地区的古村落。国家及地方政府的一系列政策给予了新疆南疆地区古村落旅游开发适宜性评价有效的支持。在国家大力倡导加紧脱贫攻坚、推进生态文明建设的背景下,新疆南疆地区古村落旅游的科学开发、有序发展,与我们时代的要求紧密结合,对农民致富奔小康、乡土建筑保护、非物质文化遗产传承和古村落的繁荣发展都有重要意义。

## 四、相关利益主体的支持

新疆南疆地区古村落数量众多,旅游资源类型多样,历史文化底蕴深厚,拥有巨大的旅游开发潜力。在我们走访调查的新疆南疆地区地方政府部门当中,有80%的政府部门对古村落进行科学合理的旅游开发持支持态度。他们认为,这是保护古村落文化和促进当地经济发展的重要途径,有利于带动当地相关产业的发展和缓解新疆南疆地区古村落保护资金不足等问题。

旅游企业是新疆南疆地区古村落旅游业发展的市场主体,在政府的科学引导下,旅游企业对古村落旅游资源进行市场运作。旅游企业把古村落的资源与旅游开发完美地融合在一起,最终通过古村落旅游产品的形式再次盘活了古村落的旅游资源。旅游企业的行为举措不仅使古村落得到了开发,更是对古村落优秀传统文化和生态文明思想的一种保护和传承。① 同时,给旅游企业带来了一定程度的经济效益,树立了古村落旅游企业弘扬和传承中华优秀传统文化的良好品牌形象,也促进了古村落当地的经济发展。因此,在我们的调研过程中,有70%的旅游企业对开发新疆南疆地区古村落旅游持支持态度。

对当地村民来说,对古村落的保护就是对他们家园的保护,可以传承他们的优秀传统文化;古村落旅游开发还可以增加古村落村民的经济收入,改善古村落的基础设施条件,提高古村落村民的生活质量。此举符合古村落村民既想发展经济脱贫致富,又想展示自身引以为豪的特色文化的需要。通过对新疆南疆地区近50个古村落的实地调研,得知有76%的村民对古村落的保护和开发持认同和支持的态度。如果新疆南疆地区的各地政府能够投入一定的人力、物力和财力使古村落得到保护,进而发展古村落旅游业,那么政府首先需要做的就是为古村落的村民做好古村落保护和旅游开发的示范工作,增强村民对所在古村落传统文化的自信心。② 在村民取得一定的经济收益之后,就很容易反过来促进古村落旅游业的形成和发展。村民是古村落文化保护和传承的主力军,村民只有树立高度的文化自信,才能认识到古村落的文化价值,提高对古村落文化的保护意识。

总而言之,在现代化、理性化与生态文明建设的旅游发展背景下,古村落旅游将是一个新的旅游热点,而新疆南疆地区古村落旅游资源具有独特的历史文化内涵和地域文化特色,必将有巨大的旅游开发潜力。同时,新疆南疆地区古村落旅游开发适宜性评价有助于全面发掘和评估新疆南疆地区古村落旅游资源,使新疆南疆地区古村落文化特色更加突出,产生更持久的经济效益。因此,对新疆南疆地区古村落的旅游开发进行适宜性评价是应时之需。

---

① 章锦河.古村落旅游地居民旅游感知分析——以黟县西递为例[J].地理与地理信息科学,2003(2).

② 车震宇,保继刚.传统村落旅游开发与形态变化研究[J].规划师,2006(6).

# 第二节　新疆南疆地区古村落旅游开发适宜性评价指标体系构建

## 一、评价指标体系构建的基本原则

### (一) 系统性和重点突出

系统性原则是旅游开发适宜性评价体系中必不可少的原则,在选取评价指标时,要遵循指标全面、完整、系统和连贯的原则。新疆南疆地区古村落旅游开发是一项内容丰富、结构复杂的系统性工作,受政治、经济、社会、环境等多方面因素的影响。因此,在进行新疆南疆地区古村落旅游适宜性评价时,需要尽可能地考虑与旅游开发和生态文明相关联的影响因子,涉及的方面十分广泛,故要用系统全面的分析方法和观点来确定和分析新疆南疆地区古村落适宜性评价的影响因子,并处理好因子间错综复杂的关系,通过筛选因子,找出主要的影响因子。同时,对于新疆南疆地区古村落旅游开发适宜性评价体系而言,不是所选取的因素指标越多,就意味着旅游开发适宜性评价体系越严谨、越科学;相反的是,评价指标过多,不仅会增大旅游开发适宜性评估的难度,还会扩大评价指标重叠的可能性,所以在建立新疆南疆地区古村落旅游开发适宜性评价指标体系的过程中要遵循重点突出原则,重点选取有重要影响的因素指标,对影响较小的因素指标要适当予以简化。[①]

### (二) 客观性和可操作性

新疆南疆地区古村落旅游开发适宜性评价的指标选取须符合客观性的原则,同时在建立新疆南疆地区古村落旅游开发适宜性评价指标体系时要考虑指标实际的可操作性。新疆南疆地区古村落旅游开发适宜性评价受诸多因素的影响,因此要客观地考虑多方面的因素,尽可能减少主观性思想的影响,便于对新疆南疆地区古村落旅游开发适宜性进行客观评价。为了提高新疆南疆地区古村落旅游开发适宜性评价的研究效率和评价结果的准确度,新疆南疆地区古村落旅游开发适宜性评价各个指标的数据要易于获取。通过采取定性与定量相结合的办法,并设有具体的评价标准,从而建立切实可行的新疆南疆

---

① 保继刚,孟凯,章倩滢.旅游引导的乡村城市化——以阳朔历村为例[J].地理研究,2015(8).

地区古村落旅游开发适宜性评价体系,使新疆南疆地区古村落的原始数据获取更具有可操作性。

（三）科学性和可持续性

新疆南疆地区古村落旅游开发适宜性评价的指标选取须符合科学性的原则,同时应坚持古村落可持续发展的原则。在建立新疆南疆地区古村落旅游开发适宜性评价体系时,需要有各类学科的理论依据作支撑,因此首先要查阅大量的古村落旅游开发相关文献资料,理解和整理文献资料中关于新疆南疆地区古村落旅游开发适宜性的相关指标体系的内容,并结合当地旅游资源的实际情况,选择出能真实反映新疆南疆地区古村落旅游开发实际情况的评价指标。其次,在构建新疆南疆地区古村落旅游开发适宜性评价体系的过程中,要充分注意新疆南疆地区古村落旅游开发的可持续性,应避免旅游开发带来的单纯追求经济效益以及破坏生态平衡的行为的出现。新疆南疆地区古村落旅游应发展为人与自然和谐共生、全面协调可持续发展的古村落旅游。

（四）代表性和可比较性

新疆南疆地区古村落旅游资源规模庞大、类型多样,所以新疆南疆地区古村落旅游开发适宜性评价的影响因素非常广泛,并且各影响因素之间相互联系、相互作用,形成了一个复杂的综合体系。为了避免评价工作重复,在选取评价因子时,首先,应注意因子之间存在一定的相关性和替代性,尽可能地选取最具有代表性的指标作为评价因子。其次,在建立新疆南疆地区古村落旅游开发适宜性评价指标体系时,应遵循可比较性原则。最后,对新疆南疆地区古村落旅游开发适宜性评价体系中每一项指标要进行量化统一,这样有利于新疆南疆地区古村落旅游开发适宜性评价结果在横向和纵向进行比较,能更好地理解和掌握新疆南疆地区古村落旅游资源在不同阶段、不同区域的开发特征和趋势。

## 二、指标体系选取的思路

科学合理地选择新疆南疆地区古村落旅游开发适宜性评价指标,是获得新疆南疆地区古村落旅游开发适宜性评价结果有效性的前提和基础。因此,课题组所构建的新疆南疆地区古村落旅游开发适宜性指标体系是在遵循评价指标构建原则的前提下,在现有古村落的旅游资源价值评价、旅游竞争力评价和旅游开发适宜性评价等相近研究成果的基础上进行归纳总结,并结合新疆南疆地区古村落旅游开发的实际情况进行深入分析，初步设计新疆南疆地区古村落旅游开发适宜性评价指标体系，图 5-1 即是课题组从资料搜集到最终确立新疆南疆地区古村落旅游开发适宜性评价指标体系的整个过程。

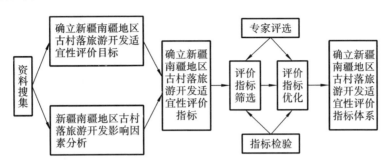

**图 5-1　新疆南疆地区古村落旅游开发适宜性评价指标体系构建流程图（图片来源：自绘）**

课题组搜集了大量的研究资料，明确了新疆南疆地区古村落旅游开发适宜性评价的目标，通过对该地区古村落旅游开发影响因素的分析，初步设定了新疆南疆地区古村落旅游开发适宜性评价指标体系分为四层：目标层、准则层、指标层、因子层，预选了 35 个旅游开发适宜性评价指标。在此基础上，通过多次反复征求业内不同专家的意见，不断地修改和完善评价指标体系，最终确定新疆南疆地区古村落旅游开发适宜性评价指标体系。

## 三、评价指标的预选

课题组结合国内外相关学者的研究成果，综合分析新疆南疆地区古村落旅游开发的实际情况，并结合 2017 年 12 月 29 日国家旅游局（现文化和旅游部）发布的《旅游资源分类、调查与评价》(GB/T 18972—2017) 新提出的旅游资源分类、调查和评价标准；2005 年住房和城乡建设部、国家文物局联合制定的《中国历史文化名镇名村评价指标体系》中价值特色（历史久远度、文物价值、历史传统建筑典型性、核心区生活延续性、非物质文化遗产等）和保护措施（保护修复措施、保障机制等）两部分相关指标；2012 年住房和城乡建设部等部门印发的《传统村落评价认定指标体系（试行）》中定量评估（久远度、稀缺性、丰富度等）和定性评估（完整性、协调性、传统营造工艺传承等）相关指标；[①]
2015 年 4 月 29 日国务院农村综合改革工作小组办公室提出的《美丽乡村建设

---

① 张睿.金寨吴家店乡村聚落更新及实践研究[D].天津：天津大学，2014.

指南》(GB/T 32000—2015)中经济、政治、文化、社会和生态文明协调发展和规划先行，统筹兼顾，生产、生活、生态和谐发展等生态文明相关条文；2018年新疆维吾尔自治区党委、新疆维吾尔自治区人民政府印发的《新疆维吾尔自治区乡村振兴战略规划(2018—2022年)》中"通过加强生态环境建设保护，严禁'三高'项目进新疆，统筹山水林田湖草系统治理，加快推行乡村绿色发展方式，加强农村人居环境整治，有利于提升绿洲生态环境质量，构建人与自然和谐共生的乡村发展新格局，推动天蓝地绿水清的美丽新疆建设"的相关要求等国家和地方规范标准与政策形势。① 初步设计出最初35个待选的新疆南疆地区古村落旅游开发适宜性评价因子，具体见表5-1。

表5-1 新疆南疆地区古村落旅游开发适宜性评价预选指标列表

| 编号 | 因子 | 编号 | 因子 |
| --- | --- | --- | --- |
| 1 | 资源品级 | 19 | 旅游企业实力 |
| 2 | 原真性与完整性 | 20 | 旅游企业对古村落保护的认知度 |
| 3 | 传统文化的保护与传承情况 | 21 | 村民对古村落保护的认同度 |
| 4 | 游客感知 | 22 | 村民对古村落开发的认同度 |
| 5 | 适游期 | 23 | 村民社区参与度 |
| 6 | 表现形式多样性 | 24 | 村民对生态文明知识普及接受程度 |
| 7 | 知名度 | 25 | 直接经济效益 |
| 8 | 环境质量 | 26 | 提供就业能力 |
| 9 | 村民和游客环保意识 | 27 | 旅游业增加值占地区生产总值的比重 |
| 10 | 旅游环境承载力 | 28 | 促进内外交流 |
| 11 | 产业结构绿化指数 | 29 | 游客和古村落村民和谐指数 |
| 12 | 客源市场潜力 | 30 | 文化传播与传承 |
| 13 | 村民消费水平 | 31 | 古村落成长 |
| 14 | 古村落的可进入性 | 32 | 优化古村落生存环境 |
| 15 | 旅游资源组合程度 | 33 | 原功能的多元复合度 |
| 16 | 旅游配套设施状况 | 34 | 原功能的延续利用情况 |
| 17 | 地方政府旅游投资与开发政策 | 35 | 生态文明思想下促进文化创新 |
| 18 | 地方政府为保护古村落采取的措施政策 | | |

① 新疆维吾尔自治区党委，新疆维吾尔自治区人民政府. 新疆维吾尔自治区乡村振兴战略规划(2018—2022年). http://www.xjtzb.gov.cn/2018-11/20/c_1123740453.htm.

## 四、评价指标的筛选

在预设指标的基础上,开展了两轮专家咨询,根据相关专家和学者的合理建议,再次查阅新疆南疆地区古村落相关文献并结合实际情况分析,对35个预设指标进行了增删与修改。一是对不易统计计算的指标进行了替换,例如,将指标11"产业结构绿化指数"替换为"旅游产业化潜力",将指标27"旅游业增加值占地区生产总值的比重"替换为"促进地方经济发展",将指标29"游客和古村落村民和谐指数"替换为"民族团结和社会和谐"。二是对部分指标进行了修改优化,例如,将指标8"环境质量"修改为"当地自然生态环境质量",将指标17"地方政府旅游投资与开发政策"和指标18"地方政府为保护古村落采取的措施政策"分别修改为"地方政府投资开发古村落旅游的支持力度"和"地方政府对古村落保护的支持力度",将指标35"生态文明思想下促进文化创新"修改为"生态文明思想下促进乡土文化创新"。三是对与新疆南疆地区古村落旅游开发适宜性评价联系不够紧密、内容比较片面的指标进行了删减和增加,例如,删除了指标31"古村落成长"、指标33"原功能的多元复合度"和指标34"原功能的延续利用情况",增加了"旅游企业对古村落旅游投资的力度""村民和游客生态意识的培养""保护古村落旅游资源可持续利用"和"为社会主义新农村建设提供经验借鉴"这四个指标。最终形成36个具体的新疆南疆地区古村落旅游开发适宜性评价指标。

## 五、评价指标的确定及评价体系的构建

由于新疆南疆地区古村落旅游开发适宜性评价指标体系构建的综合性和复杂性,本课题研究采用层次分析法建立了新疆南疆地区古村落旅游开发适宜性评价指标体系,评价指标体系分为4层,具体是目标层:新疆南疆地区古村落旅游开发适宜性;系统层:开发吸引力、旅游开发条件、利益相关者因素、开发效益;指标层:资源吸引力、市场吸引力、生态环境条件、经济社会条件、区域旅游条件、政府因素、旅游企业因素、村民因素、经济效益、社会效益、生态效益;因子层(D):资源品级、原真性与完整性、传统文化的保护与传承情况、游客感知、适游期、旅游资源单体占比、知名度、当地自然生态环境质量、村民和游客环保意识、旅游环境承载力、旅游产业化潜力、客源市场潜力、村民消费水

平、古村落的可进入性、旅游资源组合程度、旅游配套设施状况、地方政府投资开发古村落旅游的支持力度、地方政府对古村落保护的支持力度、旅游企业实力、旅游企业对古村落保护的认知度、旅游企业对古村落旅游投资的力度、村民对古村落保护的认同度、村民对古村落旅游开发的认同度、村民社区参与度、村民对生态文明知识普及和接受程度、直接经济效益、提供就业能力、促进地方经济发展、促进内外交流、民族团结和社会和谐、文化传播与传承、保护古村落旅游资源可持续利用、为社会主义新农村建设提供经验借鉴、村民和游客生态意识的培养、生态文明思想下促进乡土文化创新、优化古村落生态环境。最终确立的新疆南疆地区古村落旅游开发适宜性评价指标体系见表5-2。

表5-2 新疆南疆地区古村落旅游开发适宜性评价指标体系

| A 目标层 | B 系统层 | C 指标层 | D 因子层 |
|---|---|---|---|
| A 新疆南疆地区古村落旅游开发适宜性 | $B_1$ 开发吸引力 | $C_1$ 资源吸引力 | $D_1$ 资源品级 |
| | | | $D_2$ 原真性与完整性 |
| | | | $D_3$ 传统文化的保护与传承情况 |
| | | $C_2$ 市场吸引力 | $D_4$ 游客感知 |
| | | | $D_5$ 适游期 |
| | | | $D_6$ 旅游资源单体占比 |
| | | | $D_7$ 知名度 |
| | $B_2$ 旅游开发条件 | $C_3$ 生态环境条件 | $D_8$ 当地自然生态环境质量 |
| | | | $D_9$ 村民和游客环保意识 |
| | | | $D_{10}$ 旅游环境承载力 |
| | | $C_4$ 经济社会条件 | $D_{11}$ 旅游产业化潜力 |
| | | | $D_{12}$ 客源市场潜力 |
| | | | $D_{13}$ 村民消费水平 |
| | | $C_5$ 区域旅游条件 | $D_{14}$ 古村落的可进入性 |
| | | | $D_{15}$ 旅游资源组合程度 |
| | | | $D_{16}$ 旅游配套设施状况 |

续表

| A 目标层 | B 系统层 | C 指标层 | D 因子层 |
|---|---|---|---|
| A 新疆南疆地区古村落旅游开发适宜性 | $B_3$ 利益相关者因素 | $C_6$ 政府因素 | $D_{17}$ 地方政府投资开发古村落旅游的支持力度 |
| | | | $D_{18}$ 地方政府对古村落保护的支持力度 |
| | | $C_7$ 旅游企业因素 | $D_{19}$ 旅游企业实力 |
| | | | $D_{20}$ 旅游企业对古村落保护的认知度 |
| | | | $D_{21}$ 旅游企业对古村落旅游投资的力度 |
| | | $C_8$ 村民因素 | $D_{22}$ 村民对古村落保护的认同度 |
| | | | $D_{23}$ 村民对古村落旅游开发的认同度 |
| | | | $D_{24}$ 村民社区参与度 |
| | | | $D_{25}$ 村民对生态文明知识普及接受程度 |
| | $B_4$ 开发效益 | $C_9$ 经济效益 | $D_{26}$ 直接经济效益 |
| | | | $D_{27}$ 提供就业能力 |
| | | | $D_{28}$ 促进地方经济发展 |
| | | $C_{10}$ 社会效益 | $D_{29}$ 促进内外交流 |
| | | | $D_{30}$ 民族团结和社会和谐 |
| | | | $D_{31}$ 文化传播与传承 |
| | | $C_{11}$ 生态效益 | $D_{32}$ 保护古村落旅游资源可持续利用 |
| | | | $D_{33}$ 为社会主义新农村建设提供经验借鉴 |
| | | | $D_{34}$ 村民和游客生态意识的培养 |
| | | | $D_{35}$ 生态文明思想下促进乡土文化创新 |
| | | | $D_{36}$ 优化古村落生态环境 |

## 六、主要评价指标的解释

为了能够让新疆南疆地区古村落旅游开发适宜性评价结果具有真实性和有效性，该部分对因子指标做了进一步的解释说明。同时通过查阅相关文献和统计整理实地调研资料，参考国内外相关旅游开发适宜性评价指标体系所使用的分级标准，建立了新疆南疆地区古村落旅游开发适宜性评价因子赋值标准和新疆南疆地区古村落旅游开发适宜性评价因子解释说明列表，详见表5-3。

表5-3 新疆南疆地区古村落旅游开发适宜性评价因子解释说明列表

| 指标说明 | 数据来源 | 赋值标准 | | | |
|---|---|---|---|---|---|
| | | 10分 | 8分 | 6分 | 4分 | 2分 |
| $D_1$ 资源品级:古村落旅游资源通过资源评价表得旅游资源的分数等级 | 1 | 90分以上 | 81—90分 | 71—80分 | 61—70分 | 31—60分 |
| $D_2$ 原真性与完整性:古村落历史风貌和民居建筑、民俗文化等的原始完整性 | 1 | 81%—100% | 61%—80% | 41%—60% | 21%—40% | 20%及以下 |
| $D_3$ 传统文化的保护与传承情况:古村落对中华优秀传统文化的保护和传承情况 | 1 | 81%—100% | 61%—80% | 41%—60% | 21%—40% | 20%及以下 |
| $D_4$ 游客感知:游客对古村落的喜爱度、满意度以及重游的意愿度 | 2 | 81%—100% | 61%—80% | 41%—60% | 21%—40% | 20%及以下 |
| $D_5$ 适游期:古村落旅游资源开发后一年中可以接待游客观赏和使用的天数 | 2 | 超过300天 | 超过250天 | 超过150天 | 超过100天 | 100天及以下 |
| $D_6$ 旅游资源单体占比:古村落旅游资源类型占旅游资源八大主类的数量 | 1 | 7—8类 | 5—6类 | 3—4类 | 1—2类 | 1类以下 |
| $D_7$ 知名度:人们对古村落现状、旅游资源种类、特色风物特产等的了解程度 | 2 | 很熟悉 | 较熟悉 | 一般熟悉 | 熟悉一点 | 不熟悉 |
| $D_8$ 当地自然生态环境质量:古村落植被覆盖率 | 1 | 81%—100% | 61%—80% | 41%—60% | 21%—40% | 20%及以下 |
| $D_9$ 村民和游客环保意识:村民和游客对环境保护的认知程度 | 2 | 很高 | 较高 | 一般 | 较低 | 低 |

续表

| 指标说明 | 数据来源 | 赋值标准 | | | | |
|---|---|---|---|---|---|---|
| | | 10分 | 8分 | 6分 | 4分 | 2分 |
| $D_{10}$ 旅游环境承载力:旅游和生态质量不变,古村落吸纳外来游客的最大能力 | 1 | 1000人以上 | 701—1000人 | 501—700人 | 301—500人 | 300人及以下 |
| $D_{11}$ 旅游产业化潜力:古村落旅游业发展趋势及优化产业结构的潜力 | 1 | 81%—100% | 61%—80% | 41%—60% | 21%—40% | 20%及以下 |
| $D_{12}$ 客源市场潜力:古村落发展旅游业所吸引的客源市场覆盖面 | 1 | 国际 | 全国 | 西北 | 新疆 | 本地 |
| $D_{13}$ 村民消费水平:村民在物质产品和劳务的消费过程中,对满足人们生存、发展和享受需要方面所达到的程度(家庭月度消费总支出) | 2 | 3500元以上 | 2501—3500元 | 1501—2500元 | 501—1500元 | 500元及以下 |
| $D_{14}$ 古村落的可进入性:汽车从古村落所在地区中心城市到古村落所需时间 | 2 | 1小时内 | 1—2小时 | 2—3小时 | 3—4小时 | 4小时以上 |
| $D_{15}$ 旅游资源组合程度:古村落旅游资源与周边旅游资源结合度 | 1 | 81%—100% | 61%—80% | 41%—60% | 21%—40% | 20%及以下 |
| $D_{16}$ 旅游配套设施状况:古村落为开发旅游而建设的各项基础设施配套情况 | 1 | 81%—100% | 61%—80% | 41%—60% | 21%—40% | 20%及以下 |
| $D_{17}$ 地方政府投资开发古村落旅游的支持力度:政府对古村落旅游资金支持力度 | 2 | 1000万元以上 | 501万—1000万元 | 201万—500万元 | 51万—200万元 | 50万元及以下 |

续表

| 指标说明 | 数据来源 | 赋值标准 | | | | |
|---|---|---|---|---|---|---|
| | | 10分 | 8分 | 6分 | 4分 | 2分 |
| $D_{18}$ 地方政府对古村落保护的支持力度：政府制定的法律法规等各种保护措施 | 2 | 很完善 | 较完善 | 一般 | 保护少 | 无保护 |
| $D_{19}$ 旅游企业实力：包括旅游企业的财力（注册资金）、生产能力、技术水平、管理水平等，主要指旅游企业投资古村落开发活动的能力（旅游企业等级） | 1 | 五星级 | 四星级 | 三星级 | 二星级 | 一星级 |
| $D_{20}$ 旅游企业对古村落保护的认知度：旅游企业保护古村落的认知程度的高低 | 2 | 很高 | 较高 | 一般 | 较低 | 低 |
| $D_{21}$ 旅游企业对古村落旅游投资的力度：旅游企业投入的资金大小的力度 | 2 | 1000万元以上 | 501万—1000万元 | 201万—500万元 | 51万—200万元 | 50万元及以下 |
| $D_{22}$ 村民对古村落保护的认同度：村民对保护古村落的价值意义的认知水平 | 2 | 81%—100% | 61%—80% | 41%—60% | 21%—40% | 20%及以下 |
| $D_{23}$ 村民对古村落旅游开发的认同度：村民对古村落旅游开发的认同意识的高低 | 2 | 81%—100% | 61%—80% | 41%—60% | 21%—40% | 20%及以下 |
| $D_{24}$ 村民社区参与度：村民参与旅游开发的参与人数与参与范围广度 | 2 | 81%—100% | 61%—80% | 41%—60% | 21%—40% | 20%及以下 |
| $D_{25}$ 村民对生态文明知识普及和接受程度：村民对人与自然人人与社会和谐共生、良性循环、全面发展文化知识的了解和接受程度 | 2 | 81%—100% | 61%—80% | 41%—60% | 21%—40% | 20%及以下 |

第五章 新疆南疆地区古村落旅游开发适宜性评价

续表

| 指标说明 | 数据来源 | 赋值标准 | | | | |
|---|---|---|---|---|---|---|
| | | 10分 | 8分 | 6分 | 4分 | 2分 |
| $D_{26}$ 直接经济效益：古村落旅游开发带来的旅游经济收入等直接性经济效益 | 2 | 600万元以上 | 401万—600万元 | 201万—400万元 | 51万—200万元 | 50万元及以下 |
| $D_{27}$ 提供就业能力：古村落旅游开发提供的就业岗位 | 2 | 300个以上 | 201—300个 | 101—200个 | 51—100个 | 50个及以下 |
| $D_{28}$ 促进地方经济发展：古村落旅游开发对地区GDP的贡献和经济结构的优化 | 2 | 9%以上 | 7%—9% | 4%—6% | 1%—3% | 1%以下 |
| $D_{29}$ 促进内外交流：古村落旅游开发对促进村落与周边的经济、文化、社会交流的作用 | 1 | 很好 | 较好 | 一般 | 较差 | 差 |
| $D_{30}$ 民族团结和社会和谐：古村落旅游促进民族团结和建设和谐社会的作用 | 1 | 很强 | 较强 | 一般 | 较弱 | 弱 |
| $D_{31}$ 文化传播与传承：古村落旅游开发对促进中国传统文化的传播和传承作用 | 1 | 81%—100% | 61%—80% | 41%—60% | 21%—40% | 20%及以下 |
| $D_{32}$ 保护古村落旅游资源可持续利用：旅游开发促进古村落旅游资源循环利用 | 1 | 81%—100% | 61%—80% | 41%—60% | 21%—40% | 20%及以下 |
| $D_{33}$ 为社会主义新农村建设提供经验借鉴：古村落旅游开发对社会主义新农村建设提供的多方面的经验借鉴 | 1 | 五方面 | 四方面 | 三方面 | 两方面 | 一方面 |
| $D_{34}$ 村民和游客生态意识的培养：古村落旅游开发对村民生态意识的培养作用 | 1 | 很强 | 较强 | 一般 | 较弱 | 弱 |

续表

| 指标说明 | 数据来源 | 赋值标准 | | | | |
|---|---|---|---|---|---|---|
| | | 10分 | 8分 | 6分 | 4分 | 2分 |
| $D_{35}$ 生态文明思想下促进乡土文化创新：古村落旅游开发对乡土文化的创新作用 | 1 | 创新很强 | 创新较多 | 一般 | 创新少 | 无创新 |
| $D_{36}$ 优化古村落生态环境：古村落旅游开发对促进古村落人与自然和谐共生的作用 | 1 | 很好 | 较好 | 一般 | 较差 | 差 |

注：1代表专家评估，2代表问卷调查。

# 第三节　新疆南疆地区古村落旅游开发适宜性评价模型构建

## 一、评价指标重要性判断标度

在构建好新疆南疆地区古村落旅游开发适宜性评价指标体系的基础上，邀请新疆南疆各地区旅游局成员、驻村工作队领导、塔里木大学经济与管理学院、西域文化研究院相关专业老师等50名专家对新疆南疆地区古村落旅游开发适宜性评价因子相关判断矩阵进行打分。首先，对第一轮专家对判断矩阵的打分分值进行统计分析，将打分分值差异性比较大的评价因子提取出来，相关专家学者各自发表意见并提出建议，在进行充分讨论的基础上，基本达成一致意见。其次，进行第二轮评价因子重要性赋分，收回调查问卷45份，调查问卷回收率为90%。最后，确定出相关判断矩阵各个因子的相对比值，并按照相关原理与步骤计算得出各指标权重值，评价标度数值及其含义说明如表5-4所示。

表5-4　评价指标重要性判断标度列表

| 标度 | 含义 |
| --- | --- |
| 1 | 表示两个因子相比，具有同样的重要性 |
| 3 | 表示两个因子相比，前者比后者稍重要 |
| 5 | 表示两个因子相比，前者比后者明显重要 |
| 7 | 表示两个因子相比，前者比后者强烈重要 |
| 9 | 表示两个因子相比，前者比后者极端重要 |
| 2,4,6,8 | 表示上述相邻判断的中间值 |
| 倒数 | 若因子$i$与因子$j$的重要性之比为$D_{ij}$，则因子$j$与因子$i$的重要性之比为$1/D_{ij}$ |

注：$D_{ij}>0$，$D_{ji}=1/D_{ij}$，$D_{ii}=1$。

## 二、确定权重并进行一致性检验的原理及其步骤

(1)将新疆南疆地区古村落旅游开发适宜性评价指标体系系统层、指标

层、因子层各判断矩阵的每一列进行归一化处理：

$$B_{ij} = B_{ij} / \sum_{i1}^{n} B_{ij} \quad (i,j = 1,2,3,\cdots,n) \quad \text{（公式 1）}$$

(2)将新疆南疆地区古村落旅游开发适宜性评价指标体系系统层、指标层、因子层各判断矩阵的每一列经归一化处理后的判断矩阵进行按行相加：

$$W_i = \sum m_j = 1 B_{ij} = B_{ij} \quad (i,j = 1,2,3,\cdots,n) \quad \text{（公式 2）}$$

(3)将新疆南疆地区古村落旅游开发适宜性评价指标体系系统层、指标层、因子层各个判断矩阵进行向量归一化处理：

$$W = W_i / \sum n_j = 1 W_j \quad (i = 1,2,3,\cdots,n) \quad \text{（公式 3）}$$

(4)计算新疆南疆地区古村落旅游开发适宜性评价指标体系系统层、指标层、因子层各判断矩阵的最大特征根：

$$\lambda_{\max} = \sum n_i = 1 (BW)i / n W_i \quad (i = 1,2,3,\cdots,n) \quad \text{（公式 4）}$$

(5)为保证新疆南疆地区古村落旅游开发适宜性评价指标权重结果的准确性与说服力，需通过计算一致性指标 CI。新疆南疆地区古村落旅游开发适宜性评价指标系统层、指标层、因子层各判断矩阵一致性指标计算方式如下：

$$CI = (\lambda_{\max} - n)/(n-1) \quad \text{（公式 5）}$$

需要说明的是，若一致性指标 CI 越大，则判断矩阵的偏离程度就越大；若一致性指标 CI 越小，则判断矩阵偏离度越小。若判断矩阵阶数 $n$ 越大，则判断矩阵指标 CI 的值就会越大；反之亦然。

(6)新疆南疆地区古村落旅游开发适宜性评价指标体系系统层、指标层、因子层各判断矩阵一致性检验：

$$CR = CI / RI \quad \text{（公式 6）}$$

随机一致性比率 CR<0.10 时，便认为判断矩阵具有一致性；CR≥0.10 时，就要调整判断矩阵，使其满足 CR<0.10，从而达到一致性要求。表 5-5 为平均随机一致性指标 RI 值。

表 5-5 平均随机一致性指标 RI 值表

| $n$ | 1 | 2 | 3 | 4 | 5 | 6 | 7 | 8 |
| --- | --- | --- | --- | --- | --- | --- | --- | --- |
| RI | 0 | 0 | 0.58 | 0.90 | 1.12 | 1.24 | 1.32 | 1.41 |

(7)新疆南疆地区古村落旅游开发适宜性评价指标体系系统层、指标层、

因子层各指标总权重及排序：利用公式 4 计算得出各指标权重值，再通过公式 5 和公式 6 对各指标权重进行多次检验，直到各指标权重值的随机一致性比率小于 0.10，最终确定各指标权重值并排序。

### 三、运用 YAAHP 12.1 确定权重

基于以上原理与步骤，项目在该部分的研究是根据专家对新疆南疆地区古村落旅游开发适宜性评价指标体系两两比较打分的结果，采用 AHP 软件（YAAHP 12.1）进行数据分析与处理。

输入新疆南疆地区古村落旅游开发适宜性评价递阶层次结构模型，在 YAAHP 12.1 中构建新疆南疆地区旅游开发适宜性的评价指标体系，如图5-2所示。

### 四、适宜性评价模型构建

该部分在前期评价标准建立和评价指标体系权重确定的基础上，通过德尔菲法即专家打分法，统计数据资料查阅，对古村落相关政府官员、旅游企业、村民和游客进行问卷调查等途径获取了新疆南疆地区古村落旅游开发适宜性评价的基础数据。在构建新疆南疆地区古村落旅游开发适宜性评价模型时，充分考虑到生态效益、政府因素、资源吸引力及社会效益。就生态效益而言，新疆南疆地区古村落旅游开发适宜性评价主要依赖生态文明思想下促进乡土文化创新和为社会主义新农村建设提供经验借鉴的目标。就政府因素而言，一般用地方政府投资古村落旅游的支持力度、地方政府对古村落保护的支持力度作为重要指标。就资源吸引力而言，原真性与完整性、传统文化的保护与传承情况是其重要评价指标。就社会效益而言，其主要影响因子是文化传播与传承、民族团结和社会和谐、促进内外交流。因此，综合考虑各方面因素，新疆南疆地区古村落旅游开发适宜性评价模型如下：

$$Y = \sum_{i=1}^{n} W_i S_i \quad (i = 1, 2, 3, \cdots, n) \quad \text{（公式7）}$$

$Y$ 是新疆南疆地区某古村落的开发适宜性得分；$i$ 是指标序号；$n$ 为指标数，这里为48；$W_i$ 是第 $i$ 项评价指标的总权重；$S_i$ 是该古村落的第 $i$ 项指标的评分。

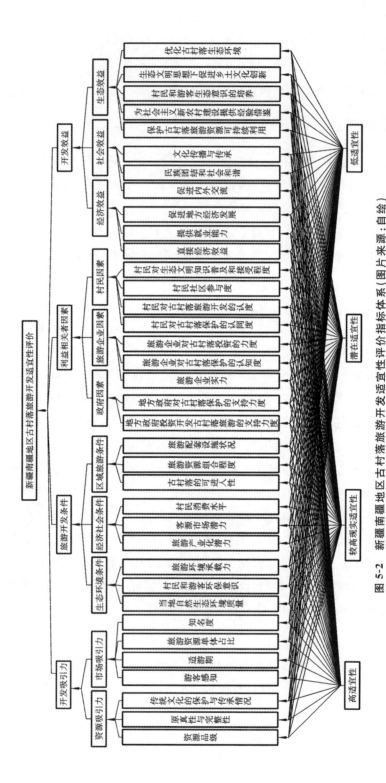

图 5-2 新疆南疆地区古村落旅游开发适宜性评价指标体系（图片来源：自绘）

# 第四节　新疆南疆地区古村落旅游开发适宜性评价及结果分析

## 一、指标权重的计算过程

基于以上原理与步骤，根据专家对各个指标的打分，该评价采用AHP软件(YAAHP 12.1)进行数据分析与处理。运用YAAHP 12.1确定权重的具体操作步骤如下。

(1)输入新疆南疆地区古村落旅游开发适宜性评价递阶层次结构模型，在YAAHP 12.1中构建新疆南疆地区旅游开发适宜性的评价指标体系。

(2)输入塔里木大学经济与管理学院、西域文化研究院和新疆南疆地区政府部门有关专家填写的问卷数据。在YAAHP 12.1矩阵模块中分别输入45位专家的问卷数据，并检验其数据的一致性，在输入的45位专家的数据中，有5位专家的打分无法通过一致性检验，剔除不合适样本，剩余40份有效问卷，回收问卷有效率为88.9%。

(3)计算各层指标权重。本课题研究借助YAAHP 12.1的"群决策"功能，对40位专家的数据进行权重平均分配，其权重计算方法选择方根法，最终得到的权重系数如表5-6所示。

表5-6　新疆南疆地区旅游开发适宜性评价指标权重系数表

| A目标层 | B系统层 | C指标层 | 分/总权重 | D因子层 | 分权重 | 总权重 |
|---|---|---|---|---|---|---|
| A 新疆南疆地区古村落旅游开发适宜性 | B$_1$ 开发吸引力 0.198 | C$_1$ 资源吸引力 | 0.667/0.132 | D$_1$ 资源品级 | 0.198 | 0.026 |
| | | | | D$_2$ 原真性与完整性 | 0.312 | 0.041 |
| | | | | D$_3$ 传统文化的保护与传承情况 | 0.490 | 0.065 |
| | | C$_2$ 市场吸引力 | 0.333/0.066 | D$_4$ 游客感知 | 0.378 | 0.025 |
| | | | | D$_5$ 适游期 | 0.302 | 0.020 |
| | | | | D$_6$ 旅游资源单体占比 | 0.182 | 0.012 |
| | | | | D$_7$ 知名度 | 0.138 | 0.009 |

续表

| A 目标层 | B 系统层 | C 指标层 | 分/总权重 | D 因子层 | 分权重 | 总权重 |
|---|---|---|---|---|---|---|
| A 新疆南疆地区古村落旅游开发适宜性 | $B_2$ 旅游开发条件 0.140 | $C_3$ 生态环境条件 | 0.490/0.068 | $D_8$ 当地自然生态环境质量 | 0.539 | 0.037 |
| | | | | $D_9$ 村民和游客环保意识 | 0.164 | 0.011 |
| | | | | $D_{10}$ 旅游环境承载力 | 0.297 | 0.020 |
| | | $C_4$ 经济社会条件 | 0.312/0.044 | $D_{11}$ 旅游产业化潜力 | 0.312 | 0.014 |
| | | | | $D_{12}$ 客源市场潜力 | 0.490 | 0.021 |
| | | | | $D_{13}$ 村民消费水平 | 0.198 | 0.009 |
| | | $C_5$ 区域旅游条件 | 0.198/0.028 | $D_{14}$ 古村落的可进入性 | 0.261 | 0.007 |
| | | | | $D_{15}$ 旅游资源组合程度 | 0.328 | 0.009 |
| | | | | $D_{16}$ 旅游配套设施状况 | 0.411 | 0.011 |
| | $B_3$ 利益相关者因素 0.275 | $C_6$ 政府因素 | 0.539/0.148 | $D_{17}$ 地方政府投资开发古村落旅游的支持力度 | 0.333 | 0.049 |
| | | | | $D_{18}$ 地方政府对古村落保护的支持力度 | 0.667 | 0.099 |
| | | $C_7$ 旅游企业因素 | 0.297/0.082 | $D_{19}$ 旅游企业实力 | 0.312 | 0.025 |
| | | | | $D_{20}$ 旅游企业对古村落保护的认知度 | 0.490 | 0.040 |
| | | | | $D_{21}$ 旅游企业对古村落旅游投资的力度 | 0.198 | 0.016 |
| | | $C_8$ 村民因素 | 0.164/0.045 | $D_{22}$ 村民对古村落保护的认同度 | 0.378 | 0.017 |
| | | | | $D_{23}$ 村民对古村落旅游开发的认同度 | 0.302 | 0.014 |
| | | | | $D_{24}$ 村民社区参与度 | 0.182 | 0.008 |
| | | | | $D_{25}$ 村民对生态文明知识普及和接受程度 | 0.138 | 0.006 |
| | $B_4$ 开发效益 0.387 | $C_9$ 经济效益 | 0.164/0.064 | $D_{26}$ 直接经济效益 | 0.589 | 0.037 |
| | | | | $D_{27}$ 提供就业能力 | 0.252 | 0.016 |
| | | | | $D_{28}$ 促进地方经济发展 | 0.159 | 0.010 |
| | | $C_{10}$ 社会效益 | 0.297/0.115 | $D_{29}$ 促进内外交流 | 0.164 | 0.019 |
| | | | | $D_{30}$ 民族团结和社会和谐 | 0.539 | 0.062 |
| | | | | $D_{31}$ 文化传播与传承 | 0.297 | 0.034 |

续表

| A 目标层 | B 系统层 | C 指标层 | 分/总权重 | D 因子层 | 分权重 | 总权重 |
|---|---|---|---|---|---|---|
| A 新疆南疆地区古村落旅游开发适宜性 | $B_4$ 开发效益 0.387 | $C_{11}$ 生态效益 | 0.539/0.209 | $D_{32}$ 保护古村落旅游资源可持续利用 | 0.136 | 0.028 |
| | | | | $D_{33}$ 为社会主义新农村建设提供经验借鉴 | 0.122 | 0.025 |
| | | | | $D_{34}$ 村民和游客生态意识的培养 | 0.141 | 0.029 |
| | | | | $D_{35}$ 生态文明思想下促进乡土文化创新 | 0.247 | 0.052 |
| | | | | $D_{36}$ 优化古村落生态环境 | 0.354 | 0.074 |

首先,从系统层来看,在开发吸引力中,资源吸引力权重为 0.667,相对于市场吸引力(0.333)而言,占据主要地位,可见在新疆南疆地区古村落旅游开发中,旅游资源更加重要。在旅游开发条件中,靠前的是生态环境条件(0.490)和经济社会条件(0.312),区域旅游条件(0.198)相对靠后,其主要原因是在全面贯彻党的十八大提出的"建设美丽中国"的战略部署和把生态文明建设纳入中国特色社会主义事业五位一体总布局的背景下,为落实习近平总书记提出的"让村民望得见山、看得见水、记得住乡愁"的指示精神,①生态环境条件在建设经济、政治、文化、社会和生态文明协调发展,打造宜居、宜业、宜游的可持续发展乡村中尤为重要;经济社会条件是开发古村落旅游的物质基础和前提条件;而区域旅游条件可以通过经济社会条件进行创造,相对而言,经济社会条件更为重要。在利益相关者因素中,政府是古村落保护和旅游开发的主导者和引导者,旅游企业和村落村民是古村落开发的参与者和主力军,故政府因素(0.539)权重较大。旅游企业因素(0.297)和村民因素(0.164)的比重说明二者对古村落的发展也有一定的影响。在开发效益中,可持续发展作为科学发展观的基本要求之一,也是生态文明的基本思想之一,故生态效益(0.539)占比较大;社会和谐和民族团结是人们生产生活的保障,相对经济效益(0.164)而言,社会效益(0.297)所占比重更大。

---

① 中央城镇化工作会议在北京举行. http://politics.cntv.cn/special/gwyvideo/changwanquan/2013/20130121401/index.shtml.

其次,从指标层来看,在资源吸引力中,由于新疆南疆地区古村落历史底蕴深厚,文化灿烂丰富,故传统文化的保护与传承情况(0.490)居于主要地位,其次是原真性与完整性(0.312)。在市场吸引力中,游客感知(0.378)和适游期(0.302)相对于旅游资源单体占比(0.182)和知名度(0.138)来说所占比重更大,因为游客对古村落旅游的满意度和喜爱程度影响其重游意愿和是否愿意向其周围人群推荐该古村落。就旅游资源单体占比与知名度的权重来看,新疆南疆地区古村落内的旅游资源相对较少,许多景色优美、建筑独特、艺术价值较高的古村落还不被游客所知。在生态环境条件中,当地自然生态环境质量(0.539)位居首位,其次是旅游环境承载力(0.297),在当今乡村振兴战略和建设美丽乡村的背景下,生态文明建设是古村落保护中的重中之重,而自然生态环境质量就是其中的重要一项。在经济社会条件中,相对于村民消费水平(0.198)而言,客源市场潜力(0.490)和旅游产业化潜力(0.312)较为重要,这是因为客源市场是古村落旅游开发获取经济社会效益的前提条件。在区域旅游条件中,旅游基础设施是古村落发展旅游业必不可少的物质基础,旅游资源组合程度直接影响古村落旅游开发的质量,故旅游配套设施状况(0.411)和旅游资源组合程度(0.328)占比较大。在政府因素中,地方政府对古村落保护的支持力度(0.667)要大于地方政府投资开发古村落旅游的支持力度(0.333),因为就古村落来说,保护是开发的前提,只有古村落得到很好的保护,才有可供旅游开发的古村落旅游资源。在旅游企业因素和村民因素中,旅游企业对古村落保护的认知度(0.490)和村民对古村落保护的认同度(0.378)分别占比最高,因为旅游企业和村民对古村落保护的认知对古村落是否能保持原真性、完整性以及旅游开发质量起重要作用,旅游企业实力(0.312)和村民对古村落旅游开发的认同度(0.302)占比相对较高。在经济效益中,由于古村落进行旅游开发前期要投入大量资金成本,故直接经济效益(0.589)居于首位,然后是提供就业能力(0.252)和促进地方经济发展(0.159)。在社会效益中,权重占比最大的是民族团结和社会和谐(0.539),然后是文化传播与传承(0.297)和促进内外交流(0.164),符合新疆社会稳定和长治久安的总目标。在生态效益中,优化古村落生态环境(0.354)和生态文明思想下促进乡土文化创新(0.247),这与新疆南疆地区坚持人与自然和谐共生,践行"绿水青山就是金山银山"的生态文明理念是一致的,然后是村民和游客生态意识的培养(0.141)、保护古村落资源可持续利用(0.136)以及为社会主义新农村建设提供经验借鉴(0.122)。

最后,从总体来看,在新疆南疆地区古村落旅游开发中,相对于开发吸引力(0.198)和旅游开发条件(0.140)而言,利益相关者因素(0.275)和开发效益(0.387)更为重要;进一步来说,从指标层对目标层的贡献来看,生态效益(0.209)、政府因素(0.148)、资源吸引力(0.132)和社会效益(0.115)占据较大的权重,这些影响因子具有相对稳定性,在新疆南疆地区古村落旅游开发适应性评价中要予以重点考虑。具体来看,指标的权重从大到小依次为:地方政府对古村落保护的支持力度(0.099)、优化古村落生态环境(0.074)、传统文化的保护与传承情况(0.065)、民族团结和社会和谐(0.062)、生态文明思想下促进乡土文化创新(0.052)、地方政府投资开发古村落旅游的支持力度(0.049)。这6个指标分别位于评价体系因子层权重前6位,是影响新疆南疆地区古村落旅游开发的核心要素,在后续研究中应引起重视。

## 二、评价结果分析

根据表5-6的新疆南疆地区古村落旅游开发适宜性评价指标体系及其由专家打分确定的权重,结合田野调查和专家评估的新疆南疆地区古村落关于资源吸引力、市场吸引力、生态环境条件、经济社会条件、区域旅游条件、政府因素、旅游企业因素、村民因素、经济效益、社会效益、生态效益方面的数据,将其代入构建的新疆南疆地区旅游开发适宜性评价模型,取得新疆南疆地区48个古村落的开发适宜性得分,分数见表5-7。

表5-7 新疆南疆地区古村落旅游开发适宜性评价得分表

| 村落名称 | 得分 | 村落名称 | 得分 |
| --- | --- | --- | --- |
| 库尔勒市哈拉玉宫乡哈拉玉宫村 | 65.68 | 塔什库尔干塔吉克自治县大同乡阿依克日克村 | 87.26 |
| 和静县巴音布鲁克镇巴西里克村 | 88.47 | 塔什库尔干塔吉克自治县塔什库尔干乡瓦尔希迭村 | 63.10 |
| 尉犁县兴平镇达西村 | 83.10 | 英吉沙县芒辛镇恰克日库依村 | 76.03 |
| 尉犁县墩阔坦乡阿吉托格拉克村 | 78.78 | 英吉沙县乌恰镇阔纳萨拉甫村 | 70.93 |
| 焉耆回族自治县七个星镇霍拉山村 | 76.01 | 英吉沙县芒辛镇喀拉巴什粮台村 | 66.09 |

续表

| 村落名称 | 得分 | 村落名称 | 得分 |
| --- | --- | --- | --- |
| 博湖县乌兰再格森乡乌图阿热勒村 | 63.96 | 英吉沙县芒辛镇喀拉巴兰干村 | 63.70 |
| 且末县库拉木勒克乡库拉木勒克村 | 47.97 | 麦盖提县央塔克乡跃进村 | 73.40 |
| 拜城县黑英山乡明布拉克村 | 46.46 | 麦盖提县库木库萨尔乡胡木丹买里村 | 81.78 |
| 拜城县铁热克镇苏干村 | 45.98 | 莎车县霍什拉甫乡阿尔塔什村 | 73.98 |
| 库车市伊西哈拉镇玉斯屯比加克村 | 61.29 | 叶城县伯西热克乡托万欧壤村 | 50.24 |
| 新和县依其艾日克镇加依村 | 82.21 | 泽普县亚斯墩国营林场长寿民俗文化村 | 76.88 |
| 沙雅县塔里木乡克里也特村 | 67.02 | 泽普县布依鲁克塔吉克族乡布依鲁克村 | 60.21 |
| 阿瓦提县拜什艾日克镇苏格其喀拉塔勒村 | 77.84 | 和田市吉亚乡艾德莱斯村 | 84.73 |
| 阿合奇县阿合奇镇科克乔库尔民俗文化村 | 74.82 | 和田市玉龙喀什镇达瓦巴扎村 | 74.07 |
| 阿合奇县苏木塔什乡阿克塔拉村 | 84.48 | 和田县喀什塔什乡喀让古塔格村 | 49.42 |
| 阿合奇县哈拉布拉克乡米尔凯奇村 | 50.55 | 和田县朗如乡排孜瓦提村 | 48.73 |
| 巴楚县多来提巴格乡塔格吾斯塘村 | 65.62 | 墨玉县普恰克其镇布达村 | 72.34 |
| 阿合奇县哈拉奇乡哈拉奇村 | 59.59 | 策勒县达玛沟乡乌喀里喀什村 | 58.90 |
| 阿合奇县色帕巴依乡阿果依村 | 60.45 | 于田县拉依苏良种场拉依苏村 | 48.83 |
| 阿图什市哈拉峻乡欧吐拉哈拉峻村 | 61.90 | 于田县达里雅布依乡达里雅布依村 | 72.62 |
| 阿克陶县布伦口乡恰克拉克村 | 83.49 | 于田县阿羌乡喀什塔什村 | 47.33 |
| 阿克陶县克孜勒陶乡艾杰克村 | 75.10 | 民丰县萨勒吾则克乡草原基地村 | 46.34 |
| 喀什噶尔古城 | 89.94 | 阿图什市阿扎克乡阿扎克村 | 58.54 |
| 疏附县吾库萨克镇托万克吾库萨克村 | 85.62 | 民丰县尼雅乡喀帕克阿斯干村 | 72.26 |

由表 5-7 可知,新疆南疆地区古村落旅游开发适宜性得分较高的古村落主要分布在喀什地区,其次是和田地区。喀什地区古村落整体水平较高,这跟喀什地区的社会经济情况密切相关。喀什地区自古以来就是丝路重地,如今又是"一带一路"的重要节点城市、"一带一路"核心区的核心,其经济实力在新疆城市中居于前列,为喀什地区古村落的保护与开发提供了坚实的物质基础;另外,喀什地区建制历史悠久,又是多民族聚居地区,中华传统文化丰富灿烂,1986 年被命名为中国历史文化名城,其古村落历史文化底蕴深厚。2010 年,中共中央、国务院同意批准喀什地区设立经济特区,这是中国内陆第一个经济特区。和田地区古村落在上述地区中数量位居第二,和田地区经济状况相对落后,对古村落进行保护与开发的经济基础相对缺乏。与其他地州相比,和田地区历史文化底蕴深厚,历史文化遗存丰富,古村落数量较多。克孜勒苏柯尔克孜自治州具有旅游开发潜力的古村落数量颇多,但是适宜性评价分值都不高,大都处于起步阶段。巴音郭楞蒙古自治州和阿克苏地区情况相似,拥有旅游开发潜力的古村落数量较多,但是同一地州之间的古村落适宜性水平的差异也比较大。

为了使新疆南疆地区古村落旅游开发适宜性评价结果更加直观,结合表 5-7 和新疆南疆地区古村落旅游开发适宜性得分在 70 分以上的古村落,将新疆南疆地区的古村落在空间上展示出来,具体见图 5-3。

新疆南疆地区古村落旅游开发适宜性得分范围在 45.98—89.94 分,分值在 70 分以上的为旅游开发适宜性优良的古村落,在此分析新疆南疆地区古村落旅游开发适宜性空间分布,有利于厘清新疆南疆地区古村落旅游的区域发展状况。由图 5-3 可知,旅游开发适宜性得分在 70 分以上的古村落有 24 处,其中 9 处位于喀什地区,分别是喀什噶尔古城(该村以南疆民俗风情和高台民居建筑著称)、塔什库尔干塔吉克自治县大同乡阿依克日克村(该村以"杏花古村"和塔吉克风情古村著称)、疏附县吾库萨克镇托万克吾库萨克村(该村以"新疆民族乐器村"著称)、麦盖提县库木库萨尔乡胡木丹买里村(该村以"刀郎画乡"著称)、泽普县亚斯墩国营林场长寿民俗文化村(该村以"长寿民俗文化"著称)、英吉沙县芒辛镇恰克日库依村(该村以"喀什土陶村"著称)、英吉沙县乌恰镇阔纳萨拉甫村(该村以"木雕工艺"著称)、莎车县霍什拉甫乡阿尔塔什村(该村以"昆仑第一村"著称)、麦盖提县央塔克乡跃进村(该村以"刀郎乡里"著称),可见喀什地区发展古村落具有比较明显的优势;5 处位于和田地区,分

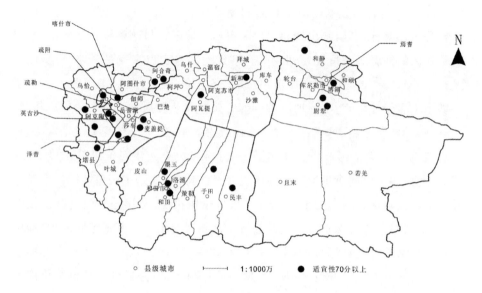

**图 5-3　新疆南疆地区古村落旅游开发适宜性得分在 70 分以上的空间分布图**
(图片来源:自绘)

别是和田市吉亚乡艾德莱斯村(该村以"艾德莱斯绸之乡"著称)、和田市玉龙喀什镇达瓦巴扎村(该村以"地毯之乡"著称)、墨玉县普恰克其镇布达村(该村以"桑皮纸之乡"著称)、民丰县尼雅乡喀帕克阿斯干村(该村以传统民居建筑著称)、于田县达里雅布依乡达里雅布依村(该村以"沙漠第一村"著称);克孜勒苏柯尔克孜自治州和巴音郭楞蒙古自治州各有 4 处,位于克孜勒苏柯尔克孜自治州的是阿合奇县苏木塔什乡阿克塔拉村(该村以"世界猎鹰文化之乡"著称)、阿克陶县布伦口乡恰克拉克村(该村以帕米尔高原塔吉克风情古村落著称)、阿合奇县阿合奇镇科克乔库尔民俗文化村(该村以"中国少数民族特色村寨"著称)、阿克陶县克孜勒陶乡艾杰克村(该村以柯尔克孜族传统民居和柯尔克孜文化著称);位于巴音郭楞蒙古自治州的是和静县巴音布鲁克镇巴西里克村(该村以"土尔扈特民俗文化村"著称)、尉犁县兴平镇达西村(该村以"达西民族风情园"著称)、尉犁县墩阔坦乡阿吉托格拉克村(该村以"罗布人之乡"著称)、焉耆回族自治县七个星镇霍拉山村(该村以"丝路古村"著称);阿克苏地区仅有 2 处,分别是新和县依其艾日克镇加依村(该村以"民族乐器村"著称)和阿瓦提县拜什艾日克镇苏格其喀拉塔勒村(该村以"刀郎文化"著称)。

值得注意的是,对新疆南疆地区古村落适宜性进行分析可知,适宜性分数高的古村落主要分布在天山南麓自东向西由库尔勒到喀什一带、昆仑山北麓自西向东由喀什到和田、民丰一带(即塔里木盆地北缘、西缘、南缘),而新疆南疆东部地区(即塔里木盆地东缘,也就是若羌、且末地区)古村落分布极少,甚至没有古村落分布,这与若羌、且末地区地处沙漠地带,并且地广人稀、生态环境较脆弱、人类活动较少、经济发展相对落后等自然生态环境方面和经济社会发展方面的影响因素有着莫大的联系。

## 三、聚类分析及结果讨论

为使新疆南疆地区不同地区、不同类型以及旅游开发适宜性不同得分的古村落能够得到有针对性的保护和开发,该部分根据古村落在资源吸引力、市场吸引力、生态环境条件、经济社会条件、区域旅游条件、政府因素、旅游企业因素、村民因素、经济效益、社会效益、生态效益的得分,在 SPSS 20.0 中对其进行 K-mean 聚类分析,综合分析确定每类古村落的不同特征,提出相对应的古村落保护与开发的建议对策。结果如表 5-8 所示。

表 5-8　新疆南疆地区古村落旅游开发适宜性评价聚类结果统计分析表

| 种类 | 第一类 | 第二类 | 第三类 | 第四类 |
| --- | --- | --- | --- | --- |
| 适宜性平均分 | 85.11 | 74.65 | 62.58 | 48.19 |
| 资源吸引力 | 11.27(高) | 10.06(一般) | 8.22(低) | 6.49(低) |
| 市场吸引力 | 5.67(高) | 5.00(高) | 4.10(一般) | 3.23(低) |
| 生态环境条件 | 5.90(高) | 5.10(高) | 4.22(一般) | 3.35(低) |
| 经济社会条件 | 3.74(高) | 3.18(低) | 2.69(一般) | 2.11(低) |
| 区域旅游条件 | 2.34(高) | 2.02(高) | 1.73(一般) | 1.30(低) |
| 政府因素 | 12.67(高) | 11.12(一般) | 9.30(低) | 7.07(低) |
| 旅游企业因素 | 6.83(高) | 5.86(一般) | 5.03(一般) | 3.75(低) |
| 村民因素 | 3.84(高) | 3.34(高) | 2.87(一般) | 2.15(低) |
| 经济效益 | 5.33(高) | 4.69(一般) | 3.93(低) | 2.98(低) |
| 社会效益 | 9.70(高) | 8.57(一般) | 7.19(低) | 5.50(低) |
| 生态效益 | 17.81(高) | 15.70(一般) | 13.30(低) | 10.27(低) |
| 个数 | 10 | 14 | 14 | 10 |

根据新疆南疆地区古村落旅游开发适宜性评价得分的聚类分析结果在各评价指标层方面的情况,第一类古村落各项因子都处于高水平状态,尤其在资源吸引力、政府因素、社会效益和生态效益方面的优势表现明显,属于高适宜

性古村落。第二类古村落经济社会条件得分较低,资源吸引力、政府因素、旅游企业因素、社会效益和生态效益一般,但生态环境条件和区域旅游条件好,客源市场潜力巨大,村民对古村落保护和旅游开发认同度较高,可归属为较高适宜性古村落。第三类古村落数量较多,生态环境条件、经济社会条件和区域旅游条件一般,村民对古村落保护和旅游开发的认同度和参与度不高,其他因素偏低,说明古村落的生态环境条件和基础设施情况尚未达到古村落旅游开发的标准水平,客源市场潜力规模还不够大,市场还不够稳定。当该地区经济水平得到改善和提高时,这种情况将会大大改变,该类古村落可归属为潜在适宜性古村落。第四类古村落各项评价指标均属于低水平,与第一类古村落各项评价指标相比差距甚大,该类古村落目前的首要工作是对古村落予以保护,以免其自然消亡或因人为因素导致其消失,故该类古村落可以划分为低适宜性古村落。

为使新疆南疆地区古村落旅游开发适宜性评价的聚类结果在各评价子系统方面的情况在空间上更加直观,课题组研究适宜性得分对应的相关古村落,并绘制新疆南疆地区古村落旅游开发适宜性四级空间分布图(见图5-4),得出如下结论:从新疆南疆地区古村落旅游开发适宜性得分的整体布局来看,喀什地区和克孜勒苏柯尔克孜自治州这一块的古村落相对聚集,其他各地州相对分散,整体呈自西向东开口的"弦月形"分布;从古村落的数量上来看,呈现出西多东少,南北相对均衡的格局,这与喀什地区的经济社会、历史文化等相关;克孜勒苏柯尔克孜自治州则是新疆南疆地区古村落旅游开发相对较早、做得较好的地方,例如,克孜勒苏柯尔克孜自治州和北京中坤投资集团合作开发的阿合奇镇的科克乔库尔民俗文化村就发展较好。

第一类古村落对应的是高适宜性古村落,主要有和静县巴音布鲁克镇巴西里克村、尉犁县兴平镇达西村、新和县依其艾日克镇加依村、阿合奇县苏木塔什乡阿克塔拉村、阿克陶县布伦口乡恰克拉克村、喀什噶尔古城、疏附县吾库萨克镇托万克吾库萨克村、塔什库尔干塔吉克自治县大同乡阿依克日克村、麦盖提县库木库萨尔乡胡木丹买里村、和田市吉亚乡艾德莱斯村10个古村落,主要分布在喀什地区。喀什地区三面环山,东面面朝塔里木盆地,由西南方向向东北方向倾斜。境内有五条大河、八条小河,属于温带大陆性干旱气候。总的特点是四季分明,夏长冬短。由于地形较为复杂,气候差异较大,有昆仑山、帕米尔高原、沙漠荒漠、山地丘陵和平原五个气候区,由此能看出自然

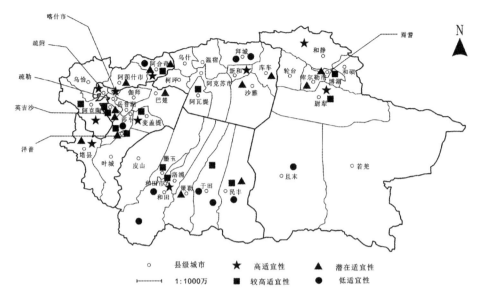

**图 5-4 新疆南疆地区古村落旅游开发适宜性四级空间分布（图片来源：自绘）**

生态环境非常复杂。早在 2000 多年前，这里就是丝绸之路中国段内南、北两道在西端的交会点，古称为疏勒，拥有丰富的文化底蕴，是中国同西方经济、文化交流的交通枢纽，形成了许多古村落。村落中各文化秉承中华文化崇仁爱、重民本、守诚信、讲辩证、尚和合、求大同的思想；村民们尊重自然、爱护自然、崇尚自然的生活理念，体现出人与自然、人与社会、人与人和谐相处的生态文明价值取向，因此这部分古村落是高适宜性古村落，合理进行旅游开发后能够优化古村落的生态环境，增强村民的生态意识，促进乡土文化的创新，进而保护古村落旅游资源的可持续利用，达到较好的生态效益。这类古村落旅游开发适宜性整体得分都很高，尤其在资源吸引力（11.27）、政府因素（12.67）、社会效益（9.70）和生态效益（17.81）等方面独占鳌头，说明此类古村落旅游资源优质，政府对其的保护和开发意识强，经济发展相对较好，其中尤以喀什噶尔古城为突出代表，这类古村落在以后的发展中会继续呈快速上升趋势。

第二类古村落对应的是较高适宜性古村落，主要有尉犁县墩阔坦乡阿吉托格拉克村、博湖县乌兰再格森乡乌图阿热勒村、阿瓦提县拜什艾日克镇苏格其喀拉塔勒村、阿合奇县阿合奇镇科克乔库尔民俗文化村、阿克陶县克孜勒陶乡艾杰克村、英吉沙县芒辛镇恰克日库依村、英吉沙县乌恰镇阔纳萨拉甫村、麦盖提县央塔克乡跃进村、莎车县霍什拉甫乡阿尔塔什村、泽普县亚斯墩国营林场长寿民俗文化村、和田市玉龙喀什镇达瓦巴扎村、墨玉县普恰克其镇布达村、于田县达里雅布依乡达里雅布依村、民丰县尼雅乡喀帕克阿斯干村14个古村落。其中有2个古村落即克孜勒苏柯尔克孜自治州阿克陶县克孜勒陶乡艾杰克村和和田地区民丰县尼雅乡喀帕克阿斯干村分别被列入中国第二批古村落名录和第三批古村落名录,也是截至目前新疆南疆地区仅入选的两个古村落。新疆南疆地区地处塔克拉玛干沙漠这一中国最大沙漠的边缘,是世界干旱中心之一,也是中国干旱区的主体。但新疆南疆地区保存下来的有一定规模的古建筑群,是包含民间风俗、传统艺术、历史文化,富有科学探讨、视觉审美、远足游历等多重价值的古村落。这些村落地理位置相对偏远,交通不便,经济发展不均衡,而它们又是保留了相对鲜明的地域文化特征的地区,其长期积累下来的空间格局及形态,都是中华文化的一部分。通过聚类分析,从经济社会条件(3.18)、区域旅游条件(2.02)、村民因素(3.34)的得分可知,这类古村落并不具有很高的旅游开发适宜性,只能进行适度开发。

第三类古村落对应的是潜在适宜性古村落,主要有库尔勒市哈拉玉宫乡哈拉玉宫村、焉耆回族自治县七个星镇霍拉山村、库车市伊西哈拉镇玉斯屯比加克村、沙雅县塔里木乡克里也特村、巴楚县多来提巴格乡塔格吾斯塘村、阿合奇县哈拉奇乡哈拉奇村、阿合奇县色帕巴依乡阿果依村、阿图什市哈拉峻乡欧吐拉哈拉峻村、塔什库尔干塔吉克自治县塔什库尔干乡瓦尔希迭村、英吉沙县芒辛镇喀拉巴什粮台村、英吉沙县芒辛镇喀拉巴兰干村、泽普县布依鲁克塔吉克族乡布依鲁克村、策勒县达玛沟乡乌喀里喀什村、阿图什市阿扎克乡阿扎克村14个古村落,这类古村落各项因子的得分都不高。这类古村落资源价值较高,类型多样,有较高的吸引力,政府也对发展古村落旅游较支持,并且希望通过发展古村落旅游,达到较好的生态效益。但是这类古村落由于交通相对不发达、比较封闭等,经济发展相对落后。通过聚类分析,从经济社会条件(2.69)、区域旅游条件(1.73)、经济效益(3.93)的得分可知,这类古村落可以在条件成熟的时候进行旅游开发。

第四类古村落对应的是低适宜性古村落,主要有且末县库拉木勒克乡库拉木勒克村、拜城县黑英山乡明布拉克村、拜城县铁热克镇苏干村、阿合奇县哈拉布拉克乡米尔凯奇村、叶城县伯西热克乡托万欧壤村、和田县喀什塔什乡喀让古塔格村、和田县朗如乡排孜瓦提村、于田县拉依苏良种场拉依苏村、于田县阿羌乡喀什塔什村、民丰县萨勒吾则克乡草原基地村10个古村落。对该类古村落的旅游开发应该有一个严格的计划,村民应要有较高的生态文明意识,当地也要有一定的经济能力。从聚类分析中区域旅游条件(1.30),村民因素(2.15),经济社会条件(2.11)的得分可知,该类古村落各项指标都处于偏低水平,与高适宜性和较高适宜性古村落存在较大差距,目前不应进行古村落旅游开发,而应对其进行保护,以免遭到进一步破坏。

## 第五节 小 结

基于对上述新疆南疆地区古村落资源价值评价得分60分以上的48个优良级古村落进行研究,该部分古村落从时间上来看,年代久远、历史文化源远流长、古村落原真性和完整性保护较好;从空间上来看,古村落布局错落有致、与周围生态环境协调良好。因此,在科学技术、社会因素、国家政策、相关利益主体等方面进行旅游开发适宜性评价的可行性论证下,从古村落旅游开发吸引力、古村落旅游开发条件、利益相关者因素和开发效益四个方面构建模型进行数据分析并建立适宜性的量化评价体系,采用AHP软件(YAAHP 12.1)分析得出48个新疆南疆地区品质优良的古村落适宜性得分范围在45.98—89.94分,其中分值在70分以上的旅游开发适宜性较高的古村落有24个;9处位于喀什地区,5处位于和田地区,2处位于阿克苏地区,克孜勒苏柯尔克孜自治州和巴音郭楞蒙古自治州各有4处。

该部分根据古村落旅游开发适宜性评价体系指标层中资源吸引力、市场吸引力、生态环境条件、经济社会条件、区域旅游条件、政府因素、旅游企业因素、村民因素、经济效益、社会效益、生态效益的得分,在SPSS 20.0中对其进行K-mean聚类分析,将其分为4类:高适宜性古村落,较高适宜性古村落,潜在适宜性古村落,低适宜性古村落。由此对不同类型古村落之间以及同一类型古村落内部旅游开发适宜性特征进行比较分析,探讨不同类型古村落旅游开发适宜性的区别、同一类型不同区域古村落各自存在的优劣势等问题。

# 第六章
## 新疆南疆地区古村落发展模式与旅游开发对策建议

新疆南疆地区古村落旅游资源具有极大的旅游吸引力和独一无二的魅力,在国内古村落已取得的实践成效的基础上,结合不断创新推进城乡生态化建设的思路及生态文明建设的新要求,通过旅游开发适宜性评价,提出新疆南疆地区古村落发展模式,能够使其避免濒临消亡,得以更好地挖掘、保存、发展和传承。将适合进行旅游开发的古村落进行开发,不仅能在一定程度上改变其经济结构,增加当地政府的财政收入,改善村民的生活环境;也能为古村落村民提供大量的就业机会,增加村民的收入。从社会效应来看,能够带动交通业、通信业、建筑业、文化服务业等行业的发展,刺激和拉动古村落当地以及周边地区经济的发展。

## 第一节 国内古村落保护与开发模式经验借鉴

根据新疆南疆地区古村落旅游开发适宜性评价结论来看,古村落的发展主要有保护和开发两种形式。国内对于古村落保护有以下几种模式(见表6-1):一是"古村落建档"模式,通过这种方式便于统计古村落的数量、特色及蕴含的传统文化,例如国家住房和城乡建设部就相继建立了七批中国历史文化名镇名村和五批中国传统村落名录。二是"露天博物馆"模式(也有称民间博物馆模式),例如,山西的王家大院、常家庄园和乔家大院就是将破败的古村落改造成古村落博物馆,使其成为传播古村落优秀传统文化的重要物质载体。三是"古村落保护区"模式,对古村落群的传统建筑、文化习俗等进行多样性、多层次、多角度的保护,江西婺源就是一个成功的范例。四是"分区建设"模式,采用古村落和新村镇相互辉映的方式。国外的巴黎和罗马就是将新城和老城分开,国内的丽江和大理采取的也是分区建设模式。五是"原生态栖居"模式,就是保留古村落原生态的生产生活方式,让古村落活起来,让传统文化活起来。这类模式在江浙一带居多,其中最典型的就是浙江嘉兴西塘的古村落。

表6-1 国内古村落主要保护模式

| 保护模式 | 主要特点 | 代表区域 |
| --- | --- | --- |
| 古村落建档模式 | 方便人们了解国内古村落情况,是最基础的保护模式 | 全国 |
| 露天博物馆模式 | 将破败古村落的民居建筑等物质和非物质文化遗产重新收集起来,建成民间博物馆,让古村落文化得以重现 | 山西王家大院、常家庄园、乔家大院 |
| 古村落保护区模式 | 建立古村落核心保护区,以古村落保护群的方式对古村落进行全方位、多角度、立体化的保护 | 江西婺源 |
| 分区建设模式 | 古村落和新村镇进行分区建设,古村落保留原始风貌,新村镇展现现代化风采,古村落和新村镇交相辉映 | 丽江、大理 |
| 原生态栖居模式 | 保留古村落原生态的生产生活方式,人们仍在古老的、人文的和诗意的环境中生活,让古村落活起来 | 浙江西塘、江苏一带 |

来源:根据相关资料整理所得。

古村落发展旅游业是促进古村落开发和发展的一种方式。通过发展古村落旅游可以让人们更深地了解古村落的历史文化价值与内涵,激发古村落原住民自觉主动保护古村落的积极性,并参与到古村落的保护和开发中。根据古村落旅游开发模式不同的分类体系,国内关于古村落旅游开发主要有以下几种模式(见表6-2):一是按古村落旅游开发经营主体来分类,有政府投资开发模式、企业租赁经营开发模式、村民自主开发模式、个人承包经营开发模式、综合开发模式五种。二是按古村落旅游产品形式来分类,可分为观光旅游开发模式、康体旅游开发模式、修学旅游开发模式、生态旅游开发模式(含生态博物馆开发模式)、休闲度假旅游开发模式、文化体验旅游开发模式六种。三是按古村落聚落空间作用来分类，有以大中城市为依托的开发模式、以风景名胜区为依托的开发模式、以品牌旅游线路为依托的开发模式三种。四是按古村落旅游区域发展代表来分类，可分为地中海小镇开发模式、社区参与开发模式、古堡群开发模式、企业运作开发模式、修旧如故开发模式五种。

表 6-2　国内古村落主要旅游开发模式

| 分类标准 | 开发模式 | 开发要点及代表区域 |
| --- | --- | --- |
| 按古村落旅游开发经营主体来分类 | 政府投资开发模式 | 政府主导规划和进行开发，如西部地区 |
| | 企业租赁经营开发模式 | 政府监督，企业经营无所有权，如宏村 |
| | 村民自主开发模式 | 管理开发以资源为本，公司经营，如西递 |
| | 个人承包经营开发模式 | 经营权与所有权分离，开发区规模小 |
| | 综合开发模式 | 开发地风景美，古迹多，民族风情多元 |
| 按古村落旅游产品形式来分类 | 观光旅游开发模式 | 村落原貌复现，田园建设，大众性 |
| | 康体旅游开发模式 | 集休闲、娱乐、养疗、健身于一体 |
| | 修学旅游开发模式 | 历史文化、艺术、建筑、科考、写生等 |
| | 生态旅游开发模式 | 生态博物馆建设，如贵州、广西、云南等地的开发模式 |
| | 休闲度假旅游开发模式 | 文体娱乐性较高，可操作性强 |
| | 文化体验旅游开发模式 | 地方民俗体验项目，如杭州宋城 |
| 按古村落聚落空间作用来分类 | 以大中城市为依托的开发模式 | 环城市乡村旅游观光带，如上海朱家角 |
| | 以风景名胜区为依托的开发模式 | 资源优势互补，客源共享，如黄山、南屏 |
| | 以品牌旅游线路为依托的开发模式 | 交通便利及旅游网络链接，如江西吉安 |
| 按古村落旅游区域发展代表来分类 | 地中海小镇开发模式 | 开展特色生态旅游商业，如波西塔诺 |
| | 社区参与开发模式 | 村民参与发展古村落旅游，如日本 |
| | 古堡群开发模式 | 古城堡等文化遗产为吸引力，如法国 |
| | 企业运作开发模式 | 管理集中制，国际旅游节，如江苏周庄 |
| | 修旧如故开发模式 | 合理改造，复旧景观，如杭州乌镇 |

来源：根据相关资料整理所得。

结合新疆南疆地区古村落旅游开发适宜性评价结果和新疆南疆地区古村落旅游开发实际情况，本节在此主要论述"生态博物馆""露天博物馆""古村落保护区"三种模式。

## 一、"生态博物馆"模式

生态博物馆(eco-museum)是一种以特定区域为单位、没有围墙的"活体博物馆"。[①] 它强调保护、保存、展示自然和文化遗产的真实性、完整性和原生性,以及人与遗产的活态关系,产生于20世纪70年代的法国,它是一种全新的博物馆理念和形式。生态博物馆一词来源于法语"écomùsée",前缀"eco"源于"ecology",其并非简单指现代的生态学学科概念,而是具有更为宏观的意思,即是把文化遗产和其周围的自然生态环境和人文社会环境看作一个有机的生态整体来保护。世界上第一座生态博物馆——法国克勒索—蒙西生态博物馆由雨果•德•瓦兰于1971—1974年建立,之后全世界建立了400余座生态博物馆,分别分布在西欧的法国、意大利、西班牙,北美的加拿大、墨西哥,南美的巴西和中国的贵州、云南、内蒙古等地。[②]

关于生态博物馆的理念,引入到中国的时间是20世纪80年代中期。1997年,中国政府和挪威政府共同合作在贵州省建立了生态博物馆,在两国相关专家的共同指导和参与下,在两年多的时间里建成了以贵州梭嘎生态博物馆为主要代表的4座生态博物馆,这是中国生态博物馆的第一代。2003年,广西学习贵州的生态博物馆模式,在广西范围内建成了10座"民族村寨型"的生态博物馆,这是中国生态博物馆的第二代。2003年之后逐步扩展到云南、内蒙古等地并取得了迅速的发展,在21世纪的第一个十年达到了巅峰。

中国前两代生态博物馆主要注重文化的整体保护,生态博物馆真正带动当地旅游业的发展是从第三代生态博物馆开始的。2005年,云南省西双版纳布朗族生态博物馆最大的转变是成功地把管理权移交到了村民手中。贵州省地扪侗族人文生态博物馆由贵州当地的企业带头,通过建立合作社的方式帮助村民发展古村落,这样不仅让村民从中真正受益,还能够以馆养馆,实现了当地生态博物馆的自主经营,促进了当地旅游业的发展。第四代中国生态博物馆逐步从农村的古村落走向城市的历史街区,呈现出多维度发展的趋势。这个时期代表性的生态博物馆有北京干面胡同生态博物馆、沈阳铁西老工业基地展览馆、云南民族文化生态村、福州三坊七巷社区博物馆、浙江舟山市东沙的中国海洋渔业博物馆等。中国具有代表性的生态博物馆如表6-3所示。

---

① 朱烨.白裤瑶生态博物馆视觉识别设计研究[D].桂林:广西师范大学,2017.
② 钟经纬.中国民族地区生态博物馆研究[D].上海:复旦大学,2008.

表 6-3 中国具有代表性的生态博物馆

| 名称 | 博物馆名称 | 地区 |
| --- | --- | --- |
| 中国第一代生态博物馆 | 梭戛苗族生态博物馆、镇山布依族生态博物馆、隆里古城生态博物馆、堂安侗族生态博物馆 | 贵州 |
| 中国第二代生态博物馆 | 南丹白裤瑶生态博物馆、三江侗族生态博物馆、靖西旧州壮族生态博物馆、贺州客家生态博物馆、长岗岭商道古村生态博物馆、融水安太苗族生态博物馆、那坡黑衣壮生态博物馆、金秀坳瑶生态博物馆、龙胜龙脊壮族生态博物馆、东兴京族生态博物馆 | 广西 |
| 中国第三代生态博物馆 | 内蒙古达茂旗敖伦苏木蒙古族生态博物馆、云南西双版纳布朗族生态博物馆、贵州地扪侗族人文生态博物馆 | 内蒙古、云南、贵州 |
| 中国第四代生态博物馆 | 浙江松阳传统村落生态博物馆、北京干面胡同生态博物馆、辽宁沈阳铁西老工业基地展览馆、云南民族文化生态村、福建福州三坊七巷社区博物馆、浙江舟山市东沙的中国海洋渔业博物馆、浙江温州市泽雅传统造纸生态博物馆等 | 北京、辽宁、云南、福建、浙江 |

来源:根据相关资料整理所得。

新疆古村落生态博物馆目前停留在研究阶段,早在 2005 年就有学者对其开始探索。刘旭玲(2005)运用生态博物馆的理念,从开发定位、开发思路以及经营模式的选择对喀纳斯禾木图瓦村生态博物馆提出了开发构想;王欢(2006)从寻求新疆图瓦人的原始生态文化保护与旅游发展矛盾的平衡点的角度,提出了构建新疆图瓦人生态博物馆的相关举措,但新疆在构建古村落生态博物馆方面的实践进展相对缓慢。

如今,我国各地生态博物馆经历了 30 多年的实践与探索,先后于少数民族的聚居地区及我国东部相对发达地区的古村落、古城镇、工业遗址地和城市历史街区等地建成了 50 余座生态博物馆。这些生态博物馆不仅促进了当地生态文化的保护,还推动了当地旅游业的发展,尤其是人文生态旅游与自然生态旅游的蓬勃兴起,促进了当地经济的发展,效果十分明显,同时也给新疆南疆地区古村落的发展带来一些经验和启示。

## 二、"露天博物馆"模式

所谓露天博物馆,是指收藏和展示传统民居建筑、历史文化遗产生产生活方式的一种博物馆。其是一种宝贵的历史财富,也是祖祖辈辈的人文见证者。它最早出现于世界工业革命快速发展的时代。当人们的人居生态环境和生产生活方式发生巨大变化,城市化进程加速,乡村在不断地进行翻新时,那些古老的历史建筑被无情地抛弃,民居建筑更是首当其冲被破坏。有历史文化眼光的人们开始搜集这些即将灭亡的老屋建筑,把它们辟地重建,并进行集中保护,于是将它们称为"露天博物馆"。

世界上最早的露天博物馆是建于1891年瑞典斯德哥尔摩的吉尔卡登岛的斯坎森露天博物馆。① 当时瑞典有近百座从全国各地迁移来的古代民居,它们被错落有致地陈列在瑞典斯德哥尔摩的吉尔卡登岛的一片草木繁茂的坡地上。如今看来,就像一个古老的小村镇,房舍、教堂、粮库、商店、手工作坊、水磨房、马厩、猪圈,各式各样的生产生活用具应有尽有;各个陈列室内还存放着原来特有的生活用品,充满了那个时代的生活气息。经过100多年的发展,这里所有的森林树木都成了百年古木,深郁的时光里也有了悠久的历史气息。在露天博物馆的一些古建筑里还陈列了古代手工技艺的活态演示,如制陶技艺、织布技艺、木雕技艺等,以展示其祖祖辈辈的生活形态。此种露天博物馆的产生,唤起了人们保护古村落传统民居建筑的文化自觉。多年之后,丹麦人在丹麦北部的奥胡斯地区、荷兰人在阿纳姆地区的郊区也都陆续建成了展示自己祖先生产生活方式与生活场景的露天博物馆。② 目前,露天博物馆在世界上各个国家逐步发展起来,从欧洲、美洲到日本、韩国,从泰国曼谷的老屋露天博物馆到俄罗斯苏兹达里小镇的木屋露天博物馆,此种露天博物馆的最大意义就是将保存最困难的世界人类文化遗产——传统民居建筑、历史文化遗产及其生产生活的细节保存了下来。

21世纪以来,露天博物馆在我国建成和发展起来。最具代表性的是山西晋中市灵石县静升镇的王家大院和晋中市榆次区东阳镇车辋村的常家庄园。其通过利用已经破败的古代庄园为构架,将周边地区散落各地的传统历史民居迁入,集中地整体地进行保护。还有由私人出资兴建的陕西西安市关中民俗艺术博物馆和安徽蚌埠市的古民居博览园等,都是将散落四地、无人问津甚至危如朝露的传统历史民居收集起来,进行易地重建,并且精心修缮,从而达

---

① 金露.探寻生态博物馆之根——论生态博物馆的产生、发展和在中国的实践[J].生态经济,2012(9).
② 苏东海.国际生态博物馆运动述略及中国的实践[J].中国博物馆,2001(2).

到了很好的保护和开发效果,同时也能使人们欣赏当地的传统文化和认识历史。诚然,进行易地重建必须要有原则,就像文物保护的"落架重修"一样,必须坚持传统历史的原真性。当然,能在原地重建保持其原真性更好,因为传统历史民居建筑只有在其原地才最有价值。但一些无法在原地保存的传统历史建筑,也不能让它们"坐以待毙",可以采用露天博物馆的保护方式来进行集中保护,同时加以利用。露天博物馆有很高的旅游开发价值,但不能只为旅游开发效益而滥加"改造",主要目的还是应以保护为主。

## 三、"古村落保护区"模式

所谓古村落保护区,是将一定区域内形态相同、历史文化相关的一些古村落(也称古村落群)进行整体的保护。由于它们形态相同、文化相关,如一个"家园"式的历史文化群落,通常也被称为"古村落群"。非群落的古村落可采用古村落单体保护方式,而"古村落群"则可以采取古村落保护区的方式进行保护。

在一些地域范围内,往往相近的古村落在建立和发展的过程中有着千丝万缕的关系。① 在相近的历史背景、自然地理、环境变迁、种族群落演化的进程中"分分合合";在相同的气候水文条件、自然生态环境、民族风俗背景和生产生活方式中,有着类似的传统文化习俗。对待这样的"古村落群",若采取单一化、个体化的保护则会割断古村落之间的历史文化脉络,使这些古村落的人文历史变得孤立而稀薄。反之,把这些相近又相联系的大小不同的古村落当作一个整体来对待,则有利于古村落人文历史的相互支撑,有利于古村落乡愁记忆的传承和古村落传统生命力的延续。我国的非物质文化遗产保护就确立了一部分"文化生态保护区",取得了良好的效果,避免了单一化的"名录保护"把非物质文化遗产和其深厚的历史文化土壤分离开来的问题。可以想象的是,假设我们一刀切地把所有的古村落都孤立地、封闭式地"保护"起来,时间一长就会不可避免地走向标本化和景点化。

近些年,江西婺源地区的古村落群,浙江松阳地区的古村落群和贵州黔东南的苗寨古村落、侗寨古村落等都是通过"古村落群"这种古村落保护区的方式对古村落的历史文化、民居建筑和非物质文化遗产等进行了有效的保护,成

---

① 冯骥才.传统村落保护的两种新方式[J].决策探索(下半月),2015(8).

效十分显著,它们是中国古村落保护的成功典范。

# 第二节　基于生态文明理念发展新疆南疆地区古村落的指导思想

根据新疆南疆地区古村落旅游开发适宜性评价结果可知,新疆南疆地区古村落旅游开发适宜性分为四种情况:高适宜性、较高适宜性、潜在适宜性、低适宜性。这四种类型的古村落中,前两类古村落适宜进行旅游开发,后两类古村落则尚未具备旅游开发条件,更多的应是予以保护,可以在条件进一步成熟时适时进行开发。不论是对古村落进行旅游开发还是保护,这都是古村落发展的一种形式,都应有其发展规划的指导思想。结合新疆南疆地区古村落实际情况,提出新疆南疆地区古村落发展规划的总体指导思想:深入贯彻落实习近平新时代中国特色社会主义思想,坚持政府引导、村民主体、以人为本、因地制宜的原则,统筹推进新疆南疆地区古村落生产、生活、生态和谐发展;加强新疆南疆地区古村落保护开发立法,为古村落发展提供法制保障;深挖新疆南疆地区古村落生态文化内涵,大力弘扬中华优秀传统文化;在保护的前提下科学合理规划新疆南疆地区古村落开发,提升古村落生态环境承载力;加强新疆南疆地区古村落生态文明教育,提高人民生态文明思想意识;构建人与自然和谐共生的新疆南疆地区古村落发展新格局,推动天蓝、地绿、水清的美丽新疆建设。

## 一、立法为先——为古村落发展提供法制保障

首先,就目前而言,我国的物质文化遗产的法律保障有《中华人民共和国文物保护法》,非物质文化遗产法律保障有《中华人民共和国非物质文化遗产法》,而古村落是物质文化遗产和非物质文化遗产的综合体,目前没有一部能够全面涵盖和完全适应古村落保护的法律,因此需要从立法层面为古村落构建科学的法律保障体系,从法制层面上确保让人们"看得到乡愁,摸得到乡愁,记得住乡愁"。2018年5月在北京召开了全国生态环境保护大会,大会提出了在当前应该如何建设生态文明,并且为生态领域解决相关问题制定了最高准则。习近平总书记在大会上讲话时指出:"用最严格制度最严密法治保护生态环境,加快制度创新,强化制度执行,让制度成为刚性的约束和不可触碰的高

压线。"保护生态环境必须依靠制度,依靠法治,依靠产权清晰、多元参与、激励约束并重、系统完整的生态文明制度体系。

其次,古村落是自然环境和人文环境组合而成的综合体,古村落所具有的文化价值不仅仅表现在古村落的固态民居建筑上,更体现于古村落原住民的传统风俗习惯、生产生活方式、社会道德观念和价值取向等物质文化与非物质文化的"活态"中。而现有的《中华人民共和国文物保护法》和《中华人民共和国土地管理法》还不能将所有古村落及古村落周边的自然生态环境和人文环境纳入保护体系。

再次,需要对古村落的民居建筑、民俗文化、古村落保护与旅游开发等相关部分的管理进行责任界定和责任分工,指导古村落开发所得的利益分配,并且对具有高价值的古代民居建筑或古代民居构成要素的保护做出明确规定。

最后,贯彻落实古村落长期保护责任人制度。进入古村落保护名录的古村落,不能以拿到相关荣誉称号和古村落专项资金为最终目的。国家应制定出一部能适用于古村落保护及开发的法律法规,同时设立专门的古村落保护及开发的监督监察机构。新疆南疆地区古村落历史文化资源丰富,拥有丰厚的历史人文底蕴,在古村落保护和开发利用的过程中,如有相关法律法规的政策扶持,则能够更好地对新疆南疆地区古村落进行有效和长久的保护。

## 二、文化为魂——弘扬和传承古村落传统文化

新疆自古以来就是多民族聚居地区,是中华文明向西开放的门户,是东西方文明交流传播的重地。这里多元文化荟萃,多种文化并存,中原文化和西域文化长期交流交融,既推动了新疆各文化的发展,也促进了多元一体的中华文化发展,因此在时间的积淀下与周边的自然要素巧妙融合,形成了众多体现中华文化印记的村落。尤其在新疆南疆地区的村落中,我们能清晰地看到新疆各文化秉承中华文化崇仁爱、重民本、守诚信、讲辩证、尚和合、求大同的思想,由此能够看出中华文化始终是新疆各民族的情感依托、心灵归宿和精神家园,也是新疆各文化发展的动力源泉。

在对新疆南疆地区古村落进行旅游开发的过程中,开发者与建设者都不能忽视对当地文化资源和生态文明的保护。古村落的优秀传统文化是古村落的根,古村落的生态文明思想史是古村落可持续发展的重要保障。古村落如果没有了文化的滋润,就是对古村落乡土文化的一种撕裂与斩断,古村落即会

犹如无本之木和无源之水,变成一个没有文化精髓和文化特点的自然存在体;如果文化没有了古村落这一物质载体,就会变得虚无缥缈。[①] 新疆南疆地区每一个古村落都是与所处地点的人文环境相辅相成、融为一体的,每一个古村落都有其自身的文化特色,而古村落的文化又反过来促进了古村落的保护和发展。因此,新疆南疆地区古村落文化和古村落之间是相互影响、相互作用、共同发展的。

新疆南疆地区古村落丰富多彩的自然生态环境体现的是古村落的外在美,而古村落的文化精髓与文化特色则体现的是其内在美。新疆南疆地区古村落拥有丰富灿烂的历史文化、民俗文化、生态文化和地域文化,它们都是中华传统文化的重要组成部分。在新疆南疆地区进行古村落旅游开发,不仅是对新疆南疆地区古村落历史文化、民俗文化、生态文化内涵的大力挖掘,同时也是对新疆南疆地区古村落中华优秀传统文化的保护和弘扬。因此,古村落的旅游开发要选择一种科学合理的开发模式,根据因地制宜、因时制宜的原则进行有效开发,避免中华优秀传统文化的流失和消亡。

新疆南疆地区古村落中生态文化的深度挖掘和中华优秀传统文化的弘扬可以从以下几个方面来进行:首先,深挖新疆南疆地区古村落中优秀传统文化内涵,知晓该地区古村落优秀传统文化的具体体现;其次,深挖新疆南疆地区古村落中历史文化和民俗文化的内涵,了解该地区古村落的发展变迁史和生产生活史;最后,深挖新疆南疆地区古村落及周边地区的生态文化,促进当地及周边地区的和谐可持续发展。社会共同倡导重视古村落,其实这并不是社会历史的倒退,而是为了重构中国传统历史文化命脉的延续性。也只有这样,在面向现代、面向未来、面向世界的时候,人民才能充满文化自信。我国拥有世界上丰富的文化资源和历史悠久的文化积淀,深挖古村落生态文化内涵,用可持续的观念保护和开发古村落,大力弘扬中华民族优秀传统文化,也是实现中华民族伟大复兴"中国梦"的重要组成部分。

## 三、生态为基——提高古村落生态环境承载力

在做好新疆南疆地区古村落历史文化与传统民居建筑保护时,应统一制定好古村落的总体保护规划和控制性保护规划。古村落保护规划中要重视古

---

① 黄震方,陆林,苏勤,等. 新型城镇化背景下的乡村旅游发展:理论反思与困境突破[J]. 地理研究,2015(8).

村落原有的自然生态、历史格局与古村落历史街区之中的机理相协调,要努力做到古村落人文环境和自然生态环境的平衡发展,兼顾保护古村落物质文化遗产和古村落非物质文化遗产二者的有机结合。① 新疆南疆地区古村落的保护不是给古民居建筑的大门上一把锁就万事大吉,单纯的锁上门会产生虫蛀、鼠害等一系列问题。古村落的保护要注重古村落的开发利用和传承,这样才能让其"活化"起来,并且"活"下去;同时各级文物保护单位和相关部门在古村落整体保护规划的制定上,一是要树立整体保护意识,二是要突出古村落的人文和生态特色,深入挖掘古村落的历史文化和生态文化价值。新疆南疆地区要在保护、完善古村落的前提下重视古村落的展示和利用。古村落保护的理想状态是"在生态文明思想下对古村落调查建档—编制古村落生态保护发展规划—保护修缮古村落的生态环境—改善古村落的生态人居环境—适度进行古村落旅游开发"。② 应以这样的总体思路,推动古村落保护和发展工作,促进实现新疆南疆地区古村落一村一貌。

古村落旅游开发具有不可逆的特点,为了保证新疆南疆地区古村落旅游开发的科学性和合理性,首先,必须在生态文明的指导思想下,深入分析研究新疆南疆地区古村落中所蕴含的丰富的生态文明思想,掌握古村落具备旅游开发条件的相应资源。其次,编制古村落旅游开发总体规划、古村落旅游控制性规划和古村落旅游专项规划。在新疆南疆地区古村落相关旅游规划中,需要对古村落旅游开发的目标方向、开发范围、开发原则和开发策略进行明确的规定,正确解读古村落资源保护和旅游开发之间的辩证关系。保障古村落旅游开发可以充分体现古村落特色、发挥古村落价值,以避免因急功近利导致极大破坏性的开发,确保真正实现古村落旅游可持续发展。在古村落旅游规划的编制过程中应多听取相关方面的意见和建议,以便调整各个相关利益主体之间的纠纷和矛盾,使新疆南疆地区古村落旅游能够平稳地发展。最后,在对新疆南疆地区古村落进行旅游开发和当地生态文明的保护上,一定要做到同步进行,两者缺一不可。在古村落的生态保护上,要限定古村落旅游的开发范围和开发强度,尽力控制人流的基数,并通过运用现代科学技术手段,提升古村落的生态环境承载力,促进古村落的健康可持续发展。

---

① 康健.古村落保护与发展模式研究——以段村为例[D].太原:太原理工大学,2008.
② 陈利娜.基于低碳视角的古村落旅游研究——以广西富川秀水村为例[D].桂林:广西师范大学,2015.

### 四、教育为本——增强人民生态文明思想意识

为了避免新疆南疆地区古村落村民的生态环保意识局限于自我保护的状态,对古村落村民的生态文明教育要转变以往的意识观念,打破狭隘的生态文明观念的视野局限性,树立全新的人与自然和谐共生的生态文明思想意识。只有这样才能唤起人民对新疆南疆地区自然生态系统的生态理念和道德理性,使其更好地维护和优化新疆南疆地区古村落的生态环境,从而促进古村落生态文明建设,共建新疆南疆地区和谐美好家园。同时,必须大力加强新疆南疆地区古村落生态环境保护的宣传及生态文明思想的教育工作。通过树立正确的生态价值取向和可持续发展观念,提高人们的生态文明意识,让新疆南疆地区古村落村民和游客充分了解和尊重自然生态的内在价值,让人与自然、人与人、人与社会之间和谐共生的生态观念在新疆南疆地区深入人心,使保护古村落生态环境,建设生态文明古村落成为所有公民的自觉行为。基于此,加强对新疆南疆地区生态文明意识的教育,提高新疆南疆地区生态文明思想意识可以从以下几个方面进行:首先,新疆南疆地区政府部门要首当其冲地提高生态文明思想意识,做好领导带头的表率作用;其次,要加强新疆南疆地区大学、中小学的生态文明思想教育,把生态文明思想渗透到每个学生心中,提高学生对生态环境问题的责任感与使命感;最后,加强对新疆南疆地区社会公众的生态文明思想宣传教育,让社会公众积极主动地参与到新疆南疆地区古村落的生态文明建设中来。

## 第三节　新疆南疆地区古村落发展模式

正如前文所述,在进行新疆南疆地区古村落旅游开发适宜性评价的 48 个古村落中,并不是所有的古村落都适宜进行旅游开发,前面通过利用 K-mean 聚类分析将新疆南疆地区古村落旅游开发适宜性评价结果进行聚类,得出了高适宜性古村落、较高适宜性古村落、潜在适宜性古村落、低适宜性古村落四种类型,前两者适宜进行旅游开发,而后两者则应先以保护为主。因此,本章节则为四种类型的古村落分别设计了"多元一体化"模式、"生态博物馆"模式、"露天博物馆"模式、"古村落保护区"模式四种古村落发展模式。

## 一、优先开发高适宜性古村落——"多元一体化"模式

由新疆南疆地区古村落旅游开发适宜性评价结果可知,旅游开发高适宜性的古村落一共有10个,这些古村落在资源吸引力、市场吸引力、生态环境条件、经济社会条件、区域旅游条件、政府因素、旅游企业因素、村民因素、经济效益、社会效益、生态效益等各个方面都具有良好的条件。这一类型的古村落是自然环境的客观条件和民俗文化的主观条件共同作用形成的,既体现了自然环境的限制作用,也展现了人类为谋求社会发展和满足自身需求而主动且合理利用自然环境所创造的辉煌成就,因此蕴含着丰富的朴素生态文明思想。在这些古村落的创造过程中有许多精美的工艺和民俗艺术;古村落为适应自然条件,因地制宜形成的低成本、高效益的生产生活方式和社会发展模式,与当前生态文明建设要求相吻合;并且,造就了具有当地特色的文化景观,建立了一些能够规范有效处理古村落村民之间的关系的准则,从而协调了村民与村民、村民与社会之间的关系,保护和弘扬了中华传统文化,维护了新疆南疆地区古村落的社会稳定与和谐,因此具有较高的旅游价值。

对于这类高适宜性古村落来说,由于地理差异和区域发展不平衡,中华文化呈现出丰富的多元状态,但中华文化始终是新疆各民族的情感依托、心灵归宿和精神家园,也是新疆各文化发展的动力源泉。此类古村落可以打造为多种旅游开发模式的综合体,也可以根据其独有的特点形成独特的风格,但始终是为了弘扬中华传统文化的精髓。因此,此类古村落在旅游开发方面并没有一个固定的模式,而是因地制宜、因时制宜、因人制宜。针对此类古村落,课题组采用"多元一体化"模式进行旅游开发。所谓"多元一体化"模式,是指在不设定一个具体固定模式的情况下,根据新疆南疆地区高适宜性古村落的历史文化、风俗习惯、民居建筑、风物特产、传统技艺、非物质文化遗产等方面,尤其是对蕴含丰富而朴素的生态文明思想特征的古村落进行有针对性的规划,也就是用不同的开发模式来展示中华文化。这种模式可以实现旅游产品的多元化、差异化,因此形成的古村落并非千篇一律、千人一面。①结合新疆南疆地区高适宜性古村落的实际情况,课题组设计了古村落旅游开发的5种模式16种类型,具体见表6-4。

---

① 冯骥才.传统村落保护的两种新方式[J].决策探索(下半月),2015(16).

表 6-4　新疆南疆地区古村落旅游开发模式类型

| 开发模式 | 主要特征 | 基本类型 |
|---|---|---|
| 观光游览模式 | 游客停留时间较短，景区规模较小，带来的旅游收益也较少；以村落山水风景、田园风光、特色建筑群观光为主，辅以当地文化观光、民俗博览等 | 山水风景观光型<br>特色建筑群观光型<br>田园农业观赏型 |
| 民俗文化体验模式 | 以农村风土人情、民俗文化为旅游吸引物，开发民间技艺、时令民俗、节庆活动、民间歌舞等旅游活动，让游客亲自参与其中，感受各地不同风土人情 | 农耕文化体验型<br>节庆文化体验型<br>风俗文化体验型 |
| 休闲度假模式 | 结合村落宜人的自然景观、民居建筑和民俗文化，建立并完善休闲娱乐旅游服务设施，提供度假、娱乐、住宿、餐饮、健身等服务，有成熟的业态服务链，游客停留的时间也相对较长 | 山水高档休闲型<br>乡村民宿及酒店度假型<br>农家乐型<br>生态疗养型 |
| 科普教育模式 | 对交通和区位有一定的要求，利用田园风光、传统民居聚落民俗风情等，为游客提供了解新疆的自然资源、地理环境、传统文化及非遗技艺的旅游活动 | 摄影写生基地型<br>企业拓展基地型<br>中小学科普基地型 |
| 文化创意模式 | 以创造力为核心，以吸引艺术家、创作家及有创新精神的年轻人为主，吸引他们来此进行摄影、考察、写生、阅读、思考、体验生活、艺术创作等 | 艺术家创作基地型<br>年轻人创客型<br>创意农产品及手工艺品型 |

　　巴音郭楞蒙古自治州和静县巴音布鲁克镇巴西里克村是一个土尔扈特民俗文化村，同时也位于美丽的巴音布鲁克大草原（国家 5A 级景区）之上，主要以少数民族民俗文化体验型旅游和自然生态观光型旅游为主，适合打造观光游览模式和民俗文化体验模式的综合体。该古村落除了目前简单的自然观光、大型史诗场景舞台剧《东归·印象》演出以及那达慕大会等旅游项目以外，应深度挖掘其蕴含的朴素生态文明思想的生态旅游产品，结合土尔扈特历史文化、民俗文化、非物质文化遗产等，将体验延伸至生活的方方面面。巴音郭楞蒙古自治州尉犁县兴平镇达西村号称"新疆的华西村"，主要以农家乐型旅游和田园农业观光型旅游为主，适合打造观光游览模式和休闲度假模式的综合体，将村民们"以自然为主导的人与自然和谐统一"的生态文明价值观同现

代的农家乐类型相结合,建设自治区级生态文明村乃至国家级生态文明村。土尔扈特民俗文化村及达西风情园如图6-1所示。

图6-1  土尔扈特民俗文化村和达西风情园(图片来源:网络)

阿克苏地区新和县依其艾日克镇加依村是新疆著名的少数民族乐器制作基地,有着300多年的乐器制作历史,主要以文化体验型旅游和创意手工艺品型旅游为主,适合打造民俗文化体验模式和文化创意模式。除了展示全手工制作乐器的过程外,还可以将乐器制作材料选取的生态文明理念,及生活中的生态文明价值观通过手工艺品得以展现,利用互联网进行产品宣传和产品销售。这样的乐器制作基地在新疆南疆地区还有很多,例如,喀什地区疏附县吾库萨克镇托万克吾库萨克村号称"新疆民族乐器村",还建有新疆民族乐器博物馆。针对这样同一类型不同特色的古村落,应找出其中的异同点和各自存在的优劣势,在旅游线路规划上根据周边的景点进行组合设计。新和县加依村和疏附县托万克吾库萨克村如图6-2所示。

图6-2  新和县加依村和疏附县托万克吾库萨克村(图片来源:自摄)

人民生活日新月异。在克孜勒苏柯尔克孜自治州，千百年来人随畜走的生活方式已发生了巨大改变，绝大部分牧民实现了定居或半定居，牧区已建立了许多新的村落和城镇，牧民们从毡房搬进了明亮温暖的平顶屋。定居生活带来了许多新事物、新变化，牧民们在自己住宅的周围种上了蔬菜、瓜果，大大丰富了食品的种类，传统的以肉、奶制品为主的饮食习惯，现已改为以面食为主。①

克孜勒苏柯尔克孜自治州阿合奇县苏木塔什乡阿克塔拉村是世界猎鹰文化之乡，有着悠久的驯鹰和狩猎历史。数千百年来，生活在这片土地上的柯尔克孜族，在由逐水草而居的游牧生活逐步走向富裕的同时，依然继承着从祖祖辈辈流传下来的驯鹰和捕猎绝技，至今仍保存完整。该村主要以民俗特色风俗体验型旅游为主，适合打造民俗文化体验模式，同时应加大宣传力度，让其文化传之四海。克孜勒苏柯尔克孜自治州阿克陶县布伦口乡恰克拉克村是去塔什库尔干塔吉克自治县的必经之地，有白沙山、白沙湖和公格尔峰等丰富的旅游资源，地处帕米尔高原，自然风光优美，民俗风情浓厚，主要以民俗特色风俗体验型旅游和自然风光观光型旅游为主，适合打造观光旅游模式和民俗文化体验模式，同时应对当地自然旅游资源和人文旅游资源进行进一步整合，提升古村落旅游质量。图6-3所示为苏木塔什乡阿克塔拉村和布伦口乡恰克拉克村。

(a) (b)

**图6-3 苏木塔什乡阿克塔拉村和布伦口乡恰克拉克村**（图片来源：网络）

喀什地区麦盖提县库木库萨尔乡胡木丹买里村以"刀郎画乡"著称，拥有

---

① 柯尔克孜族. 中华人民共和国中央人民政府网. http://www.gov.cn/guoqing/2015-07/27/content_2903133.htm.

万米刀郎农民画长廊,主要以民俗特色风俗体验型旅游和特色手工艺参观旅游为主,适合打造民俗文化体验模式和文化创意模式。在其开发过程中,应将其刀郎麦西来甫和刀郎木卡姆等结合在一起,依据当地村民朴素的生态文明理念打造出刀郎文化特色的旅游产品。

和田地区和田市吉亚乡艾德莱斯村是著名的"艾德莱斯绸之乡",村民在进行织染工艺时采用的是纯天然植物染料,主要成分来自大自然中的花草和根干,取鲜花的花瓣花蕊,取草的叶子和根茎,取木材的树皮,用煮、榨的方法提取天然染色色素,染出的颜色历经百年也鲜艳纯正,色泽饱满柔和。这些朴素的生态文明思想也是古村落在旅游开发中能够全力打造的特色,在旅游开发中该古村落适宜民俗文化体验模式和文化创意模式。图 6-4 所示为胡木丹买里村和艾德莱斯村。

(a)

(b)

图 6-4　胡木丹买里村和艾德莱斯村(图片来源:自摄)

喀什噶尔古城历史悠久、文化丰厚、风情独特。古城的许多街道都展示着古村落里古老的手工技艺,主要以特色建筑群观光型旅游、少数民族民俗特色风俗体验型旅游、摄影写生基地型旅游和特色手工艺品型旅游为主,囊括了观光游览、民俗文化体验、科普教育和文化创意四大旅游开发模式,是目前已经开发成景区的古村落。2015 年 7 月 20 日,喀什噶尔古城被国家旅游局(现文化和旅游部)授予国家 5A 级景区称号。

塔什库尔干塔吉克自治县大同乡阿依克日克村是喀什负有盛名的户外探险目的地,地处帕米尔腹地的河谷中,这里峡谷深邃,与世隔绝,每年春季峡谷里开满杏花,像一场色彩的盛宴,而冷峻的雪山和苍凉的峡谷就围着那些杏花林子,在视觉上形成强烈的对比,景色非常独特。这里民风淳朴,村里屋舍俨然,鸡犬相闻,宛若世外桃源。该古村落可以将雪山、峡谷、村庄、田园和塔吉克村民等诸多元素结合在一起，打造自然风光观光型和民俗文化体验型旅游地。

根据 10 个高适宜性古村落中的朴素生态文明思想以及古村落的特色，通过分析对其开发模式进行总结，具体见表 6-5。

表 6-5　新疆南疆地区高适宜性古村落旅游开发模式

| 村落名称 | 主要类型 | 开发模式 |
| --- | --- | --- |
| 巴音布鲁克镇巴西里克村 | 少数民族民俗文化体验型<br>自然生态观光型 | 观光游览模式<br>民俗文化体验模式 |
| 兴平镇达西村 | 农家乐型<br>田园农业观光型 | 观光游览模式<br>休闲度假模式 |
| 依其艾日克镇加依村 | 文化体验型<br>创意手工艺品型 | 民俗文化体验模式<br>文化创意模式 |
| 吾库萨克镇托万克吾库萨克村 | 文化体验型<br>创意手工艺品型 | 民俗文化体验模式<br>文化创意模式 |
| 苏木塔什乡阿克塔拉村 | 少数民族民俗特色风俗体验型 | 民俗文化体验模式 |
| 布伦口乡恰克拉克村 | 少数民族民俗特色风俗体验型<br>自然风光观光型 | 观光旅游模式<br>民俗文化体验模式 |
| 大同乡阿依克日克村 | 少数民族民俗特色风俗体验型<br>自然风光观光型 | 观光旅游模式<br>民俗文化体验模式 |
| 库木库萨尔乡胡木丹买里村 | 少数民族民俗特色风俗体验型<br>特色手工艺品型 | 民俗文化体验模式<br>文化创意模式 |
| 吉亚乡艾德莱斯村 | 少数民族民俗特色风俗体验型<br>特色手工艺品型 | 民俗文化体验模式<br>文化创意模式 |
| 喀什噶尔古城 | 特色建筑群观光型<br>少数民族民俗特色风俗体验型<br>摄影写生基地型<br>特色手工艺品型 | 观光游览模式<br>民俗文化体验模式<br>科普教育模式<br>文化创意模式 |

从总体来看，新疆南疆地区的 10 个高适宜性的古村落旅游开发模式并不局限于一种，而多是两种或两种以上旅游开发模式的综合体。且由于地理差异和区域发展不平衡，中华文化呈现丰富的多元状态，存在南北和东西差异，但中华文化始终是新疆各民族的情感依托、心灵归宿和精神家园，也是新疆各

文化发展的动力源泉。新疆南疆地区高适宜性古村落旅游开发主要集中在观光游览、民俗文化体验和文化创意三大类旅游开发模式上,这与新疆南疆地区丰富灿烂的历史文化底蕴有较大的关联。

## 二、适度开发较高适宜性古村落——"生态博物馆"模式

新疆南疆地区较高适宜性古村落共有14个,这些古村落在生态环境条件和区域旅游条件方面有优势,客源市场潜力巨大,村民对古村落保护和旅游开发认同度较高,但由于古村落社会效益和经济社会条件有待提高,还需大力挖掘古村落资源吸引力。因此,采用"生态博物馆"模式对新疆南疆地区较高适宜性古村落进行适度开发。

巴音郭楞蒙古自治州博湖县乌兰再格森乡是国家级"中国民间文化艺术之乡"。2016年,乌兰再格森乡乌图阿热勒村(见图6-5)从全国2000余个"明星村"里脱颖而出,获得"中国十大最美乡村"称号,这是新疆当年唯一获此荣誉的古村落,同时也是全国特色旅游名村名镇之一。乌图阿热勒村处于中国最大内陆淡水湖、国家5A级景区——博斯腾湖湖畔,呈现一幅"村庄在景区之中,景区在村庄之中,景区和村庄、景区和村民融洽协调、共同发展"的斑斓面孔,独享自然古村落原生态之美。同时,乌图阿热勒村拥有独特的民俗文化和丰富灿烂的非物质文化遗产,其中被列入国家级的非物质文化遗产项目有4项,分别是新疆蒙古族服饰制作技艺、蒙古族祝赞词、蒙古族刺绣技艺、沙吾尔登舞蹈。在古村落发展过程中应将自然生态和人文生态进行大力挖掘和深度融合,运用生态博物馆理念对其进行适度开发,不仅能使乌图阿热勒村的历史文化遗产、非物质文化遗产等得到保护,又可以推动当地经济社会的发展,建设人与自然和谐共生、宜居宜业、宜游宜文的健康可持续发展的美丽古村落。

喀什地区莎车县霍什拉甫乡阿尔塔什村号称"昆仑第一村",自古以来这里就是进入帕米尔高原和喀喇昆仑山的必经之路,也是玄奘西天取经路过的地方,历史文化悠久,其村庄布局如棋盘般错落有致,田园风光景色美不胜收。喀什地区泽普县亚斯墩国营林场长寿民俗文化村位于国家5A级景区金湖杨国家森林公园之内,素有"天然氧吧"之称,负氧离子含量十分丰富,生态优势非常明显,其长寿文化是古村落的重要人文特色。和田地区于田县达里雅布依乡达里雅布依村(见图6-6)是一个位于沙漠深处的克里雅人古村落,因生存环境相对封闭,其民俗文化和民居建筑保存完整,多少年来这里的村民们利用

(a) (b)

**图 6-5　博湖县乌兰再格森乡乌图阿热勒村（图片来源：网络）**

塔克拉玛干沙漠的自然生态环境，创造了独特的生活方式，有效地达到了人与自然的和谐统一。

这些具备较好的人文生态条件和自然生态条件的古村落，可以运用"生态博物馆"理念来进行旅游开发，充分发挥自身优势，促进其更好更快的发展。

**图 6-6　于田县达里雅布依乡达里雅布依村**

另外，巴音郭楞蒙古自治州尉犁县墩阔坦乡阿吉托格拉克村、阿克苏地区阿瓦提县拜什艾日克镇苏格其喀拉塔勒村、克孜勒苏柯尔克孜自治州阿合奇县阿合奇镇科克乔库尔民俗文化村和阿克陶县克孜勒陶乡艾杰克村、喀什地区麦盖提县央塔克乡跃进村、英吉沙县乌恰镇阔纳萨拉甫村和英吉沙县芒辛镇恰克日库依村、和田地区和田市玉龙喀什镇达瓦巴扎村、墨玉县普恰克其镇布达村和民丰县尼雅乡喀帕克阿斯干村主要以少数民族民俗文化特色和传统技艺的传承为主，此类古村落蕴含丰富朴素的生态文明思想，在发展过程中可以深入挖掘其生态文明内涵，与民俗文化紧密结合在一起，打造生态博物馆，促进其健康可持续发展。

## 三、控制开发潜在适宜性古村落——"露天博物馆"模式

新疆南疆地区古村落旅游开发潜在适宜性的古村落共有 14 个，这些古村落虽具有一定的开发潜力，但目前该地区经济社会条件、区域旅游条件、基础设施建设、客源市场潜力规模等方面明显不足，尚未具备旅游开发条件，因此应该采取控制开发，在开发与保护的抉择之间，要以保护为主要工作，可以采用"露天博物馆"模式对新疆南疆地区潜在适宜性古村落进行保护。

采用露天博物馆这样的保护方式对于新疆南疆地区的部分古村落来说，是一种理想的保护和发展方式。这些古村落在传统民居建筑、生产生活方式等方面皆有较高的吸引力价值，例如，巴音郭楞蒙古自治州焉耆回族自治县七个星镇霍拉山村的古丝路风情、库尔勒市哈拉玉宫乡哈拉玉宫村的民间文化艺术；阿克苏地区库车县伊西哈拉镇玉斯屯比加克村的传统打馕技艺、沙雅县塔里木乡克里也特村塔河部落人的民俗风情、喀什地区巴楚县多来提巴格乡塔格吾斯塘村的传统民居建筑、塔什库尔干塔吉克自治县塔什库尔干乡瓦尔希迭村塔吉克族的民俗风情、英吉沙县芒辛镇喀拉巴什粮台村的民俗文化村、英吉沙县芒辛镇喀拉巴兰干村的英吉沙传统小刀制作技艺、泽普县布依鲁克塔吉克族乡布依鲁克村的民居建筑；克孜勒苏柯尔克孜自治州阿合奇县哈拉奇乡哈拉奇村柯尔克孜族刺绣技艺、阿合奇县色帕巴依乡阿果依村的库姆孜艺术、阿图什市哈拉峻乡欧吐拉哈拉峻村《玛纳斯》艺术；和田地区策勒县达玛沟乡乌喀里喀什村的千年佛教遗存、阿图什市阿扎克乡阿扎克村的传统民居建筑，它们都有其珍贵的历史文化遗产，采用露天博物馆的形式将这些遗产收集起来进行集中保护，是促进这些历史文化遗产得到传承和古村落可持续发展的理想方式。

## 四、限制开发低适宜性古村落——"古村落保护区"模式

新疆南疆地区旅游开发低适宜性的古村落一共有 10 个，这部分古村落在资源吸引力、市场吸引力、生态环境条件、经济社会条件、区域旅游条件等方面不具备优势，为避免当前急于进行旅游开发导致其本身历史文化遗产和周边生态环境受到破坏，故采用"古村落保护区"模式对这类古村落进行保护，使物质文化遗产和非物质文化遗产能够得到传承，在条件成熟之后再进行旅游

开发。

新疆南疆地区旅游开发低适宜性古村落分布稀疏,可以采用古村落单体保护。例如,可以在克孜勒苏柯尔克孜自治州阿合奇县哈拉布拉克乡米尔凯奇村建立"玛纳斯"文化古村落生态保护区;在喀什地区叶城县伯西热克乡托万欧壤村建立喀群赛乃姆文化古村落生态保护区;在和田地区和田县喀什塔什乡喀让古塔格村和于田县阿羌乡喀什塔什村建立和田玉石文化古村落生态保护区;在和田地区于田县拉依苏良种场拉依苏村建立长寿文化古村落生态保护区等。

基于此,古村落保护区的建设是文化自觉和文化自信的一种表现,也是符合新疆南疆地区古村落自身特点的一种科学的保护方式,理应得到社会各界的支持。因此,当前应认真做好新疆南疆地区低适宜性古村落物质文化遗产和非物质文化遗产的保护工作,对其进行保护是为了更好地保护古村落中的生态文明思想,促进新疆南疆地区古村落健康可持续发展。

## 第四节 适宜开发旅游业的古村落旅游开发对策建议

并不是新疆南疆地区所有的古村落都适合进行旅游开发,通过模型可以看出,第一类高适宜性和第二类较高适宜性的古村落适宜进行旅游开发;潜在适宜性和低适宜性的古村落旅游开发条件不足,应更加注重对古村落的保护。针对适宜进行旅游开发的两类古村落,在当今乡村振兴战略背景下,应采取有效的旅游开发对策建议。

### 一、健全生态文明保障体制

新疆南疆地区古村落是在生态文明思想指导下进行的旅游开发,在新时代中国特色社会主义的大背景下,政府作为社会主义生态文明的主要建设者和重要参与者,担负着社会主义生态文明建设的重大责任。

第一,要加强新疆南疆地区政府部门对古村落的生态管理保障体系建设,确保该地区古村落旅游开发和古村落的生态文明建设实现法律化、制度化和常态化。例如,巴音郭楞蒙古自治州乌兰再格森乡乌图阿热勒村等古村落的生态管理制度通过地方行政法规的方式进行确立,这样既能提高人们对新疆南疆地区古村落旅游的合理开发和生态环境保护意识,又能促进新疆南疆地区古村落人与自然的和谐共生。

第二,要进一步建立健全新疆南疆地区古村落对旅游开发的审查和有偿制度,约束古村落因不良开发导致的生态环境破坏的情况出现。例如,喀什噶尔古城在旅游开发中对相关利益主体实行审查和有偿制度,使人们在体验喀什噶尔古城旅游资源时,能够确保资源被合理开发和高效利用,规避喀什噶尔古城因旅游开发不当造成的不必要的破坏和浪费,进而有效地控制古城生态环境的破坏。

第三,要成立新疆南疆地区古村落村级监管机构。新疆南疆地区古村落的保护需要政府、企业、村民等多方力量共同参与。制定有关的发展保护规划,引导、鼓励和调动古村落的村民真正参与到这个行动中来,同时联系当地古村落中在外就读的大学生,鼓励他们积极主动为家乡的旅游开发和保护建言献策,引进古村落保护与开发项目。还可以鼓励和发动古村落内各界成功人士参与到古村落的整体保护工作中,为新疆南疆地区古村落的旅游开发贡献力量。

第四,应积极主动地对古村落生态文明建设思想进行宣传,使村民能够更加深刻地领会到生态文明建设对本地区古村落发展的重要性。在古村落旅游资源的开发与保护中,必须要有侧重点,通过对比选取有代表性、古村落旅游价值高的旅游开发项目进行重点发展,但同时也要防止新疆南疆地区古村落旅游开发的过度商业化,保护新疆南疆地区古村落的原真性。在生态文明理论指导下,综合协调新疆南疆地区古村落的全面发展。

## 二、推动古村落智慧旅游建设

智慧旅游作为旅游业在信息时代发展的一种新型模式和新型形态,可以通过移动互联网使人们和自然进行更加亲密的接触。如今,来新疆南疆地区古村落的游客已经不再满足于走马观花式的看看风景、拍拍照片,他们还想了解更多的古村落人文历史故事、传统民居建筑、礼仪风俗习惯和非物质文化遗产等,体验"客从何处来"的那份乡愁。利用"互联网+古村落"等信息技术对新疆南疆地区古村落进行旅游开发,可以更加方便游客去了解古村落背后的历史故事、民俗文化以及原生态的生态文化内涵。在智能化和信息化的时代背景下,新疆南疆地区要构建"互联网+古村落"的产业新体系,实现古村落旅游的智能化和信息化,需要从以下几个方面着手:

第一,可以由新疆南疆地区政府和旅游企业共同打造"醉美南疆古村游"的互联网官方网站,借助互联网,新疆南疆地区古村落旅游形象可以实现迅速传播、扩大影响力、提高知名度等效果,促进新疆南疆地区古村落旅游品牌的建立。

第二,可以建立"南疆古村游"的旅游 App,主要功能有村落详细信息查询、旅游预约购票、旅游地图导览、旅游景点讲解、南疆特产导购等涵盖"吃、住、行、游、购、娱、商、养、学、闲、情、奇"①的旅游十二要素。游客可以通过"南疆古村游"App 提前了解南疆古村落及旅游相关信息,地方特色民俗,预订各种门票、机票、车票以及了解特色、民俗,购买南疆旅游土特产品等,还可以在旅游过程中查阅完整高清的各个古村落360°全景地图,使用智能导游讲解等。这样既能让游客感觉到便捷舒适,又能缓解新疆南疆地区古村落人力、物力和财力资源不足的情况。对古村落进行互联网宣传、开发"南疆古村游"App 导购功能,拓宽古村落的农产品与土特产的销售渠道。此外,还可以建立新疆南疆地区古村落官方公众号和官方小程序,使古村落在"互联网+古村落"方面能够逐步实现全方位、多角度、立体化的发展。

第三,新疆南疆地区古村落在利用互联网方面要注重古村落中华优秀传统文化和乡愁文化的传承。中华优秀传统文化和乡愁文化是新疆南疆地区古村落的根,是新疆南疆地区古村落的灵魂所在。古村落就是中华优秀传统文化和乡愁文化的物质载体。新疆南疆地区古村落深深扎根于新疆南疆这片沃土上,是中华民族优秀传统文化的重要组成部分。因此,新疆南疆地区古村落利用互联网是让人了解古村落的现代文明理念(包含生态文明理念)、现代化的生产生活方式。

## 三、促进古村落可持续发展

在新疆南疆地区古村落的旅游开发中,为了避免古村落旅游开发者目光短浅,只追求眼前短期经济利益,忽视古村落长远可持续发展的情况出现,首先提出应该在古村落旅游资源保护的前提下进行开发。保护是开发的前提条件,开发是古村落旅游资源的活化。新疆南疆地区古村落的保护要做到具体问题具体分析,既包括自然环境的保护,又包括人文环境的保护。在新疆南疆

---

① 胡益.基于GIS的旅游度假区景观生态评价研究——以江西铅山叫岩旅游度假区为例[D].长沙:中南林业科技大学,2017.

地区古村落保护的过程中,应注意以下几个方面。

第一,要树立新疆南疆地区古村落的整体保护意识。要系统地保护古村落的原始风貌以及古村落非物质文化遗产等,使新疆南疆地区古村落的历史文化价值及艺术价值都能够通过旅游开发得到更好的保护。对于新疆南疆地区古村落的非物质文化遗产,应该认真进行挖掘,并且进行大力的保护和弘扬,同时将这种保护和新疆南疆地区古村落旅游开发整合在一起,从而制定出较好的新疆南疆地区古村落保护制度,运用非物质文化遗产继承者活态的传习及文化空间保护的方法,完成新疆南疆地区古村落非物质文化各项要素活态传承的目标。

第二,新疆南疆地区古村落人居环境的保护。古村落人居环境主要是指古村落旅游目的地的大气环境、水文环境、声音环境以及固体废弃物处理四个方面。新疆南疆地区古村落人居环境的好坏直接影响游客对古村落旅游目的地的印象,因此古村落人居环境的保护在新疆南疆地区古村落保护中占据着十分重要的地位。古村落人居环境的保护一定要严格遵循国家有关法律法规,并按照相关规定实行分区分级保护,同时还要坚持生态环境效益和经济社会效益相互兼顾,秉行生态效益第一的原则;坚持长远利益与短期利益协调兼顾,秉行长远利益第一的原则,确保新疆南疆地区古村落人居环境的和谐发展和持续改善。

第三,新疆南疆地区古村落传统文化的保护。古村落传统文化是古村落的灵魂所在,是古村落的"根"。新疆南疆地区古村落文化保护的关键点是要注重中华优秀传统文化的深度挖掘与细致整理以及充分利用与活态传承,彰显新疆南疆地区古村落的文化魅力。新疆南疆地区古村落文化保护又可以分为以下几类。

(1)古村落农耕文化保护。深入挖掘新疆南疆地区古村落农耕文化特色,剖析新疆南疆地区古村落农耕文化的发展演变历程及背景。对于新疆南疆地区古村落农事耕作工具、生产生活工具以及农用交通工具等物质载体,可以建设古村落农耕博物馆和展览馆对其进行保护。而对于新疆南疆地区古村落农耕耕作制度,则可以通过举办古村落农业体验活动和节庆活动等,保障其延续性。

(2)新疆南疆地区古村落民居的保护。根据国家文物保护法的规定,要统筹规划古村落传统民居的保护、修复以及维护工作,保持和延续古村落原来的历史风貌,增加古村落旅游民居建筑观赏的文化内涵。

(3)新疆南疆地区古村落民俗文化的保护。将地方政府组织和民间社会参与相结合,积极建立古村落民俗文化普查、救护及振兴工作机制。对于古村落中濒临失传的传统民间艺术,应积极寻找其文化传承人,多方吸纳传承的载体,并加大保护及资金的投入。

在新疆南疆地区古村落旅游的发展轨道上,村民不能为了获取短期的经济利益而破坏生态环境、自然资源、人文景观,要坚决落实新疆南疆地区古村落的可持续发展战略。因此,新疆南疆地区古村落旅游资源的有效保护是促进古村落生态文明可持续发展的重要途径之一。

## 四、促进区域经济联动发展

新疆南疆地区部分古村落由于其旅游资源相对单一、旅游服务配套设施不够完善,所以古村落旅游与相关产业的融合发展应成为当下新疆南疆地区古村落旅游业发展的一种理想选择。新疆南疆地区古村落旅游与相关产业的融合主要包括与第一产业、第二产业和第三产业的融合。新疆南疆地区古村落旅游通过与相关产业的融合发展可以提高古村落的整体吸引力,实现规模效应,同时也能规避因过分依赖古村落自身资源而导致的古村落资源过度利用、旅游业过度开发、过度商业化等问题。新疆南疆地区古村落旅游与相关产业的融合发展,具体来说可以从以下几个方面来进行。

第一,新疆南疆地区古村落旅游与第一产业的融合发展。用古村落旅游业的开发模式来经营古村落农业,用古村落旅游景观的思维来开发古村落农业,开拓以"古村落旅游促农业,以古村落农业促旅游"的协调发展之路,实现古村落旅游业与古村落农业的深度融合。这不仅能够创造新的古村落旅游景点,延长游客来古村落的旅游时间,还能增加古村落旅游收入,从而实现古村落旅游与农业发展的双赢。尤为重要的是,利用古村落农业、林业、牧业、渔业等资源,通过旅游观光、体验农事劳作、休闲度假、品尝农产品、土特产品购物、生态疗养等丰富多样的旅游形式,使各种自然生态景观、人文历史景点与农业风光相得益彰,进而建立起古村落旅游目的地的独特魅力,满足游客更高的旅游消费和体验需求。例如,巴音郭楞蒙古自治州尉犁县兴平镇达西村加强旅游与农业深度融合,建立达西风情园,利用古村落村民种植的各类瓜果蔬菜,在播种、培育、收获等多个环节让游客参与进来;同时,古村落内大面积的油菜花和水稻田形成大自然画卷般的农业景观,这也成为古村落旅游有趣的新景点。

巴音郭楞蒙古自治州库尔勒市哈拉玉宫乡哈拉玉宫村通过旅游业与林果业融合,在古村落成片种植红枣、核桃、苹果、香梨等经济作物,待作物成熟季节进行采摘活动,且核桃与红枣易存贮,可以制作成干货,售卖的时间周期长。和田地区于田县拉依苏良种场拉依苏村可以通过旅游业与养殖业的结合,进行牛、羊等牲畜的养殖,给游客提供养殖体验。因为当地的牲畜都是无添加喂养,游客可以与村民签订协议,代养并出售。阿克苏地区沙雅县塔里木乡克里也特村(又称塔河部落)可以将旅游业与渔业相结合,提供捕鱼、捕虾、垂钓等活动,给游客提供亲自捕捞,然后迅速上桌的新鲜菜品餐饮体验。

第二,新疆南疆地区古村落旅游与第二产业的融合。主要发展特色旅游商品的加工产业,以土特产品和手工艺品为主。如土特产品中的菜籽油、红枣、核桃、牛肉干等,以及许多富硒食品是城市游客极为青睐的产品;手工艺品可以制作艾德莱斯绸、土陶制品、木雕制品等,形成新疆南疆地区古村落的特色旅游工艺品,增加古村落旅游的综合收益。

第三,新疆南疆地区古村落旅游与第三产业的融合。新疆南疆地区古村落要围绕游客的消费需求。规划建设集特色商品、文化体验、餐饮住宿等功能于一体的民俗文化旅游商业街,大力发展管理完善、特色突出、服务规范的旅游商贸服务体系,打造房地产业与商贸服务产业融合的旅游产品。例如,喀什噶尔古城可以与信息产业融合,建立一个现代化的古村落旅游信息系统,推动喀什噶尔古城旅游信息与市场接轨,做好旅游信息网络营销。克孜勒苏柯尔克孜自治州阿合奇县苏木塔什乡阿克塔拉村可以与文化产业融合,依托丰富的古村落乡土文化、民俗文化等资源,推进文旅结合的旅游产品。巴音郭楞蒙古自治州和静县巴音布鲁克镇巴西里克村可以与体育产业融合。由于现代城市人群的康体健身需求日益提升,加强古村落地区特色和运动项目规划,通过少数民族体育特色运动项目的开发建设,促进古村落旅游与体育产业共同发展。

新疆南疆地区古村落在旅游开发的过程中,要对古村落旅游资源进行科学合理的开发利用,以促进古村落人与自然和谐共生的健康的可持续发展。另外,在生态文明建设的背景下,新疆南疆地区古村落的旅游开发要走高端、超常规的发展路线,要明令禁止对古村落生态环境的污染和破坏,避免新疆南疆地区古村落旅游资源的浪费和中华优秀传统文化的破坏等现象出现,要使该地区古村落旅游经济开发与当地生态文明建设协调发展。因此,在新疆南疆地区古村落旅游与相关产业的融合发展过程中,有两个问题需要注意。

第一,要争取多方资金对新疆南疆地区古村落旅游开发的投入,多元化引入资金资本。不管是古村落保护、修缮,还是古村落的旅游开发,都离不开资金的投入。没有资金投入,保护、修缮、改建、旅游配套设施建设均无从谈起,所以争取政府和社会资金投入就显得非常重要。争取资金投入可采用多种形式,古村落村民可以进行村内或更大范围的众筹,还可以通过个人投资或村委投资,加快形成多元化、社会化的古村落保护开发机制。筹集资金在使用的同时需要监管,可由主管部门或第三方独立机构监督、监管,以确保专款专用,使资金的使用合规、合法。

第二,要丰富新疆南疆地区古村落的旅游产品。古村落旅游产品是旅游消费的主要内容,要保证古村落旅游的持久吸引力,就必须丰富古村落的旅游产品,打造多层次、多形式相结合的古村落旅游产品体系。古村落旅游资源丰富、种类众多,但与其他景区相比,其最具优势的还是古村落丰富的历史文化资源,因此,在进行旅游产品开发时,必须深入挖掘古村落旅游资源的文化内涵、深化古村落旅游产品,与一般景区进行差异化竞争,实现新疆南疆地区古村落旅游的可持续发展。新疆南疆地区古村落的旅游开发,还要注意各类古村落旅游产品的穿插组织,增强古村落旅游产品的层次感,对旅游产品加强包装和策划宣传,形成新疆南疆地区古村落自身的旅游品牌。

新疆南疆地区古村落的结构布局和历史风貌都是与生态环境、历史文化景观、社会经济基础、传统风俗习惯等方面错综复杂的各种因素结合而成的,所以新疆南疆地区每一个古村落都是一个鲜活的个体。新疆南疆地区古村落进行旅游开发是优化新疆南疆地区古村落经济结构、繁荣新疆南疆地区古村落经济和促进新疆南疆地区古村落和谐发展的有效途径。它可以带动新疆南疆地区古村落经济的持续增长、古村落村民收入的持续增加、村民生活质量和村落生态环境的持续改善、古村落社会经济结构的转变和古村落生态文明保护意识的进一步加强,也将为新疆南疆地区社会主义新农村建设吸收中华优秀传统文化的精髓、建设有传统文化底蕴和时代精神的新疆南疆地区古村落提供借鉴,最终推动新疆南疆地区古村落的可持续发展。

## 五、引入旅游社区共建模式

在新疆南疆地区古村落旅游的开发过程中,不能忽视当地村民的积极性与主动性。在如今的城镇化进程中,古村落中的村民并不是都能意识到自己居住的古村落是一种文化遗产,也不是所有人都能够清晰地认识到古村落的历史文化价值。新疆南疆地区古村落在进行旅游开发时,将古村落里优秀的传统文化潜移默化而深入人心地进行传播,使村民不再单纯地从物质层面来思考问题,而能渐渐意识到作为中华儿女对优秀传统文化传承的责任,这样就激发了古村落村民的文化自觉性,进而能更好地保护新疆南疆地区古村落所蕴含的生态文明思想及其旅游资源。

第一,要使新疆南疆地区古村落的村民作为古村落旅游开发的主体。众所周知,对古村落最了解的不仅仅是当地领导或规划专家,古村落的村民也是其中重要的构成部分,因此对古村落旅游的规划与开发应充分了解和尊重古村落村民的意见,尽量吸纳村民参与到古村落旅游的规划与开发建设中,积极引导当地村民采取多种形式参与,而不是强迫其参与。由于村民个体的差异,应该允许其在参与程度上有一定的区别,并采取经济补偿等手段让村民共同从古村落旅游发展中受益。古村落村民参与古村落旅游业发展的方法和途径,不仅仅指古村落村民进入古村落旅游开发的企业中作为服务人员、商贸人员、特色种植人员、特色养殖人员这种参与方式,还应该鼓励古村落村民进入古村落旅游企业担当管理人员,对有实力、有想法的古村落村民要鼓励其参与到农家乐和古村落旅游商品加工企业的创办中。

在新疆南疆地区古村落旅游规划的建设和发展中,可以通过订立公平、公开的合同加强村民参与古村落旅游的法制建设。建立古村落与旅游开发企业的合作部门来监督古村落旅游利益的合理分配机制,并将部分古村落旅游收益用于古村落基础设施建设和公益建设,如修建公路、医院、学校,美化环境等,使古村落旅游收益惠泽古村落的方方面面。

第二,在新疆南疆地区古村落旅游开发中引入社区共建模式。古村落当地居民是古村落真正的主人,是古村落悠久历史的创造者和见证者,是古村落可持续发展的核心主体。村民有提出自己合理诉求的权利,有对古村落未来发展方向提出相关建议的权利,有参与古村落保护和旅游开发的权利。因此,在古村落的保护和旅游开发过程中,相关负责人要积极收集古村落村民的意见,注重村民的各项利益,将提高古村落村民生活水平和古村落保护与旅游开发工作更好地结合在一起,达到双赢的效果。鉴于此,建议新疆南疆地区古村落在旅游开发过程中引入社区共建管理模式,让古村落村民参与到古村落保护开发的规划中来。把古村落村民归入古村落旅游开发管理体系中,这不但能够有效解决古村落景区企业与村民之间的矛盾与摩擦,而且有利于古村落旅游业的长久、健康、可持续发展。因此,古村落旅游景区企业和古村落村民之间的关系是长期共存、相互依存的关系。新疆南疆地区古村落旅游经济要想快速发展,景区和村民应在和谐有序的基础上,通过与新疆南疆地区各个古村落旅游管理领导小组进行沟通、协调和协商,走健康有序的发展之路,充分认识到古村落旅游兴就是古村落景区兴,古村落景区兴就是古村落村民兴的道理。[①]

第三,提高古村落旅游从业人员的素质。旅游业是典型的劳动密集型行业,古村落发展旅游业更是如此。古村落旅游从业人员的素质高低决定了古村落旅游服务质量的高低。因为古村落旅游景区的早期员工进入门槛的要求普遍较低,大部分就是古村落的村民。古村落景区早期员工的专业素质整体呈现出高低不等的现状成为制约古村落旅游业发展的主要因素,所以建议新疆南疆地区古村落旅游开发企业加强对员工的专业技能培训和相关能力的锻炼和培养,实现村民良好职业发展规划的同时有利于村落的长足发展。尤其值得注意的是,古村落景区导游员作为展示古村落整体形象的重要窗口,其专业素质和处事能力等方方面面在很大程度上影响着游客对古村落的整体印象,故建议古村落旅游开发企业形成更加明确的培训规划,为古村落旅游开发培养大量的优秀人才,以此来实现新疆南疆地区古村落的可持续发展。

## 六、加大古村落的宣传力度

在社会主义市场经济环境下,必须要加大对新疆南疆地区古村落的宣传,提升其影响力。旅游业属于一种十分注重形象的产业,因此,对新疆南疆地区古村落而言,强化宣传推广的力度是至关重要的。加大新疆南疆地区古村落的宣传力度主要从两个维度来进行,一是加强新疆南疆地区古村落旅游品牌的塑造,二是加强新疆南疆地区古村落旅游产品的宣传、营销和推广。

---

① 樊娜娜.新乡郭亮村传统村落的保护与开发研究[D].新乡:河南师范大学,2017.

第一，新疆南疆地区古村落旅游品牌的塑造主要包括以下四个方面：首先，确定古村落旅游主题形象。古村落旅游主题形象是古村落旅游者对新疆南疆地区古村落旅游地的总体概括和最直观的认知。古村落旅游活动、古村落旅游项目、古村落旅游环境、古村落旅游产品、古村落旅游服务等都会在游客的心中形成第一印象，而这个印象从设计者的角度来考虑，就是古村落旅游地的主题形象。新疆南疆地区古村落旅游主题形象在古村落旅游的发展中起着十分重要的作用，它是古村落旅游形成竞争优势的主要条件。其次，设计古村落旅游宣传口号。古村落旅游宣传口号是古村落旅游地形象的提炼和形象定位的表述，主要用于古村落旅游目的地的形象塑造与传播。新疆南疆地区古村落旅游宣传口号在设计时应尽量体现出新疆南疆地区古村落旅游地的总体特征，表现出古村落旅游地的总体定位，表达出古村落旅游地的个性特点等。最后，打造旅游品牌。在制定了新疆南疆地区古村落旅游的主题形象与宣传口号后，要将新疆南疆地区古村落打造为旅游品牌。古村落旅游品牌是基于古村落旅游这一特定产品的推广，走品牌化的发展道路来开展市场营销，提升古村落的品牌附加值，吸引更多的游客并带来经济价值。要找准品牌定位，深挖古村落旅游品牌文化内涵、构建古村落旅游品牌体系、注重古村落旅游品牌推广、加强古村落旅游品牌管理。同时在古村落旅游发展模式、古村落旅游项目设计和旅游产品开发上深挖自身潜在优势，增强古村落自身旅游品牌识别度。根据规划地实际情况，挖掘古村落旅游市场最新需求，提出科学合理的市场营销与推广措施。

在古村落旅游市场定位中，将古村落旅游市场划分为基础客源市场、重点客源市场、拓展客源市场、机会客源市场等层级，每个层级的古村落旅游市场地域文化不同，村民的收入不同，需求的古村落旅游产品也不同。通过对古村落的客源市场分析，设计出具有吸引力的古村落品牌，深入挖掘旅游客源市场潜力。

第二，新疆南疆地区古村落旅游产品的宣传、营销和推广主要包括以下几个方面：首先，要秉承全面客观的原则进行新疆南疆地区古村落旅游产品宣传。古村落旅游产品体系全面且完善是达到良好宣传的基础，这样可以避免古村落旅游景区通过夸大宣传的方式招徕游客，但游客在实际体验后因与期望不符而失去重游意愿并进行负面宣传的不良后果。古村落应在不夸大其词的前提下，凸显自身优势。如将古村落景观、特色接待设施、特色体验活动等的优美图片和文字进行精心排版，放在游客一眼就可以看到或接触到的地方进行着重展示及描述。同时，要坚持不隐晦的原则，将古村落并不出彩的旅游产品也放在合适的位置展示出来，使游客对古村落旅游产品现状产生全面的认知。其次，要拓宽古村落旅游产品宣传路径，进行多渠道推广。目前，古村落依靠旅行社、酒店等进行线下推介和促销的方式逐渐落伍，与OTA、门户网站、社交媒体及线上社区进行合作推广的方式更受欢迎。但出于成本上的考虑，建议新疆南疆地区古村落在旅游宣传上可以更多利用自媒体（微信、微博等）和网络评论社区进行宣传。前者可以实时更新并发布新疆南疆地区古村落最新的动态和旅游资讯，让游客及时参与，后者则依托网友评价，更加贴近游客需求，显得真实可信。最后，要采用体验营销等多种方式吸引游客目光。体验营销、活动营销、节事营销及影视营销等都是目前广泛运用的旅游目的地营销方式。影视营销对古村落旅游有巨大的推广效果，如电影《芙蓉镇》一举带火了湘西王村；电视剧《温州一家人》将瑞安古树村带入游客的视野；近几年比较流行的综艺节目《爸爸去哪儿》，使北京门头沟灵水村、湖南黑潭营古苗寨、安徽黄山呈坎村、浙江吉安陂下村和建德新叶村等众多古村落成为受游客欢迎的"爆款"旅游目的地，这些成功的案例可为新疆南疆地区古村落旅游产品的宣传、营销及推广提供经验借鉴。

### 七、推进古村落生态环境建设

应加强古村落旅游基础设施建设，推进古村落生态环境建设。旅游基础设施建设是新疆南疆地区古村落旅游发展必不可少的物质条件，是旅游活动便捷、舒适、安全进行的保障。具体来说，包括以下几个方面。

第一，完善新疆南疆地区古村落旅游服务基础设施建设。古村落旅游服务设施主要包括古村落游客服务中心、环卫设施、旅游导示牌等。古村落游客中心是集宣传、咨询、讲解、休息、管理等功能于一体的古村落景区服务管理机构，是古村落景区必不可少的服务设施。新疆南疆地区古村落的游客服务中心可以结合入口停车场、广场进行设置，处于外部交通与古村落交通的连接点上，可以很好地发挥其集散、调整休息、信息咨询和游程安排的作用。在古村落游客服务中心、停车场、换乘点、厕所、主要景点或其他重要节点设置导览图、景物介绍牌和标志牌，方便游客了解古村落全况、迅速找到相应景点。引导标志的设计要充分体现古村落自身的历史和地域特色，材料和颜色的选择不能对古村落风貌造成破坏。标志牌上的符号、用语要符合相关标准,避免产生歧义,并在旅游导示牌上标明咨询、投诉、救援电话号码,保障旅游过程的顺畅和安全。公厕和卫生所的设置要满足旅游高峰期游客的基本需求。

第二,完善新疆南疆地区古村落旅游交通基础设施建设。交通便捷程度直接影响人们对一个景点的选择,国内外成熟的旅游目的地一般都有很好的可进入性。古村落的道路交通设置可以分为对外交通、村庄交通、旅游交通和停车场。对外交通是古村落与外界连接的重要通道,在进行古村落交通设施建设时,首先要拓宽、硬化可通达性的道路,缩短游客旅游的交通时耗,并设置直达公交车,鼓励公共交通,减少交通压力。对古村落道路进行相应材质的铺装和适当的绿化,满足古村落村民生活需求。打造系统的旅游交通,串联各个景点,鼓励游客使用旅游电瓶车、步行等慢行交通方式,减少对自然生态环境和古村落风貌氛围的破坏。停车场应设置在对外交通和古村落交通的连接处,减少外来因素对古村落的影响。

第三,加强新疆南疆地区古村落生态环境治理。新疆南疆地区古村落地处塔克拉玛干沙漠边缘,因此需要新疆南疆地区古村落在旅游开发时,时刻维护生态环境。自然生态环境的维护和改善是一个漫长的过程,政府要投入物力和财力改善当地自然生态环境,就需要治理古村落附近的自然景物,复原其植被,进而提高古村落的生态环境质量。此外,要牢固树立"绿水青山就是金山银山"的发展理念,统筹推进人与自然和谐发展,打造"青山绿水、蓝天白云"的新疆南疆地区古村落。

### 八、注重旅游技术人才引进

新疆南疆地区古村落旅游人才的培养主要分为两类:一类是古村落保护人才的培养,包括古村落民居建筑的修复专家、古村落传统技艺的传承人等;另一类是古村落旅游发展人才的培养,包括古村落旅游发展规划师、古村落旅游经营管理人才和古村落青年创客等。旅游人才作为古村落旅游开发的核心资源,无论在古村落旅游开发还是古村落日常管理、宣传等方面都具有非常重要的作用。新疆南疆地区可以建立南疆区域"古村落人才库"并进行分级管理,培训现有古村落旅游管理人员,引进相关行业的优秀营建人员或文物古建修复人才,达到目标要求分别授予相关证书,并倡导其向更高的管理或营建层次进取;另外,人才技艺水平要有可识别度,较为珍贵的传统建筑或古建筑的修复需注册级别人员进行修复或修缮，这对古村落的管理、宣传、定期维护及修复具有重要意义。

古村落创客的主要人群是大学生、青年创业团队等，其是指在古村落开展旅游创业项目或者开展具体的实践活动中，尽全力地运用新型的观念及技术，发展创意型古村落旅游新产品、新业态、新体验的个人、企业机构或者团队组织。"创客"带给古村落的不仅是知识和技术，还有理念和经验，以及资金和市场，这些都是古村落发展旅游的必备要素。新疆南疆地区古村落旅游开发可以通过引进古村落创客的方式带动当地旅游发展。一方面，新疆南疆地区各地方政府在引进乡村优秀旅游人才时要给予一定的政策优惠并简化行政手续，建立绿色通道。同时，政府要从资金、人力方面给古村落创客提供一定的支持，鼓励他们维护古村落的本土特色资源，并且还要监督他们进行的具体活动。相关部门要协助古村落创客进行村落资源、产品业态的梳理整合，从政策、资金、设计、运营、营销等方面协助古村落创客按照规划设计，分期实施新疆南疆地区古村落的保护与旅游开发实践。另一方面，要搭建共享平台。乡村有丰富的旅游资源，共享经济不仅可以融入城市，还可以根植于乡村。新疆南疆地区的古村落大多分布在农村地区，要推动古村落的旅游发展，使其紧跟时代脉搏，就要在旅游开发过程中打破传统旅游的封闭式经营模式，以更开放的形式、平台化的思维和共享经济的理念开展古村落旅游活动。引进互联网技术人才，完善新疆南疆地区古村落旅游发展信息化建设，充分利用新一代信息技术整合新疆南疆地区古村落旅游产业，服务于新疆南疆地区古村落各类旅游活动。

新疆南疆地区古村落要加强对古村落旅游管理和服务队伍的教育培养，景区服务水平是影响其旅游形象的重要因素，要提高新疆南疆地区古村落旅游服务水平，就要提高古村落旅游管理人员的能力和服务水平，还要出台一系列人才吸引政策，鼓励当地大学生毕业后返乡就业。

## 第五节　小　　结

新疆南疆地区古村落旅游资源丰富多样，旅游价值高。中国历史文化名村、中国古村落、中国美丽乡村评选与保护，乡村振兴战略等一系列国家政策的支持，有助于新疆南疆地区古村落旅游的科学开发、有序发展。在国家大力倡导加紧脱贫攻坚、推进生态文明建设的背景下，通过总结国内古村落发展模式，探讨新疆南疆地区四种不同类型的古村落的发展模式，对村民致富奔小康、乡土建筑保护、非物质文化遗产传承和古村落的繁荣发展具有重要意义。

针对新疆南疆地区旅游开发适宜性评价分数高的10个古村落，采用"多元一体化"模式对此类古村落优先进行旅游开发，开发模式可以是多种模式综合开发，也可以根据古村落的独有特色因地制宜、因时制宜、因人制宜开发；针对新疆南疆地区旅游开发适宜性评价分数较高的14个古村落，采用"生态博物馆"模式进行适度开发，更加强调保护、保存、展示自然和文化遗产的真实性、完整性和原生性，并且是没有围墙的"活态博物馆"。针对新疆南疆地区古村落中具有潜在适宜性的14个古村落，采用"露天博物馆"模式进行保护性开发，以便收藏和展示传统民居建筑、历史文化遗产及其生产生活方式等宝贵的历史财富。针对新疆南疆地区旅游开发低适宜性的10个古村落，采用"古村落保护区"模式对这类古村落进行保护，使其物质文化遗产和非物质文化遗产能够得以传承，避免当前急于进行旅游开发导致其本身历史文化遗产和周边生态环境遭到破坏。

对于新疆南疆地区旅游开发高适宜性和较高适宜性的24个古村落，在旅游开发之前及开发过程中应注意以下几点：第一，加强新疆南疆地区政府部门对古村落的生态管理保障体系建设，使新疆南疆地区古村落的村民能够更加深刻地领会生态文明建设对新疆南疆地区古村落发展的重要性。第二，借助互联网、旅游App打造"醉美南疆古村游"，扩大影响面，提高知名度，促进新疆南疆地区古村落品牌的建立。第三，系统地保护新疆南疆地区古村落的原始风貌以及古村落非物质文化遗产等。对人居环境、传统文化、民俗文化、农耕文化、古村落民居等方面的有效保护是促进古村落生态文明可持续发展的重要途径之一。第四，实现古村落旅游业与古村落农业的深度融合，开拓"以古村落旅游促农业，以古村落农业促旅游"的协调发展之路；拉动古村落旅游与第二产业的融合，形成新疆南疆地区古村落的特色旅游工艺品，增加古村落旅游的综合收益；加强古村落旅游与第三产业的融合，大力发展管理完善、特色突出、服务规范的旅游商贸服务体系，促进区域经济联动发展。第五，引导村民作为开发主体，引入旅游社区共建模式，在和谐有序的古村落环境中提高古村落旅游从业人员的素质，走健康有序的古村落科学发展之路。第六，塑造主题鲜明的古村落形象，打造有文化内涵的特色品牌，深入挖掘旅游客源市场潜力。第七，加强交通和服务基础设施的建设，促进古村落生态环境治理，牢固树立"绿水青山就是金山银山"的发展理念，统筹推进人与自然的和谐发展。第八，提高新疆南疆地区古村落旅游服务水平，加强对古村落旅游管理和服务队伍的教育培养，出台一系列人才吸引政策，鼓励当地大学生毕业后返乡就业。

# 结束语

新疆拥有独特的自然生态环境和深厚的历史文化底蕴。改革开放40多年来,全疆人民共同努力、艰苦奋斗、刻苦学习,在国家大力支持的背景下,新疆经济建设取得了辉煌的成就。但是新疆南疆地区劳动力资源配置不均衡,资本比较薄弱,要素投入量少,经济发展较为落后。如何加快新疆南疆地区经济建设的步伐,促进古村落发展,实现美丽古村落建设?最主要的还是要靠新疆南疆地区自身的快速发展。十七大报告中提出了生态文明建设;十八大报告中提出将生态文明建设放在突出地位;十九大报告将生态文明建设纳入"两个一百年"奋斗目标,由此我们能够看出加快生态文明体制改革是新时代建设美丽中国的具体措施和实现路径,这些思想也是新疆南疆地区古村落发展经济的重要方式。我们应该关注新疆南疆地区产业结构的转变、经济增长模式的转型以及消费模式的改变;把生态文明构建的目标、原则、理念等内容同新疆南疆地区的政治、经济、文化、社会建设等进行全方位融合,并且贯穿全过程;集中力量发展有优势和有特色的产业,从人与自然和谐共处、推进绿色发展、着力解决突出环境问题、加大生态系统保护力度、改革生态环境监管体制等方面出发加快生态文明体制改革。

2013年12月12日,习总书记在北京举行的中央城镇化工作会议上的讲话中指出,要体现尊重自然、顺应自然、天人合一的理念,依托现有山水脉络等独特风光,让城市融入大自然,让居民望得见山、看得见水、记得住乡愁;要融入现代元素,更要保护和弘扬传统优秀文化,延续城市历史文脉;要融入让群众生活更舒适的理念,体现在每一个细节中。"乡愁"来源于古村落,是古村落非常独特的财富,而古村落又是"乡愁"不可复制的载体。2014 年 6 月 10 日,由住房和城乡建设部特别委托,中国民间文艺家协会、中国摄影家协会、中国文学艺术基金会共同组织实施的"留住乡愁——中国传统村落立档调查"项目启动仪式在中国文联报告厅举行。目的就是要以文字、图像相结合的方式,盘清和抢救古村落(古村落又称传统村落)。古村落是我国物质文化遗产和非物质文化遗产之外极为重要的另一类文化遗产,是国家和政府必须保护的活态的历史财富。

新疆南疆地区古村落数量众多,极具保护价值,但大多数古村落都处于偏远地带,在经济转型的时代背景下,如何发展新疆南疆地区古村落的经济,又能完好保存古村落的发展成果,这本身就是一个值得研究的热点课题。本课题组调查分析了新疆南疆地区古村落的现状,对当前新疆南疆地区古村落的保护与发展方式进行反思,在已取得的实践成效的基础上,结合不断创新推进城乡生态化建设的思路,并且结合生态文明建设的新要求,提出了哪些古村落适宜旅游开发,哪些不适宜旅游开发,以及如何评价适宜性的新思路,以此来构建人、自然、社会三者和谐的古村落,对人与人、人与自然、人与社会关系进行新的探索与提升。

本课题研究在文化学、经济学、生态文明理论、可持续发展理论、旅游系统理论的支持下,采用定性与定量分析的方法进行研究。

首先,根据古村落的定义及古村落包含的要素,在《传统村落评价认定指标体系(试行)》的参照下,对新疆南疆地区古村落(古村落又称传统村落)进行了专题田野调查实践,分析新疆南疆地区古村落资源的状况,掌握新疆南疆地区古村落的数量、类型及空间分布,并挖掘生态文明对新疆南疆地区古村落保护与发展的作用机理。课题组走访了喀什地区、和田地区、克孜勒苏柯尔克孜自治州、阿克苏地区、巴音郭楞蒙古自治州具有典型特点的古村落,筛选出符合本课题研究的 80 个古村落进行分析。这些地区的古村落是由自然环境条件和文化条件共同作用形成的,既体现了自然环境的限制作用,也展现了人类为谋求社会发展和满足自身需求而主动且合理利用自然环境所创造的辉煌成就,因此蕴含着丰富的朴素生态文明思想。在这些古村落的创造过程中有许多精美的工艺和民俗艺术,体现的是新疆南疆地区古村落的文化先民们的审美需要和志趣追求,这些具有精美的工艺和民俗艺术的古村落文化价值观同生态文明价值观相符,不仅满足了新疆南疆地区文化先民在社会实践中和物质上的利益追求,也满足了精神上的诉求。当前生态文明建设的重要目标之一是低成本、高效益的区域发展模式,而新疆南疆地区古村落在生态观念上不仅仅是敬畏自然环境,在文化技术的发展上也明显地表现出适应这一地区自然条件的特征,由此形成了许多因地制宜的低成本、高效益的生产生活方式和社会发展模式,与当前生态文明建设要求相吻合。这些适应当地自然环境自给自足的生活方式和社会发展模式,造就了具有特色的中华文化景观,建立了有一定规范、办法处理古村落村民之间的关系的准则,从而协调了村民与村民、村民与社会之间的关系,保护和弘扬了中国传统文化,维护了新疆南疆地区古村落的社会稳定与和谐。

其次,通过认真剖析2017年12月29日国家旅游局(现文化和旅游部)发布的《旅游资源分类、调查与评价》(GB/T 18972—2017)新提出的旅游资源分类、调查和评价标准,2012年住房和城乡建设部等部门印发的《传统村落评价认定指标体系(试行)》以及前人对传统村落旅游资源评价的方法的基础上,结合目前还没有实现对每一类旅游资源分别制定合适的评价指标体系的现状,从生态文明的视角建立了适合新疆南疆地区古村落旅游资源价值评价的方法和模型。通过该模型对新疆南疆地区80个具有典型特征的古村落的旅游资源价值评价得出:旅游资源价值得分在90分以上的古村落有2个,占比2.5%;旅游资源价值得分在60—89分的古村落有46个,占比57.5%;旅游资源价值得分在30—59分的古村落有29个,占比36.25%;旅游资源价值得分在30分以下的古村落有3个,占比3.75%。其中旅游资源价值得分在60分以上的古村落有48个,属于优良级古村落旅游资源,可见新疆南疆地区古村落旅游资源丰富,品质优良,并且有着巨大的旅游开发潜力。

再次,在实施美丽乡村建设和乡村振兴战略的背景下,我国古村落旅游发展得如火如荼,也取得了一定的经济社会效益,促进了当地社会的进步与发展。新疆南疆地区古村落由于自然条件的特殊性和资源的脆弱性,对于该地区古村落的旅游开发,不可能将所有的古村落不加选择地都包含在内,也不能只凭主观印象就决定;在"望得见山、看得见水、记得住乡愁"的指导思想下,结合生态文明协调发展的关系,应通过建立适宜性的量化评价体系来判定古村落是否适合旅游开发。课题组基于新疆南疆地区古村落的旅游资源价值得分在60分以上的48个优良级古村落,从古村落旅游开发吸引力、古村落旅游开发条件、利益相关者因素和开发效益四个方面构建模型进行数据分析并建立适宜性的量化评价体系,采用AHP软件(YAAHP 12.1)分析得出48个新疆南疆地区品质优良的古村落适宜性得分范围在45.98—89.94分,其中分值在70分以上的旅游开发适宜性较高的古村落有24个;通过SPSS 20.0对新疆南疆地区48个品质优良的古村落旅游开发适宜性评价分值进行K-mean聚类分析,将其分为4类,由此对不同类型古村落之间以及同一类型古村落内部旅游开发适宜性特征进行比较分析,探讨不同类型古村落旅游开发适宜性的区别、同一类型不同区域古村落各自存在的优劣势。

最后,该部分在"立法为先""文化为魂""生态为基""教育为本"的新疆南疆地区古村落发展规划指导思想下,借鉴国内古村落保护与开发的模式和经验,提出采用"多元一体化"模式优先开发高适宜性的10个古村落,采用"生态博物馆"模式适度开发较高适宜性的14个古村落,采用"露天博物馆"模式控制开发潜在适宜性的14个古村落,采用"古村落保护区"模式限制开发低适宜性的10个古村落;并且通过多视角针对"多元一体化""生态博物馆"两类旅游开发适宜性较高的24个古村落,提出旅游开发对策建议。这不仅有助于维护民族团结,缩小地区差异,增进社会和谐,而且还能进一步挖掘新疆南疆地区古村落文化,同时也为弘扬中华民族的文化做出贡献。

由于课题的选题立意和所搜集资料的有限性,以及新疆特殊的地理环境,本课题的研究还存在着分析不够深入,观点凝练不够到位等问题,尤其是对新疆南疆地区古村落资源的状况以及挖掘生态文明对新疆南疆地区古村落保护与发展的作用机理等方面的研究还不够深入,只是对古村落数量、类型、空间分布做了简单阐述。这些不足是本课题研究需要继续进行思考的重点,就下一阶段的研究展望而言,应该注重以下几个方面:

第一,古村落是自然环境和人文环境组合而成的综合体,古村落所具有的文化价值,不仅仅表现在古村落的固态民居建筑上,更体现于古村落原住民的传统风俗习惯、生产生活方式、社会道德观念和价值取向等物质文化与非物质文化的"活态"中。而现有的《中华人民共和国文物保护法》和《中华人民共和国土地管理法》还不能将所有古村落及古村落周边的自然生态环境和人文环境纳入保护体系。新疆南疆地区古村落资源丰富,拥有丰厚的历史人文底蕴,在古村落保护和开发利用的过程中,必须要有相关法律法规的政策扶持,如何在现有法律法规下对新疆南疆地区古村落进行有效和长久的发展及规划显得十分重要。

第二，新疆南疆地区古村落丰富多彩的自然生态环境体现的是古村落的外在美，然而古村落的文化精髓与文化特色体现的是古村落的内在美。新疆南疆地区古村落拥有丰富灿烂的历史文化、民俗文化、生态文化和地域文化，它们都是中华传统文化的重要组成部分，在新疆南疆地区进行古村落旅游开发，不仅是对新疆南疆地区古村落历史文化、民俗文化、生态文化内涵进行大力挖掘，同时也是对新疆南疆地区古村落中华优秀传统文化的保护和弘扬。因此，对古村落的旅游开发要选择一种科学合理的开发模式，根据因地制宜、因时制宜的原则进行有效的开发，避免中华优秀传统文化的流失和消亡。

第三，古村落旅游开发利用具有不可逆的特点。为了保证新疆南疆地区古村落旅游开发的科学性和合理性，必须在生态文明的思想下，深入分析研究新疆南疆地区古村落中所蕴含的丰富的生态文明思想，利用古村落具有的旅游开发资源；然后再进行古村落旅游开发总体规划、古村落旅游控制性规划和古村落旅游专项规划的编制。古村落的旅游规划要重视古村落的自然生态和历史格局与古村落历史街区之中的机理相协调，要努力做到古村落人文环境和自然生态环境的平衡发展，兼顾保护古村落物质文化遗产和古村落非物质文化遗产二者的有机结合。

第四，为了避免新疆南疆地区古村落村民的生态环保意识局限于自我保护的状态，对古村落村民的生态文明教育要转变其以往的生态文明思想意识，打破狭隘的生态文明观念的视野局限性，树立全新的人与自然和谐共生的生态文明思想意识。只有这样才能唤起人们对新疆南疆地区自然生态系统的道德理性，从而更好地维护和优化新疆南疆地区古村落的生态环境，促进新疆南疆地区古村落生态文明建设，共建新疆南疆地区和谐美好家园。同时，必须大力加强新疆南疆地区古村落生态环境保护的宣传以及生态文明思想的教育工作，通过树立正确的生态价值取向和可持续发展观念，提高人们的生态文明意识，让新疆南疆地区古村落村民和游客充分了解和尊重自然生态的内在价值，让人与自然、人与人、人与社会之间和谐共生的生态观念在新疆南疆地区古村落中深入人心，使保护古村落生态环境，建设生态文明古村落成为所有公民的自觉行为。

# 参考文献

## 中文期刊

[1] 杨福泉.论传统村落保护发展的问题与路径——以云南丽江的几个传统村落为例[J].云南师范大学学报(哲学社会科学版),2019(5).

[2] 范莉娜,董强,吴茂英.精准扶贫战略下民族传统村落居民旅游支持中的特性剖析——基于黔东南三个侗寨的实证研究[J].贵州民族研究,2019(8).

[3] 苏莹莹,孙业红,闵庆文,等.中国农业文化遗产地村落旅游经营模式探析[J].中国农业资源与区划,2019(5).

[4] 王勇,周雪,李广斌.苏南不同类型传统村落乡村性评价及特征研究——基于苏州12个传统村落的调查[J].地理研究,2019(6).

[5] 张洪昌,舒伯阳.制度嵌入:民族传统村落旅游发展模式的演进逻辑[J].云南民族大学学报(哲学社会科学版),2019(3).

[6] 陈碧妹.乡村旅游转型发展探析——以安顺传统村落为例[J].社会科学家,2019(4).

[7] 王志芳.切勿让传统村落失去文化生命力[J].人民论坛,2019(8).

[8] 邵秀英,邬超,刘亚玲,等.古村落旅游与社区发展的耦合协调研究——以山西后沟古村落为例[J].干旱区资源与环境,2019(5).

[9] 刘天曌,刘沛林,王良健.新型城镇化背景下的古村镇保护与旅游发展路径选择——以萱洲古镇为例[J].地理研究,2019(1).

[10] 邹君,朱倩,刘沛林.基于解释结构模型的旅游型传统村落脆弱性影响因子研究[J].经济地理,2018(12).

[11] 黄杰,李晓东,谢霞.少数民族传统村落活化与旅游开发的互动性研究[J].广西民族研究,2018(5).

[12] 李伯华,曾荣倩,刘沛林,等.基于CAS理论的传统村落人居环境演化研究——以张谷英村为例[J].地理研究,2018(10).

[13] 邹君,刘媛,谭芳慧,等.传统村落景观脆弱性及其定量评价——以湖南省新田县为例[J].地理科学,2018(8).

[14] 陈晓华,鲍香玉.旅游开发对徽州传统村落保护发展影响研究[J].原生态民族文化学刊,2018(2).

[15] 徐虹,秦达郅,任建飞.传统林区村落旅游扶贫开发路径及影响机制——以内蒙古阿尔山市鹿村为例[J].社会科学家,2018(9).

[16] 吴吉林,周春山,谢文海.传统村落农户乡村旅游适应性评价与影响因素研究——基于湘西州6个村落的调查[J].地理科学,2018(5).

[17] 罗德胤.传统村落能否成为特色小镇？[J].旅游学刊,2018(5).

[18] 李超,蒋彬.西南民族地区传统村落保护研究概况与展望[J].民族学刊,2018(3).

[19] 李伯华,杨家蕊,刘沛林,等.传统村落景观价值居民感知与评价研究——以张谷英村为例[J].华中师范大学学报(自然科学版),2018(2).

[20] 杨立国,刘小兰,陈伟杨.传统村落利用度与评价指标体系研究——以湖南省首批中国传统村落为例[J].资源开发与市场,2018(4).

[21] 龚翔.民间工艺驱动型传统村落活态保护研究——以贵州省雷山县控拜村为例[J].贵州社会科学,2018(3).

[22] 李菁,叶云,翁雯霞.美丽乡村建设背景下传统村落资源开发与保护研究[J].农业经济,2018(1).

[23] 刘一曼,李伯华,周鑫,等.基于空间句法的传统村落空间形态与优化研究——以张谷英村为例[J].资源开发与市场,2017(11).

[24] 吴吉林,刘水良,周春山.乡村旅游发展背景下传统村落农户适应性研究——以张家界4个村为例[J].经济地理,2017(12).

[25] 丁智才.五大发展理念下传统村落文化发展探析——以埭美村为例[J].宁夏社会科学,2017(6).

[26] 詹国辉,张新文.乡村振兴下传统村落的共生性发展研究——基于江苏S县的分析[J].求实,2017(11).

[27] 杨柳.美丽乡村建设背景下海南省传统乡村旅游资源保护及利用[J].中国农业资源与区划,2017(10).

[28] 李伯华,罗琴,刘沛林,等.基于Citespace的中国传统村落研究知识图谱分析[J].经济地理,2017(9).

[29] 王宾,于法稳.新型城镇化进程中村落文明的保护与传承[J].青海社会科学,2017(5).

[30] 艾菊红.文化空间视阈下的传统村落可持续性保护——以湘西凤凰为例[J].民族学刊,2017(3).

[31] 张慎娟,陈晓键.新型城镇化背景下传统村落传承与发展的思考——以桂林市大圩镇熊村为例[J].社会科学家,2017(3).

[32] 陈刚.发展人类学视角下西部民族地区传统村落旅游开发[J].旅游学刊,2017(2).

[33] 龙初凡,周真刚,陆刚.侗族传统村落保护与发展路径探索——以黔东南黎平县为例[J].贵州民族研究,2017(1).

[34] 孙九霞.传统村落:理论内涵与发展路径[J].旅游学刊,2017(1).

[35] 李红.广西滨海传统村落文化特征及价值重塑——以合浦永安古城村为例[J].广西社会科学,2016(11).

[36] 赵含钰,谢冠一.基于村落重生的乡村旅游建设适应性设计探讨[J].中国农业资源与区划,2016(10).

[37] 王华,孙根年,龙茂兴.体验视角下的古村落群旅游开发研究——以酉水河流域湖南段的土家村落群为例[J].贵州民族研究,2016(4).

[38] 席建超,王首琨,张瑞英.旅游乡村聚落"生产—生活—生态"空间重构与优化——河北野三坡旅游区苟各庄村的案例实证[J].自然资源学报,2016(3).

[39] 吴必虎.基于乡村旅游的传统村落保护与活化[J].社会科学家,2016(2).

[40] 张静,王生鹏.文化生态视角下我国民族村落旅游开发研究[J].西北民族大学学报(哲学社会科学版),2015(6).

[41] 邱云美.不同语境下民族村落景观变迁的差异化研究——以浙江莲都区上塘畈和沙溪畲族村为例[J].中央民族大学学报(哲学社会科学版),2015(6).

[42] 张建忠,刘家明,柴达.基于文化生态旅游视角的古村落旅游开发——以

后沟古村为例[J].经济地理,2015(9).

[43] 李伯华,尹莎,刘沛林,等.湖南省传统村落空间分布特征及影响因素分析[J].经济地理,2015(2).

[44] 刘韫.旅游背景下少数民族村落的传统民居保护研究——以嘉绒藏族民居为例[J].西南民族大学学报(人文社会科学版),2014(2).

[45] 陈心林.村落旅游的文化表述及其真实性——以鄂西枫香坡侗寨为例[J].西南民族大学学报(人文社会科学版),2013(11).

[46] 王纯阳.村落遗产地政府主导开发模式的多层次模糊综合评价——以开平碉楼与村落为例[J].数学的实践与认识,2013(2).

[47] 魏峰群.传统古村落保护与旅游开发的混合效应模式研究[J].干旱区资源与环境,2010(10).

[48] 冯骥才.守住中华民族的根性文化[J].设计艺术(山东工艺美术学院学报),2012(4).

[49] 陈炜,文冬妮.西部地区非物质文化遗产旅游开发适宜性评价指标体系的应用研究[J].青海民族研究,2011(4).

[50] 周生贤.积极建设生态文明[J].环境教育,2009(11).

[51] 刘沛林,董双双.中国传统村落景观的空间意象研究[J].地理研究,1998(1).

[52] 陈忠升,卢家峰,陆红霞.新疆南疆五地州经济差异动态变化及启示[J].经济师,2009(9).

[53] 张艳华,张格日乐吐.论蒙古族文化的生态教育价值[J].赤峰学院学报(自然科学版),2015(3).

[54] 张希月,虞虎,陈田,等.非物质文化遗产资源旅游开发价值评价体系与应用——以苏州市为例[J].地理科学进展,2016(8).

[55] 卢松,陈思屹,潘蕙.古村落旅游可持续性评估的初步研究——以世界文化遗产地宏村为例[J].旅游学刊,2010(1).

[56] 李伯华,刘沛林,窦银娣.中国传统村落人居环境转型发展及其研究进展[J].地理研究,2017(10).

[57] 章锦河.古村落旅游地居民旅游感知分析——以黟县西递为例[J].地理与地理信息科学,2003(2).

[58] 车震宇,保继刚.传统村落旅游开发与形态变化研究[J].规划师,2006(6).

[59] 保继刚,孟凯,章倩滢.旅游引导的乡村城市化——以阳朔历村为例[J].地理研究,2015(8).

[60] 黄震方,陆林,苏勤.新型城镇化背景下的乡村旅游发展——理论反思与困境突破[J].地理研究,2015(8).

[61] 金露.探寻生态博物馆之根——论生态博物馆的产生、发展和在中国的实践[J].生态经济,2012(9).

[62] 苏东海.国际生态博物馆运动述略及中国的实践[J].中国博物馆,2001(2).

[63] 邹统钎,李飞.社区主导的古村落遗产旅游发展模式研究——以北京市门头沟爨底下古村为例[J].北京第二外国语学院学报,2007(5).

[64] 冯骥才.传统村落保护的两种新方式[J].决策探索(下半月),2015(16).

[65] 熊小林.聚焦乡村振兴战略 探究农业农村现代化方略——"乡村振兴战略研讨会"会议综述[J].中国农村经济,2018(1).

[66] 和沁.西部地区美丽乡村建设的实践模式与创新研究[J].经济问题探索,2013(9).

[67] 于金富.生产方式变革是建设社会主义新农村的基础工程[J].经济学家,2007(4).

[68] 王云才,杨丽,郭焕成.北京西部山区传统村落保护与旅游开发利用——以门头沟区为例[J].山地学报,2006(4).

[69] 韦庆昱.建设生态文明是全人类的共同使命——评《生态文明理论与实践研究》[J].岩土工程学报,2019(11).

[70] 王国棉.生态文明视域下五台山环境变迁与当代修复[J].经济问题,2019(11).

[71] 王晓毅.生态文明话语下的乡村振兴[J].南京工业大学学报(社会科学版),2019(5).

[72] 杜强.新时代我国农村生态文明建设研究[J].福建论坛(人文社会科学版),2019(11).

[73] 杨军,李彬.民族自治地方践行习近平生态文明思想研究——以青海省玉树藏族自治州为例[J].青海社会科学,2019(5).

[74] 谭文华.论习近平生态文明思想的基本内涵及时代价值[J].社会主义研究,2019(5).

[75]陈永森.共享经济何以是生态的[J].马克思主义与现实,2019(5).

[76]仇保兴.生态文明时代乡村建设的基本对策[J].城市规划,2008(4).

[77]张燕.多民族聚居地区生态文献整理与价值利用研究——黔中腹地普定县案例分析[J].贵州社会科学,2019(9).

[78]李钰.新时代我国生态文明建设的作用、创新及特色发展[J].重庆社会科学,2019(9).

[79]李庆.空间相关性对各省市生态文明建设的影响分析[J].中国人口·资源与环境,2019(9).

[80]张勇.以生态文明建设为统领 全力推进绿色发展[J].宏观经济管理,2019(9).

[81]刘洪岩.接驳与拓展:"生态文明入宪"与环境法制革新[J].吉林大学社会科学学报,2019(5).

[82]吴明红,严耕.新时代中国的生态文明建设:进展、挑战与展望[J].人民论坛·学术前沿,2019(15).

[83]王季潇,吴宏洛.习近平关于乡村生态文明重要论述的内生逻辑、理论意蕴与实践向度[J].广西社会科学,2019(8).

[84]杨春蓉.建国70年来我国民族地区生态环境保护政策分析[J].西南民族大学学报(人文社科版),2019(9).

[85]罗康智.生态文明建设语境下的中国传统村落保护[J].原生态民族文化学刊,2019(1).

[86]赵其国,黄国勤,马艳芹.中国生态环境状况与生态文明建设[J].生态学报,2016(19).

[87]梁倩,李玥,刘莉蓉,等.生态文明理念下的新农村建设规划探讨——以武鸣县伏唐村伏唐屯综合示范村建设规划为例[J].规划师,2015(S1).

[88]任飞.贵阳布依族传统村寨聚落生态价值研究[J].贵州民族研究,2010(2).

[89]曹昌智.中国历史文化名城名镇名村保护状况及对策[J].中国名城,2011(3).

[90]胡燕,陈晟,曹玮,等.传统村落的概念和文化内涵[J].城市发展研究,2014(1).

[91]刘馨秋,王思明.中国传统村落保护的困境与出路[J].中国农史,2015(4).

[92] 车震宇.旅游发展中传统村落向小城镇的空间形态演变[J].旅游学刊,2017(1).

[93] 刘改芳,李亚茹.古村落集体经济转型影响因素的动态演化研究——基于山西古村落"煤转旅"个案的质性分析[J].旅游学刊,2017(11).

[94] 杨贵庆,戴庭曦,王桢,等.社会变迁视角下历史文化村落再生的若干思考[J].城市规划学刊,2016(3).

[95] 文军,吴越菲.流失"村民"的村落:传统村落的转型及其乡村性反思——基于15个典型村落的经验研究[J].社会学研究,2017(4).

[96] 陶慧,刘家明,朱鹤,等.基于A-T-R的旅游小城镇分类、评价与发展模式研究[J].地理科学,2015(5).

[97] 张卫民,张敏.消失与拯救:首批中国传统村落秀山县民族村保护的思考[J].湖南社会科学,2017(2).

[98] 蒋小杰,赵春盛.村落共同体现代转型的逻辑与政策回应——基于弥勒山兴村的观察与思考[J].云南民族大学学报(哲学社会科学版),2019(1).

[99] 王鲁民,张帆.中国传统聚落极域研究[J].华中建筑,2003(4).

[100] 王帆,赵振斌.基于游客体验的古村落旅游景观展示研究——以陕西党家村为例[J].北京第二外国语学院学报,2009(11).

[101] 熊超,夏健.村民参与式传统村落保护模式研究——基于社会网络的建构[J].现代城市研究,2016(1).

## 外文期刊

[1] Christaller, Walter. Some considerations of tourism location in Europe: the peripheral regions-under developed countries-recreation areas[J]. Papersin Regional Science,1964(1).

[2] Butler R. W. The concept of a tourist area cycle of evolution: implications for management of resources[J]. Canadian Geographer,1980(1).

[3] Fatimah T. The impacts of rural tourism initiatives on cultural landscape sustainability in Borobudur area[J]. Procedia Environmental Sciences,2015(28).

[4] Xue, L., Kerstetter, D., Hunt, C. Tourism development and changing

rural identity in China[J]. Annals of Tourism Research,2017(66).

[5] Cawley, M., Gillmor, D. A. Integrated rural tourism: concepts and practice[J]. Annals of Tourism Research,2008(2).

[6] Lane, B., Kastenholz, E. Rural tourism: the evolution of practice and research approaches-towards a new generation concept? [J]. Journal of Sustainable Tourism,2015(8).

[7] Iorio,M.,Corsale,A. Rural tourism and livelihood strategies in Romania [J]. Journal of Rural Studies,2010(2).

[8] Augustyn, M. National strategies for rural tourism development and sustainability: the polish experience[J]. Journal of Sustainable Tourism, 1998(3).

[9] Gao,J., Wu,B. Revitalizing traditional villages through rural tourism: a case study of Yuanjia village, Shanxi province, China [J]. Tourism Management,2017(6).

[10] Fleischer,A.,Felsenstein,D. Support for rural tourism: does it make a difference? [J]. Annals of Tourism Research,2000(4).

[11] Oakes, T. Cultural strategies of development: implications for village governance in China[J]. Pacific Review,2006(1).

[12] Vermeulen,W. J. Forests in sustainable mountain development: a state of knowledge report for 2000 [J]. Agriculture Ecosystems & Enveronment,2000(1).

[13] Ohe, Y., Kurihara, S. Evaluating the complementary relationship between local brand farm products and rural tourism: evidence from Japan[J]. Tourism Management,2013(2).

[14] Komppula R. The role of individual entrepreneurs in the development of competitiveness for a rural tourism destination: case study[J]. Tourism Management,2014(1).

[15] Gao,S.,Huang,S.,Huang,Y. Rural tourism development in China[J]. International Journal of Tourism Research,2009(5).

[16] Daniloska,N.,Mihajlovska,K H N. Rural tourism and sustainable rural development[J]. Economic Development,2015(3).

## 学位论文

[1] 董文静.重庆地区传统村落空间格局动态监测指标体系研究[D].重庆:重庆大学,2015.

[2] 王睿.九华山风景区旅游资源评价及管理研究[D].重庆:西南大学,2016.

[3] 王玉.基于村民对古村落文化认知度调查的旅游营销策略研究——以绍兴古村落为例[D].金华:浙江师范大学,2013.

[4] 王木齐.三亚市旅游资源评价研究[D].海口:海南大学,2016.

[5] 张睿.金寨吴家店乡村聚落更新及实践研究[D].天津:天津大学,2014.

[6] 钟经纬.中国民族地区生态博物馆研究[D].上海:复旦大学,2008.

[7] 康健.古村落保护与发展模式研究——以段村为例[D].太原:太原理工大学,2008.

[8] 陈利娜.基于低碳视角的古村落旅游研究——以广西富川秀水村为例[D].桂林:广西师范大学,2015.

[9] 朱烨.白裤瑶生态博物馆视觉识别设计研究[D].桂林:广西师范大学,2017.

[10] 胡益.基于GIS的旅游度假区景观生态评价研究——以江西铅山叫岩旅游度假区为例[D].长沙:中南林业科技大学,2017.

[11] 樊娜娜.新乡郭亮村传统村落的保护与开发研究[D].新乡:河南师范大学,2017.

[12] 喻琴.徽州传统民居群落文化生态环境要素的分析及发展思考[D].武汉:武汉理工大学,2002.

[13] 汪任平.澜沧江中下游流域传统聚落研究初探——村落人居环境与建筑朝向生态的可持续发展[D].昆明:昆明理工大学,2002.

[14] 唐明.血缘·宗族·村落·建筑——丁村的聚落形态研究[D].西安:西安建筑科技大学,2002.

[15] 莫书友.传统与转型:村落宗族的昨天、今天与明天[D].桂林:广西师范大学,2003.

[16] 张晓冬.徽州传统聚落空间影响因素研究——以明清西递为例[D].南京:东南大学,2004.

[17] 魏欣韵.湘南民居——传统聚落研究及其保护与开发[D].长沙:湖南大

学,2003.

[18] 杨过.探索传统村落更新的有效途径——以束河为例[D].昆明:昆明理工大学,2004.

[19] 左玉兰.非物质文化影响下的豆村传统村落结构研究[D].西安:西安建筑科技大学,2011.

[20] 季诚迁.古村落非物质文化遗产保护研究——以肇兴侗寨为个案[D].北京:中央民族大学,2011.

[21] 朱晓翔.我国古村落旅游资源及其评价研究[D].开封:河南大学,2005.

[22] 冯楠.龙门古镇古村落研究[D].西安:西安建筑科技大学,2004.

[23] 魏雪琰.河北井陉县于家村传统聚落初探[D].武汉:华中科技大学,2005.

[24] 窦思.黄土高原沟壑区人类关于传统山地村落的记忆消失初探[D].西安:西安建筑科技大学,2003.

[25] 赵志芳.历史文化村落的保护与利用——以山西省传统民居集落为例[D].太原:太原理工大学,2005.

[26] 潘彩霞.苏州古村落旅游开发策略研究[D].苏州:苏州科技学院,2011.

[27] 方贤松.乡村旅游产业理念下的徽州古村落环境整治规划方法研究——以绩溪龙川村为例[D].合肥:合肥工业大学,2010.

[28] 王灵芝.江南地区传统村落居住环境中诗性化景观营造研究[D].杭州:浙江大学,2005.

[29] 叶贵翔.新疆少数民族聚集地生态环境与村落调查研究[D].乌鲁木齐:新疆大学,2009.

[30] 李明.生态窑居度假村对黄土高原地区传统聚落复兴意义初探[D].西安:西安建筑科技大学,2006.

[31] 武静.鄂西纳水溪古村落景观及其变迁研究[D].武汉:华中农业大学,2008.

[32] 李微微.徽州古村落空间的类型化初探[D].合肥:合肥工业大学,2007.

[33] 张永辉.基于旅游地开发的苏南传统乡村聚落景观的评价[D].南京:南京农业大学,2008.

[34] 韩松.徽州古村落旅游开发与保护平衡研究——以唐模村为例[D].合肥:安徽建筑大学,2010.

[35] 杨珍红.体验经济背景下的古村落旅游开发研究——以阳山古村为例[D].长沙:湖南师范大学,2011.

[36] 徐晨曦.古村落人居环境保护研究——以湖南岳阳张谷英村为例[D].长沙:湖南师范大学,2012.

[37] 梁水兰.传统村落评价认定指标体系研究——以滇中地为例[D].昆明:昆明理工大学,2013.

[38] 王林.传统村落的价值分析及保护探究——以安阳县渔洋村为例[D].郑州:郑州大学,2015.

[39] 廖静.陕西省传统村落生态发展模式及对策研究[D].西安:西安建筑科技大学,2015.

[40] 黄昕.古村落主导型旅游小城镇发展策略研究——以浙中城市群诸葛镇为例[D].武汉:华中科技大学,2012.

[41] 殷莱莱.徽州民居空间环境及其保护更新研究——以黟县南屏古村落为例[D].合肥:合肥工业大学,2013.

[42] 何烈孝.历史文化村落旅游后的衰落与复兴研究——以江西流坑为例[D].南昌:江西师范大学,2012.

[43] 时鹏.基于农户视角的生态移民政策绩效研究[D].咸阳:西北农林科技大学,2013.

[44] 王梦娜.传统村落非物质文化遗产保护研究[D].长沙:湖南师范大学,2014.

[45] 孙志练.河南省文化遗产价值指标体系研究[D].武汉:华中科技大学,2011.

[46] 李茵茵.基于AHP层次分析法的井陉县中部区域传统村落片区保护研究[D].邯郸:河北工程大学,2017.

[47] 王天艺.黄土高原地区先秦式窑洞建筑研究[D].西安:西北大学,2017.

[48] 邢夏菡.陕西佛坪厅故城文化遗产特征及利用途径探讨[D].西安:西北大学,2017.

[49] 周璐.陕南地区乡村聚落空间形态特征及影响因素研究[D].西安:长安大学,2018.

[50] 张兵圆.遗产、价值与实践:韩城古城文化价值探讨[D].西安:西北大学,2018.

## 国内专著

[1] 新疆维吾尔自治区统计局.新疆统计年鉴[M].北京:中国统计出版社,2018.

[2] 张仁军.中国旅游地理[M].2版.北京:化学工业出版社,2012.

[3] 马玉玲.发展中的探索:景德镇优秀社科论文选[M].南昌:江西高校出版社,2009.

[4] 李国祥.中国古代生活哲学[M].北京:中国文史出版社,2005.

[5] 谢维和,李乐夫,孙凤,等.中国的教育公平与教育发展(1990—2005):关于教育公平的一种新的理论假设及其初步证明[M].北京:教育科学出版社,2008.

[6] 管宁生,龚丕富.前景灿烂的思茅旅游业[M].昆明:云南科技出版社,1998.

[7] 费孝通.乡土中国　生育制度　乡土重建[M].北京:商务印书馆,2015.

[8] 费孝通.乡土中国[M].上海:上海人民出版社,2006.

[9] 汪欣.传统村落与非物质文化遗产保护研究[M].北京:知识产权出版社,2014.

[10] 王思明,刘馨秋.中国传统村落:记忆、传承与发展研究[M].北京:中国农业科学技术出版社,2017.

[11] 费孝通.江村经济:中国农民的生活[M].北京:商务印书馆,2001.

[12] 葛荣玲.景观的生产:一个西南屯堡村落旅游开发的十年[M].北京:北京大学出版社,2014.

[13] 陆学艺.内发的村庄[M].北京:社会科学文献出版社,2001.

[14] 吴晓萍.屯堡重塑:贵州省的文化旅游与社会变迁[M].贵阳:贵州民族出版社,2007.

[15] 梁思成.中国建筑史[M].北京:生活·读书·新知三联书店,2011.

[16] 宋金平.聚落地理专题[M].北京:北京师范大学出版社,2001.

[17] 张东.中原地区传统村落空间形态研究[M].北京:中国建筑工业出版社,2015.

[18] 周乾松.中国历史村镇文化遗产保护利用研究[M].北京:中国建筑工业出版社,2015.

[19] 周若祁,张光.韩城村寨与党家村民居[M].西安:陕西科学技术出版社,1999.

[20] 赵勇.中国历史文化名镇名村保护理论与方法[M].北京:中国建筑工业出版社,2008.

[21] 韩霞.中国古代村落[M].北京:中国商业出版社,2015.

[22] 祁嘉华.陕西古村落成为新农村的路径探索[M].西安:陕西人民出版社,2013.

[23] 周建明.中国传统村落保护与发展[M].北京:中国建筑工业出版社,2014.

[24] 刘奔腾.历史文化村镇保护模式研究[M].南京:东南大学出版社,2015.

[25] 刘沛林.古村落:和谐的人聚空间[M].上海:上海三联书店,1997.

[26] 孙大章.中国民居研究[M].北京:中国建筑工业出版社,2004.

[27] 李秋香.中国村居[M].天津:百花文艺出版社,2002.

[28] 费孝通.乡土中国·生育制度[M].北京:北京大学出版社,1998.

[29] 陕西省城乡规划设计研究院.陕西古村落——记忆与乡愁[M].北京:中国建筑工业出版社,2015.

[30] 祁嘉华.陕西古村落[M].西安:陕西人民出版社,2013.

[31] 胡彬彬,李向军,王晓波.中国传统村落保护调查报告(2017)[M].北京:社会科学文献出版社,2017.

[32] 周宏伟.西北地区历史文化村镇保护研究与示范[M].北京:科学出版社,2017.

[33] 顾江.文化遗产经济学[M].南京:南京大学出版社,2009.

[34] 罗德胤.传统村落——从观念到实践[M].北京:清华大学出版社,2017.

[35] 黄燕玲,罗盛锋.旅游感知视角下西南少数民族地区农业旅游发展模式研究[M].北京:科学出版社,2012.

## 国外专著

[1] 维恩·维瑟.企业社会责任手册[M].钟宏武,译.北京:经济管理出版社,2014.

[2] 丹尼尔·贝尔.后工业社会的来临——对社会预测的一项探索[M].高铦,等,译.北京:新华出版社,1997.

[3] L.V.贝塔朗菲.一般系统论:基础、发展和应用[M].林康义,等,译.北京:清华大学出版社,1987.

[4] R.J.约翰斯顿.人文地理学词典[Z].柴彦威,译.北京:商务印书馆,2004.

**报刊网络**

[1] 周润健.我国已为223个村落建立档案[EB/OL].(2017-12-04).https://www.xinhuanet.com/culture/2017-12/04c_1122051956.htm.

[2] 中华人民共和国文化和旅游部.https://www.mct.gov.cn/.

[3] 青木川古镇官方网站.https://www.qmcgz.com/news/gzdt/244.html.

[4] 中华人民共和国住房和城乡建设部.住房城乡建设部关于印发传统村落保护发展规划编制基本要求(试行)的通知[EB/OL].(2013-09-18).http://www.mohurd.gov.cn/wjfb/201309/t20130924_215684.html.

[5] 习近平.绿水青山就是金山银山——关于大力推进生态文明建设[EB/OL].(2014-07-11).http://opinion.people.com.cn/n/2014/0711/c1003-25271026.html.

[6] 习近平.坚持节约资源和保护环境基本国策 努力走向社会主义生态文明新时代[EB/OL].(2013-05-24).http://cpc.people.com.cn/n/2013/0524/c64094-21608764.html.

[7] 中共中央办公厅、国务院办公厅印发《关于实施中华优秀传统文化传承发展工程的意见》[EB/OL].(2017-01-25).http://cpc.people.com.cn/n1/2017/0125/c64094-29049531.html.

[8] 中华人民共和国国务院新闻办公室.新疆的若干历史问题[EB/OL].(2019-07-21).http://www.xinhuanet.com/politics/2019-07/21/c_1124779069.htm.

[9] 新疆维吾尔自治区党委,新疆维吾尔自治区人民政府.新疆维吾尔自治区乡村振兴战略规划(2018—2022年)[EB/OL].(2018-11-20).http://www.xjtzb.gov.cn/2018-11/20/c_1123740462.htm.

[10] 中华人民共和国住房和城乡建设部等部门.关于印发《传统村落评价认定指标体系(试行)》的通知[EB/OL].(2016-04-25).http://www.zhuyew.cn/wk_detail_43011.html.

**国家标准**

中华人民共和国住房和城乡建设部,中华人民共和国国家市场监督管理总局.历史文化名城保护规划规范:GB 50357—2005[S].北京:中国建筑工业出版社,2005.

# 附录 A
# 新疆南疆地区古村落蕴含丰富的朴素生态文明思想调查问卷

尊敬的女士/先生：

您好！

本调查问卷的目的是想了解您对新疆南疆地区古村落蕴含丰富的朴素生态文明思想的认识及看法。请按照您的真实情况与感受填写问卷,您的意见对我们的研究十分重要,衷心地感谢您的支持和帮助。最后,我们向您保证这份问卷不涉及您个人的任何隐私,我们只会将您的填写结果用于科学研究,感谢您的阅答,祝您生活愉快！

注：请您钩选出您认为正确的选项,除明确要求可以多选的题目以外的所有题目均为单选。再次感谢！

### 第一部分 基本信息

1. 您的性别：□男 □女
2. 您的年龄：□18 周岁以下 □18—29 周岁 □30—44 周岁
   □45—59 周岁 □60 周岁及以上
3. 您的身份：□村民 □政府工作人员 □企业工作人员
   您在当地生活的时间为( )年
4. 您的月均收入：□2000 元以下 □2000—4000 元 □4000—6000 元
   □6000 元以上

5.您来自哪里：□本地　　□疆内　　□国内　　□国外

6.您的受教育程度：□初中及以下　　□高中或中专　　□大专或高职

□大学本科　　□硕士及以上

## 第二部分　蕴含丰富的朴素生态文明思想的古村落

1.您认为该古村落的特色是什么？

2.您了解这些文化现象形成的原因吗？

3.您是否喜欢当地的古村落文化，特别是对古村落中（　）有感情？请解释原因。

4.您认为当地的古村落文化的代表性景观是什么？

5.您觉得当地的古村落在选址、布局上有什么特点？

□利用地形　□节约土地　□与生态和谐　□不知道　□其他____

6.您觉得当地的古村落民居布局设计有什么特点？

□注重采光和通风　□注重安全防火　□与周围环境协调　□不知道　□其他____

7.您觉得当地的古村落中老房子比新房子好的地方在哪里？

□通风　□冬暖夏凉　□节省材料　□美观　□不知道　□其他____

8.您觉得当地的古村落在利用土地上有什么高明之处？

□合理利用地形　□合理利用水源　□合理种植作物　□不知道　□其他____

9.您觉得当地的古村落哪些地方反映了人地和谐思想？

□街巷设计　□错落有致的建筑　□村落的形状布局　□人们的耕作方式　□其他____

10.您觉得当地以前的古村落村民是怎样看待自然界的？

□敬畏自然　□征服自然　□与自然平等　□其他____

11.当地的古村落给您带来了什么？

□美丽清幽的环境　□古色古香的建筑文化　□精神的满足　□邻里沟通的便利　□其他____

12.您与当地古村落的邻居交往多吗？

□每天都会走街串巷　□经常和邻居聊天　□偶尔出去转转　□基本在家活动　□其他____

13. 您觉得当地的古村落文化保护得怎么样？

□很好　□较好　□一般　□较差　□很差

14. 您觉得当地的古村落文化是否需要保护，特别是对（　）需要保护？

15. 目前当地的古村落文化保护措施有哪些？在您看来这些措施的效果如何（哪些比较好、哪些存在问题等）？您对文化保护措施有何建议？

16. 您认为生态文明建设是什么？

□解决环境问题　□解决区域发展问题　□和谐社会建设　□其他____

17. 当地在生态文明建设方面已经采取了哪些措施？其中哪些您觉得比较好？措施的实行面临哪些困难？

18. 当地古村落中还有哪些地方蕴含着朴素生态文明思想？

非常感谢您的理解与合作，您的回答对我们非常重要！

# 附录 B
## 新疆南疆地区古村落旅游价值两两比较评分表

尊敬的专家:

您好!

感谢您在百忙之中参加问卷的填写,本次调查是为了评价古村落各项旅游资源价值指标体系的重要程度,特发放这份调查问卷。本调查问卷仅作为学术研究使用,无须填上真实姓名,非常感谢各位专家的支持与配合!

注:本问卷的两个因子相比较为竖列与横列相比,如第一个表表示的是古村落资源特色与旅游开发潜力相比的重要程度并在对应的表格中填写相应的标度,重要程度所对应的标度如下:

| 标度 | 含义 |
| --- | --- |
| 1 | 表示两个因子相比,具有同样的重要性 |
| 3 | 表示两个因子相比,前者比后者稍重要 |
| 5 | 表示两个因子相比,前者比后者明显重要 |
| 7 | 表示两个因子相比,前者比后者强烈重要 |
| 9 | 表示两个因子相比,前者比后者极端重要 |
| 2,4,6,8 | 表示上述相邻判断的中间值 |
| 倒数 | 若因子 $i$ 与因子 $j$ 的重要性之比为 $D_{ij}$,则因子 $j$ 与因子 $i$ 的重要性之比为 $1/D_{ij}$ |

注: $D_{ij} > 0$, $D_{ji} = 1/D_{ij}$, $D_{ii} = 1$。

B 新疆南疆地区古村落旅游价值：

| B 综合评价层评价指标 | $B_1$ 古村落资源特色 | $B_2$ 旅游开发潜力 |
| --- | --- | --- |
| $B_1$ 古村落资源特色 | 1 | |
| $B_2$ 旅游开发潜力 | / | 1 |

$B_1$ 古村落资源特色：

| $B_1$ 古村落资源特色 | $C_1$ 历史文化价值 | $C_2$ 建造技术及艺术价值 | $C_3$ 非物质文化遗产 | $C_4$ 村落选址和格局 |
| --- | --- | --- | --- | --- |
| $C_1$ 历史文化价值 | 1 | | | |
| $C_2$ 建造技术及艺术价值 | / | 1 | | |
| $C_3$ 非物质文化遗产 | / | / | 1 | |
| $C_4$ 村落选址和格局 | / | / | / | 1 |

$B_2$ 旅游开发潜力：

| $B_2$ 旅游开发潜力 | $C_5$ 村落人居环境 | $C_6$ 基础设施 | $C_7$ 市场基础 |
| --- | --- | --- | --- |
| $C_5$ 村落人居环境 | 1 | | |
| $C_6$ 基础设施 | / | 1 | |
| $C_7$ 市场基础 | / | | 1 |

$C_1$ 历史文化价值：

| $C_1$ 历史文化价值 | $D_1$ 年代久远度 | $D_2$ 历史地位及保护级别 | $D_3$ 历史环境要素 | $D_4$ 历史人物/事件的影响力 |
| --- | --- | --- | --- | --- |
| $D_1$ 年代久远度 | 1 | | | |
| $D_2$ 历史地位及保护级别 | / | 1 | | |
| $D_3$ 历史环境要素 | / | / | 1 | |
| $D_4$ 历史人物/事件的影响力 | / | / | / | 1 |

$C_2$ 建造技术及艺术价值：

| $C_2$ 建造技术及艺术价值 | $D_5$ 建造技术与地形地貌的契合度 | $D_6$ 占地规模 | $D_7$ 视觉艺术美 | $D_8$ 丰富度 | $D_9$ 营造工艺的精美程度 |
|---|---|---|---|---|---|
| $D_5$ 建造技术与地形地貌的契合度 | 1 | | | | |
| $D_6$ 占地规模 | / | 1 | | | |
| $D_7$ 视觉艺术美 | / | / | 1 | | |
| $D_8$ 丰富度 | / | / | / | 1 | |
| $D_9$ 营造工艺的精美程度 | / | / | / | / | 1 |

$C_3$ 非物质文化遗产：

| $C_3$ 非物质文化遗产 | $D_{10}$ 多样性 | $D_{11}$ 稀缺性 | $D_{12}$ 传承性 |
|---|---|---|---|
| $D_{10}$ 多样性 | 1 | | |
| $D_{11}$ 稀缺性 | / | 1 | |
| $D_{12}$ 传承性 | / | / | 1 |

$C_4$ 村落选址和格局：

| $C_4$ 村落选址和格局 | $D_{13}$ 格局的完整性 | $D_{14}$ 村落的选址 | $D_{15}$ 街巷的结构 | $D_{16}$ 与周边环境的协调度 |
|---|---|---|---|---|
| $D_{13}$ 格局的完整性 | 1 | | | |
| $D_{14}$ 村落的选址 | / | 1 | | |
| $D_{15}$ 街巷的结构 | / | / | 1 | |
| $D_{16}$ 与周边环境的协调度 | / | / | / | 1 |

$C_5$ 村落人居环境：

| $C_5$ 村落人居环境 | $D_{17}$ 公共活动空间 | $D_{18}$ 邻里结构状况 | $D_{19}$ 核心范围占保护范围的比例 | $D_{20}$ 防御体系保存完好度 |
|---|---|---|---|---|
| $D_{17}$ 公共活动空间 | 1 | | | |
| $D_{18}$ 邻里结构状况 | / | 1 | | |
| $D_{19}$ 核心范围占保护范围的比例 | / | / | 1 | |
| $D_{20}$ 防御体系保存完好度 | / | / | / | 1 |

$C_6$ 基础设施：

| $C_6$ 基础设施 | $D_{21}$ 村落环境的卫生状况 | $D_{22}$ 水电的供应能力 | $D_{23}$ 内部交通的便利性 |
|---|---|---|---|
| $D_{21}$ 村落环境的卫生状况 | 1 | | |
| $D_{22}$ 水电的供应能力 | / | 1 | |
| $D_{23}$ 内部交通的便利性 | / | / | 1 |

$C_7$ 市场基础：

| $C_7$ 市场基础 | $D_{24}$ 财政资金的投入 | $D_{25}$ 村落村民年均收入 | $D_{26}$ 外部交通可进入性 |
|---|---|---|---|
| $D_{24}$ 财政资金的投入 | 1 | | |
| $D_{25}$ 村落村民年均收入 | / | 1 | |
| $D_{26}$ 外部交通可进入性 | / | / | 1 |

# 附录 C
# 新疆南疆地区古村落旅游价值评价专家评分表

尊敬的专家：

您好！

感谢您在百忙之中参加问卷的填写，本次调查是为了对古村落进行评分，特发放这份调查问卷。本调查问卷仅作为学术研究使用，无须填上真实姓名，非常感谢各位专家的支持与配合！

注：本问卷打分 100 分为满分，具体标准为：指标已标明打分依据，根据村落具体情况进行打分。指标未标明打分依据，则按旅游资源在国内占有很高地位，国外占有优先位置，≥90 分；旅游资源在国内占有重要位置，国外占有一定位置，75—89 分；旅游资源在国内占有重要位置，60—74 分；旅游资源在省区内占有重要位置，45—59 分；旅游资源在地区内占有一定地位，有一定开发利用前景，30—44 分；旅游资源没有开发价值，<29 分几类标准进行打分。

| 古村落名称 | 指标 | 指标依据 | 得分 |
|---|---|---|---|
| 喀什市<br>喀什古城 | $D_1$ 年代久远度 | 明代以前，100 分；清代，75 分；民国，50 分；建国至 1980 年以前，25 分 | |
| | $D_2$ 历史地位及保护级别 | 国家级，50 分，每超过 1 处增加 20 分；省级，30 分，每超过 1 处增加 15 分；市县级，20 分，每超过 1 处增加 10 分；若列入第三次文物普查登记范围，10 分，每超过 1 处增加 5 分。满分 100 分 | |

续表

| 古村落名称 | 指标 | 指标依据 | 得分 |
|---|---|---|---|
| 喀什市喀什古城 | $D_3$ 历史环境要素 | 历史环境要素种类,如古河道、商业街、特色的公共活动场地、公共建筑、堡寨、码头、古树、城门、楼阁等。每一种得13分,满分100分 | |
| | $D_4$ 历史人物/事件的影响力 | 指古村落中历史人物或历史事件的存在方式及其影响程度 | |
| | $D_5$ 建造技术与地形地貌的契合度 | 指现存传统建筑群与周边地理环境的契合程度以及内在联系 | |
| | $D_6$ 占地规模 | 传统建筑的占地面积,5公顷以上为76—100分,3—5公顷为51—75分,1—3公顷为26—50分,0—1公顷为1—25分 | |
| | $D_7$ 视觉艺术美 | 指现存传统建筑群所具有的造型是否有典型地域性或民族特色性,如装饰装修(石雕、木雕、砖雕、铺地、彩画、门窗隔断)等 | |
| | $D_8$ 丰富度 | 指建筑功能的种类如传统商业、驿站、防御性建筑、祠堂、书院、庙宇、楼塔及其他种类。每一种得20分,满分100分 | |
| | $D_9$ 营造工艺的精美程度 | 指现存传统群结构、建造工艺、材料(配置对比、地域材料、精细加工)是否独特 | |
| | $D_{10}$ 多样性 | 指非物质文化遗产的种类,自治区级每项20分,国际级每项40分,满分100分 | |
| | $D_{11}$ 稀缺性 | 指非物质文化遗产级别,世界级的100分,国家级的66分,满分100分 | |
| | $D_{12}$ 传承性 | 非物质文化遗产有传承人且连续传承100年以上为100分;无传承人连续传承100年以上为60分;有传承人且连续传承50年以上为80分;无传承人连续传承50年以上为50分 | |

续表

| 古村落名称 | 指标 | 指标依据 | 得分 |
|---|---|---|---|
| 喀什市 喀什古城 | $D_{13}$ 格局的完整性 | 传统公共设施利用率高,村落保持良好的传统格局,整体风貌完整协调,与生产生活保持密切联系,格局体系中没有突出不协调的新建筑,分值在76—100分;传统设施活态使用,村落基本保持了传统格局,格局体系中不协调的新建筑少,与生产生活有一定联系,不会影响整体风貌,分值在50—75分;保持了较为完整的骨架体系,村落保留了一定的集中连片格局,传统设施基本不使用,能较为完整看出原有的街巷体系,但格局体系中不协调的新建筑比较多,影响了整体风貌,分值在20—49分;能零散看出原有的街巷体系,传统区保持了少量传统基本骨架体系,传统设施完全不使用,传统区存在比较多不协调的新建筑,风貌十分混乱,分值在0—19分 | |
| | $D_{14}$ 村落的选址 | 通过村落周边环境能明显体现村落选址所蕴含的深厚的文化或者历史背景,具有很高的文化、科学、历史以及考古价值,分值为80—100分;通过村落周边环境能体现出选址所蕴含的深厚的历史或者文化背景,有比较高的文化、科学、历史以及考古价值,分值为49—79分;通过村落周边环境稍微体现村落选址所蕴含的深厚的历史或文化背景,文化、科学、历史以及考古价值一般,分值为0—48分 | |
| | $D_{15}$ 街巷的结构 | 指街巷体系的完整程度,以及街巷的布局所代表的含义 | |
| | $D_{16}$ 与周边环境的协调度 | 村落周边环境保持良好,能够清晰体现原有选址理念,与村落和谐共生,分值为67—100分;村落周边环境有一定程度改变,能够体现原有选址理念,与村落较和谐,分值为33—66分;村落周边环境遭受较为严重破坏,几乎不能体现原有选址理念,与村落建设相冲突,分值为0—32分 | |

续表

| 古村落名称 | 指标 | 指标依据 | 得分 |
|---|---|---|---|
| 喀什市喀什古城 | $D_{17}$ 公共活动空间 | 指古村落公众活动的区域保存的完整程度 | |
| | $D_{18}$ 邻里结构状况 | 指古村落内部村民居住的分布格局范围及村民居住的集中程度 | |
| | $D_{19}$ 核心范围占保护范围的比例 | 古村落旅游资源核心范围占保护范围的比例，60%以上，为76—100分；40%—60%，为51—75分；20%—40%，为26—50分；0—20%，为0—25分 | |
| | $D_{20}$ 防御体系保存完好度 | 指古村落防御体系是否保存完好及其完好程度 | |
| | $D_{21}$ 村落环境的卫生状况 | 指古村落的生态环境以及卫生现状 | |
| | $D_{22}$ 水电的供应能力 | 指古村落水电可提供的人数及其在古村落中的覆盖范围 | |
| | $D_{23}$ 内部交通的便利性 | 指古村落所在区域交通便利程度，到村落以及田地的通达程度，古村落内部的通达性以及公路等级 | |
| | $D_{24}$ 财政资金的投入 | 指政府对古村落发展旅游的投入资金及其用途 | |
| | $D_{25}$ 村落村民年均收入 | 指古村落村民的年均收入，参考该村落所属镇的平均收入水平 | |
| | $D_{26}$ 外部交通可进入性 | 指村落离客运汽车站、火车站、飞机场的距离以及通村道路的等级 | |

# 附录 D
# 新疆南疆地区古村落旅游开发适宜性评价专家意见征询表

尊敬的专家：

您好！

非常感谢您参与此次专家调查，本研究旨在构建新疆南疆地区古村落旅游开发适宜性评价指标体系，并在此基础上进行案例研究，检验本指标体系的适用性。以下是新疆南疆地区古村落旅游开发适宜性评价指标体系层次模型。请您根据自己的实践经验，判断这些指标与新疆南疆地区古村落旅游开发适宜性评价的相关程度（1、3、5、7、9 分别表示不相关、不太相关、一般、比较相关和非常相关，请在您选择的数字上打"√"）。

新疆南疆地区古村落旅游开发适宜性评价指标体系

| A 目标层 | B 系统层 | C 指标层 | D 因子层 | 相关程度评分 ||||| 
|---|---|---|---|---|---|---|---|---|
| | | | | 不相关 | 不太相关 | 一般 | 比较相关 | 非常相关 |
| A 新疆南疆地区古村落旅游开发适宜性 | $B_1$ 开发吸引力 | $C_1$ 资源吸引力 | $D_1$ 资源品级 | 1 | 3 | 5 | 7 | 9 |
| | | | $D_2$ 原真性与完整性 | 1 | 3 | 5 | 7 | 9 |
| | | | $D_3$ 传统文化的保护与传承情况 | 1 | 3 | 5 | 7 | 9 |
| | | $C_2$ 市场吸引力 | $D_4$ 游客感知 | 1 | 3 | 5 | 7 | 9 |
| | | | $D_5$ 适游期 | 1 | 3 | 5 | 7 | 9 |
| | | | $D_6$ 旅游资源单体占比 | 1 | 3 | 5 | 7 | 9 |
| | | | $D_7$ 知名度 | 1 | 3 | 5 | 7 | 9 |

续表

| A目标层 | B系统层 | C指标层 | D因子层 | 相关程度评分 | | | | |
|---|---|---|---|---|---|---|---|---|
| | | | | 不相关 | 不太相关 | 一般 | 比较相关 | 非常相关 |
| A 新疆南疆地区古村落旅游开发适宜性 | $B_2$ 旅游开发条件 | $C_3$ 生态环境条件 | $D_8$ 当地自然生态环境质量 | 1 | 3 | 5 | 7 | 9 |
| | | | $D_9$ 村民和游客环保意识 | 1 | 3 | 5 | 7 | 9 |
| | | | $D_{10}$ 旅游环境承载力 | 1 | 3 | 5 | 7 | 9 |
| | | $C_4$ 经济社会条件 | $D_{11}$ 旅游产业化潜力 | 1 | 3 | 5 | 7 | 9 |
| | | | $D_{12}$ 客源市场潜力 | 1 | 3 | 5 | 7 | 9 |
| | | | $D_{13}$ 村民消费水平 | 1 | 3 | 5 | 7 | 9 |
| | | $C_5$ 区域旅游条件 | $D_{14}$ 古村落的可进入性 | 1 | 3 | 5 | 7 | 9 |
| | | | $D_{15}$ 旅游资源组合程度 | 1 | 3 | 5 | 7 | 9 |
| | | | $D_{16}$ 旅游配套设施状况 | 1 | 3 | 5 | 7 | 9 |
| | $B_3$ 利益相关者因素 | $C_6$ 政府因素 | $D_{17}$ 地方政府投资开发古村落旅游的支持力度 | 1 | 3 | 5 | 7 | 9 |
| | | | $D_{18}$ 地方政府对古村落保护的支持力度 | 1 | 3 | 5 | 7 | 9 |
| | | $C_7$ 旅游企业因素 | $D_{19}$ 旅游企业实力 | 1 | 3 | 5 | 7 | 9 |
| | | | $D_{20}$ 旅游企业对古村落保护的认知度 | 1 | 3 | 5 | 7 | 9 |
| | | | $D_{21}$ 旅游企业对古村落旅游投资的力度 | 1 | 3 | 5 | 7 | 9 |
| | | $C_8$ 村民因素 | $D_{22}$ 村民对古村落保护的认同度 | 1 | 3 | 5 | 7 | 9 |
| | | | $D_{23}$ 村民对古村落旅游开发的认同度 | 1 | 3 | 5 | 7 | 9 |
| | | | $D_{24}$ 村民社区参与度 | 1 | 3 | 5 | 7 | 9 |
| | | | $D_{25}$ 村民对生态文明知识普及和接受程度 | 1 | 3 | 5 | 7 | 9 |

续表

| A目标层 | B系统层 | C指标层 | D因子层 | 不相关 | 不太相关 | 一般 | 比较相关 | 非常相关 |
|---|---|---|---|---|---|---|---|---|
| A新疆南疆地区古村落旅游开发适宜性 | $B_4$ 开发效益 | $C_9$ 经济效益 | $D_{26}$ 直接经济效益 | 1 | 3 | 5 | 7 | 9 |
| | | | $D_{27}$ 提供就业能力 | 1 | 3 | 5 | 7 | 9 |
| | | | $D_{28}$ 促进地方经济发展 | 1 | 3 | 5 | 7 | 9 |
| | | $C_{10}$ 社会效益 | $D_{29}$ 促进内外交流 | 1 | 3 | 5 | 7 | 9 |
| | | | $D_{30}$ 民族团结和社会和谐 | 1 | 3 | 5 | 7 | 9 |
| | | | $D_{31}$ 文化传播与传承 | 1 | 3 | 5 | 7 | 9 |
| | | $C_{11}$ 生态效益 | $D_{32}$ 保护古村落旅游资源可持续利用 | 1 | 3 | 5 | 7 | 9 |
| | | | $D_{33}$ 为社会主义新农村建设提供经验借鉴 | 1 | 3 | 5 | 7 | 9 |
| | | | $D_{34}$ 村民和游客生态意识的培养 | 1 | 3 | 5 | 7 | 9 |
| | | | $D_{35}$ 生态文明思想下促进乡土文化创新 | 1 | 3 | 5 | 7 | 9 |
| | | | $D_{36}$ 优化古村落生态环境 | 1 | 3 | 5 | 7 | 9 |

相关程度评分

附录D 新疆南疆地区古村落旅游开发适宜性评价专家意见征询表

# 附录 E
## 新疆南疆地区古村落旅游开发适宜性评价各项指标相对重要性专家意见征询表

尊敬的专家：

您好！

非常感谢您再次参与本次项目调查，经过专家意见反馈，现确定了新疆南疆地区古村落旅游开发适宜性评价指标体系，如图 E-1 所示，现在请您参照模型内容，参考评判标度说明，结合您的专业知识和实践经验对各项指标的相对重要性进行评判，您的评判将会是我们确定各项指标权重的重要依据。具体评判规则请参考评判标度说明，再次对您的支持表示感谢！

评价标度数值及其含义说明：

| 标度(a/b 相对重要系数) | 定义 | 说明 |
| --- | --- | --- |
| 1 | a 与 b 同样重要 | a 与 b 对目标的贡献相等 |
| 3 | a 稍微重要于 b | a 比 b 稍微有优势 |
| 5 | a 比较重要于 b | a 比 b 比较有优势 |
| 7 | a 十分重要于 b | a 比 b 十分有优势 |
| 9 | a 绝对重要于 b | a 比 b 绝对有优势 |
| 2,4,6,8 | 介于上述两相邻相对重要性之间 | |
| 1/3 | a 与 b 相比，稍不重要 | a 比 b 稍微没有优势 |
| 1/5 | a 与 b 相比，比较不重要 | a 比 b 比较没有优势 |
| 1/7 | a 与 b 相比，十分不重要 | a 比 b 十分没有优势 |
| 1/9 | a 与 b 相比，绝对不重要 | a 比 b 绝对没有优势 |
| 1/2,1/4,1/6,1/8 | 介于上述两相邻相对重要性之间 | |

注：$D_{ij}>0, D_{ji}=1/D_{ij}, D_{ii}=1$。

附录 E 新疆南疆地区古村落旅游开发适宜性评价各项指标相对重要性专家意见征询表

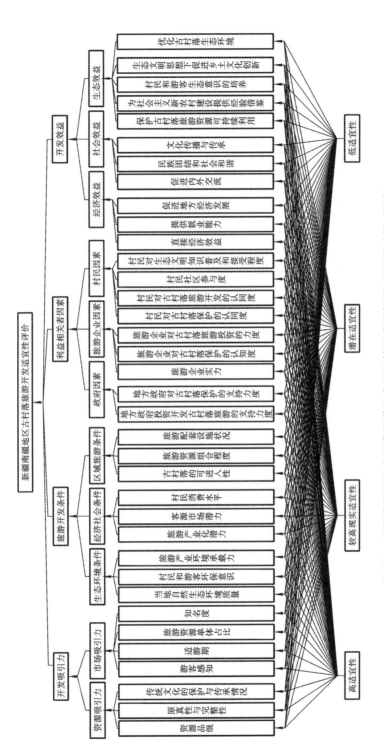

图 E-1 新疆南疆地区古村落旅游开发适宜性评价指标体系（图片来源：自绘）

# 新疆南疆地区古村落旅游开发适宜性评价指标体系

A 新疆南疆地区古村落旅游开发适宜性

| A 目标层 | $B_1$ 开发吸引力 | $B_2$ 旅游开发条件 | $B_3$ 利益相关者因素 | $B_4$ 开发效益 |
|---|---|---|---|---|
| $B_1$ 开发吸引力 | 1 | | | |
| $B_2$ 旅游开发条件 | / | 1 | | |
| $B_3$ 利益相关者因素 | / | / | 1 | |
| $B_4$ 开发效益 | / | / | / | 1 |

$B_1$ 开发吸引力

| $B_1$ 开发吸引力 | $C_1$ 资源吸引力 | $C_2$ 市场吸引力 |
|---|---|---|
| $C_1$ 资源吸引力 | 1 | |
| $C_2$ 市场吸引力 | / | 1 |

$B_2$ 旅游开发条件

| $B_2$ 旅游开发条件 | $C_3$ 生态环境条件 | $C_4$ 经济社会条件 | $C_5$ 区域旅游条件 |
|---|---|---|---|
| $C_3$ 生态环境条件 | 1 | | |
| $C_4$ 经济社会条件 | / | 1 | |
| $C_5$ 区域旅游条件 | / | / | 1 |

$B_3$ 利益相关者因素

| $B_3$ 利益相关者因素 | $C_6$ 政府因素 | $C_7$ 旅游企业因素 | $C_8$ 村民因素 |
|---|---|---|---|
| $C_6$ 政府因素 | 1 | | |
| $C_7$ 旅游企业因素 | / | 1 | |
| $C_8$ 村民因素 | / | / | 1 |

$B_4$ 开发效益

| $B_4$ 开发效益 | $C_9$ 经济效益 | $C_{10}$ 社会效益 | $C_{11}$ 生态效益 |
|---|---|---|---|
| $C_9$ 经济效益 | 1 | | |
| $C_{10}$ 社会效益 | / | 1 | |
| $C_{11}$ 生态效益 | / | / | 1 |

### $C_1$ 资源吸引力

| $C_1$ 资源吸引力 | $D_1$ 资源品级 | $D_2$ 原真性与完整性 | $D_3$ 传统文化的保护与传承情况 |
|---|---|---|---|
| $D_1$ 资源品级 | 1 | | |
| $D_2$ 原真性与完整性 | / | 1 | |
| $D_3$ 传统文化的保护与传承情况 | / | / | 1 |

### $C_2$ 市场吸引力

| $C_2$ 市场吸引力 | $D_4$ 游客感知 | $D_5$ 适游期 | $D_6$ 旅游资源单体占比 | $D_7$ 知名度 |
|---|---|---|---|---|
| $D_4$ 游客感知 | 1 | | | |
| $D_5$ 适游期 | / | 1 | | |
| $D_6$ 旅游资源单体占比 | / | / | 1 | |
| $D_7$ 知名度 | / | / | / | 1 |

### $C_3$ 生态环境条件

| $C_3$ 生态环境条件 | $D_8$ 当地自然生态环境质量 | $D_9$ 村民和游客环保意识 | $D_{10}$ 旅游环境承载力 |
|---|---|---|---|
| $D_8$ 当地自然生态环境质量 | 1 | | |
| $D_9$ 村民和游客环保意识 | / | 1 | |
| $D_{10}$ 旅游环境承载力 | / | / | 1 |

### $C_4$ 经济社会条件

| $C_4$ 经济社会条件 | $D_{11}$ 旅游产业化潜力 | $D_{12}$ 客源市场潜力 | $D_{13}$ 村民消费水平 |
|---|---|---|---|
| $D_{11}$ 旅游产业化潜力 | 1 | | |
| $D_{12}$ 客源市场潜力 | / | 1 | |
| $D_{13}$ 村民消费水平 | / | / | 1 |

### $C_5$ 区域旅游条件

| $C_5$ 区域旅游条件 | $D_{14}$ 古村落的可进入性 | $D_{15}$ 旅游资源组合程度 | $D_{16}$ 旅游配套设施状况 |
|---|---|---|---|
| $D_{14}$ 古村落的可进入性 | 1 | | |

续表

| $C_5$ 区域旅游条件 | $D_{14}$ 古村落的可进入性 | $D_{15}$ 旅游资源组合程度 | $D_{16}$ 旅游配套设施状况 |
|---|---|---|---|
| $D_{15}$ 旅游资源组合程度 | / | 1 | |
| $D_{16}$ 旅游配套设施状况 | / | / | 1 |

## $C_6$ 政府因素

| $C_6$ 政府因素 | $D_{17}$ 地方政府投资开发古村落旅游的支持力度 | $D_{18}$ 地方政府对古村落保护的支持力度 |
|---|---|---|
| $D_{17}$ 地方政府投资开发古村落旅游的支持力度 | 1 | |
| $D_{18}$ 地方政府对古村落保护的支持力度 | / | 1 |

## $C_7$ 旅游企业因素

| $C_7$ 旅游企业因素 | $D_{19}$ 旅游企业实力 | $D_{20}$ 旅游企业对古村落保护的认知度 | $D_{21}$ 旅游企业对古村落旅游投资的力度 |
|---|---|---|---|
| $D_{19}$ 旅游企业实力 | 1 | | |
| $D_{20}$ 旅游企业对古村落保护的认知度 | / | 1 | |
| $D_{21}$ 旅游企业对古村落旅游投资的力度 | / | / | 1 |

## $C_8$ 村民因素

| $C_8$ 村民因素 | $D_{22}$ 村民对古村落保护的认同度 | $D_{23}$ 村民对古村落旅游开发的认同度 | $D_{24}$ 村民社区参与度 | $D_{25}$ 村民对生态文明知识普及和接受程度 |
|---|---|---|---|---|
| $D_{22}$ 村民对古村落保护的认同度 | 1 | | | |
| $D_{23}$ 村民对古村落旅游开发的认同度 | / | 1 | | |
| $D_{24}$ 村民社区参与度 | / | / | 1 | |
| $D_{25}$ 村民对生态文明知识普及和接受程度 | / | / | / | 1 |

### $C_9$ 经济效益

| $C_9$ 经济效益 | $D_{26}$ 直接经济效益 | $D_{27}$ 提供就业能力 | $D_{28}$ 促进地方经济发展 |
|---|---|---|---|
| $D_{26}$ 直接经济效益 | 1 | | |
| $D_{27}$ 提供就业能力 | / | 1 | |
| $D_{28}$ 促进地方经济发展 | / | / | 1 |

### $C_{10}$ 社会效益

| $C_{10}$ 社会效益 | $D_{29}$ 促进内外交流 | $D_{30}$ 民族团结和社会和谐 | $D_{31}$ 文化传播与传承 |
|---|---|---|---|
| $D_{29}$ 促进内外交流 | 1 | | |
| $D_{30}$ 民族团结和社会和谐 | / | 1 | |
| $D_{31}$ 文化传播与传承 | / | / | 1 |

### $C_{11}$ 生态效益

| $C_{11}$ 生态效益 | $D_{32}$ 保护古村落旅游资源可持续利用 | $D_{33}$ 为社会主义新农村建设提供经验借鉴 | $D_{34}$ 村民和游客生态意识的培养 | $D_{35}$ 生态文明思想下促进乡土文化创新 | $D_{36}$ 优化古村落生态环境 |
|---|---|---|---|---|---|
| $D_{32}$ 保护古村落旅游资源可持续利用 | 1 | | | | |
| $D_{33}$ 为社会主义新农村建设提供经验借鉴 | / | 1 | | | |
| $D_{34}$ 村民和游客生态意识的培养 | / | / | 1 | | |
| $D_{35}$ 生态文明思想下促进乡土文化创新 | / | / | / | 1 | |
| $D_{36}$ 优化古村落生态环境 | / | / | / | / | 1 |

# 附录 F
## 新疆南疆地区古村落旅游开发适宜性评价调查问卷

**尊敬的女士/先生：**

　　您好！

　　本调查问卷的目的是想了解您对古村落旅游开发的真实想法与建议。请按照您的真实情况与感受填写问卷，您的意见对我们的研究十分重要，衷心地感谢您的支持和帮助。最后，我们向您保证这份问卷不涉及您个人的任何隐私，我们只会将您的填写结果用于科学研究，感谢您的阅答，祝您生活愉快！

　　注：请您钩选出您认为正确的选项，除明确要求可以多选的题目以外的所有题目均为单选。再次感谢！

### 第一部分　基本信息

1. 您的性别：□男　　　□女
2. 您的年龄：□18 周岁以下　　□18—29 周岁　　□30—44 周岁　　□45—59 周岁　　□60 周岁及以上
3. 您的身份：□村民　　□游客　　□政府工作人员　　□企业工作人员
4. 您的月均收入：□2000 元以下　　□2000—4000 元　　□4000—6000 元　　□6000 元以上
5. 您来自哪里：□本地　　□疆内　　□国内　　□国外
6. 您的受教育程度：□初中及以下　　□高中或中专　　□大专或高职　　□大学本科　　□硕士及以上

## 第二部分　旅游开发吸引力

| 选项 | 评价因子 | | | | |
|---|---|---|---|---|---|
| 您认为该村旅游资源的原真性保持得如何？ | 好 | 较好 | 一般 | 较差 | 差 |
| 您认为该村传统文化的保护传承怎么样？ | 好 | 较好 | 一般 | 较差 | 差 |
| 您认为该村的知名度高吗？ | 高 | 较高 | 一般 | 较低 | 低 |
| 您认为该村适合旅游的时期长吗？ | 长 | 较长 | 一般 | 较短 | 短 |
| 您认为该村的旅游资源表现形式是？ | 动静 | 动态 | 静态 | 无 | / |
| 您来这里旅游的整体感觉怎么样？ | 好 | 较好 | 一般 | 较差 | 差 |
| 您喜欢来这种古村落旅游吗？ | 很喜欢 | 喜欢 | 一般 | 不喜欢 | 很不喜欢 |

## 第三部分　旅游开发条件

| 选项 | 评价因子 | | | | |
|---|---|---|---|---|---|
| 您认为该村的生态环境质量怎么样？ | 好 | 较好 | 一般 | 较差 | 差 |
| 您认为该村村民/游客的环保意识怎么样？ | 好 | 较好 | 一般 | 较差 | 差 |
| 您认为该村的交通通达性怎么样？ | 好 | 较好 | 一般 | 较差 | 差 |
| 您认为该村的旅游基础设施建设得怎么样？ | 好 | 较好 | 一般 | 较差 | 差 |

## 第四部分　相关主体影响因素

| 选项 | 评价因子 | | | | |
|---|---|---|---|---|---|
| 您认为当地政府对该村的保护政策支持力度大吗？ | 大 | 较大 | 一般 | 较小 | 小 |
| 您认为当地政府对该村的旅游投资开发的支持力度大吗？ | 大 | 较大 | 一般 | 较小 | 小 |
| 您认为旅游企业对该村的保护意识强吗？ | 强 | 较强 | 一般 | 较弱 | 弱 |
| 您认为旅游企业对该村的旅游开发投资力度大吗？ | 大 | 较大 | 一般 | 较小 | 小 |
| 您认为该村村民对古村落的保护认同度高吗？ | 高 | 较高 | 一般 | 较低 | 低 |

续表

| 选项 | 评价因子 | | | | |
|---|---|---|---|---|---|
| 您认为该村村民对古村落旅游开发的认同度高吗？ | 高 | 较高 | 一般 | 较低 | 低 |
| 您认为该村村民的社区参与积极吗？ | 积极 | 较好 | 一般 | 被动 | 冷淡 |
| 您认为该村村民对生态文明知识普及和接受程度高吗？ | 高 | 较高 | 一般 | 较低 | 低 |

## 第五部分　古村落旅游开发建议

| 选项 | 评价因子 | | | | |
|---|---|---|---|---|---|
| 改善交通及交通基础设施 | 强烈反对 | 反对 | 一般 | 同意 | 非常同意 |
| 加大政府扶持力度 | 强烈反对 | 反对 | 一般 | 同意 | 非常同意 |
| 充分挖掘地域文化(古村落文化) | 强烈反对 | 反对 | 一般 | 同意 | 非常同意 |
| 改善旅游接待设施 | 强烈反对 | 反对 | 一般 | 同意 | 非常同意 |
| 重视广告、媒体宣传 | 强烈反对 | 反对 | 一般 | 同意 | 非常同意 |
| 拓展市场,增加营销途径 | 强烈反对 | 反对 | 一般 | 同意 | 非常同意 |
| 增加旅游项目,延长停留时间 | 强烈反对 | 反对 | 一般 | 同意 | 非常同意 |

请问您对该古村落的旅游开发和文化挖掘还有哪些建议？

**问卷填写到此结束,再次对您表示感谢！**

# 附录 G
## 新疆南疆地区古村落旅游开发适宜性评分表

尊敬的专家：

您好！

感谢您在百忙之中参加该问卷的填写，本次调查是为了对古村落进行评分，特发放此调查问卷。注：本问卷打分 100 分为满分。指标已标明打分依据，根据村落具体情况进行打分。

| A 目标层 | B 系统层 | C 指标层 | D 因子层 | 评分 |
| --- | --- | --- | --- | --- |
| A 新疆南疆地区古村落旅游开发适宜性 | $B_1$ 开发吸引力 | $C_1$ 资源吸引力 | $D_1$ 资源品级 | |
| | | | $D_2$ 原真性与完整性 | |
| | | | $D_3$ 传统文化的保护与传承情况 | |
| | | $C_2$ 市场吸引力 | $D_4$ 游客感知 | |
| | | | $D_5$ 适游期 | |
| | | | $D_6$ 旅游资源单体占比 | |
| | | | $D_7$ 知名度 | |
| | $B_2$ 旅游开发条件 | $C_3$ 生态环境条件 | $D_8$ 当地自然生态环境质量 | |
| | | | $D_9$ 村民和游客环保意识 | |
| | | | $D_{10}$ 旅游环境承载力 | |
| | | $C_4$ 经济社会条件 | $D_{11}$ 旅游产业化潜力 | |
| | | | $D_{12}$ 客源市场潜力 | |
| | | | $D_{13}$ 村民消费水平 | |

续表

| A 目标层 | B 系统层 | C 指标层 | D 因子层 | 评分 |
|---|---|---|---|---|
| A 新疆南疆地区古村落旅游开发适宜性 | $B_2$ 旅游开发条件 | $C_5$ 区域旅游条件 | $D_{14}$ 古村落的可进入性 | |
| | | | $D_{15}$ 旅游资源组合程度 | |
| | | | $D_{16}$ 旅游配套设施状况 | |
| | $B_3$ 利益相关者因素 | $C_6$ 政府因素 | $D_{17}$ 地方政府投资开发古村落旅游的支持力度 | |
| | | | $D_{18}$ 地方政府对古村落保护的支持力度 | |
| | | $C_7$ 旅游企业因素 | $D_{19}$ 旅游企业实力 | |
| | | | $D_{20}$ 旅游企业对古村落保护的认知度 | |
| | | | $D_{21}$ 旅游企业对古村落旅游投资的力度 | |
| | | $C_8$ 村民因素 | $D_{22}$ 村民对古村落保护的认同度 | |
| | | | $D_{23}$ 村民对古村落旅游开发的认同度 | |
| | | | $D_{24}$ 村民社区参与度 | |
| | | | $D_{25}$ 村民对生态文明知识普及和接受程度 | |
| | $B_4$ 开发效益 | $C_9$ 经济效益 | $D_{26}$ 直接经济效益 | |
| | | | $D_{27}$ 提供就业能力 | |
| | | | $D_{28}$ 促进地方经济发展 | |
| | | $C_{10}$ 社会效益 | $D_{29}$ 促进内外交流 | |
| | | | $D_{30}$ 民族团结和社会和谐 | |
| | | | $D_{31}$ 文化传播与传承 | |
| | | $C_{11}$ 生态效益 | $D_{32}$ 保护古村落旅游资源可持续利用 | |
| | | | $D_{33}$ 为社会主义新农村建设提供经验借鉴 | |
| | | | $D_{34}$ 村民和游客生态意识的培养 | |
| | | | $D_{35}$ 生态文明思想下促进乡土文化创新 | |
| | | | $D_{36}$ 优化古村落生态环境 | |